통일,
우리 민족의 마지막
블루오션

통일, 우리 민족의 마지막 블루오션

글 l 전상봉
펴낸이 l 김성실
편집주간 l 김이수
편집기획 l 박남주 · 천경호
마케팅 l 이동준 · 이준경 · 강지연 · 이유진
편집디자인 l 하람 커뮤니케이션(02-322-5405)
표지인쇄 l 중앙 P&L(주)
본문인쇄 · 제본 l 한영문화사
펴낸곳 l 시대의창
출판등록 l 제10-1756호(1999. 5. 11)

초판 1쇄 발행 l 2007년 10월 8일
초판 2쇄 발행 l 2008년 8월 13일

주소 l 121-816 서울시 마포구 동교동 113-81 (4층)
전화 l 편집부 (02) 335-6125, 영업부 (02) 335-6121
팩스 l (02) 325-5607

ISBN 978-89-5940-083-6 (93300)
값 15,000 원

ⓒ 전상봉, 2007, Printed in Korea.

• 무단 전재와 복제를 금합니다.
• 잘못된 책은 바꾸어 드립니다.

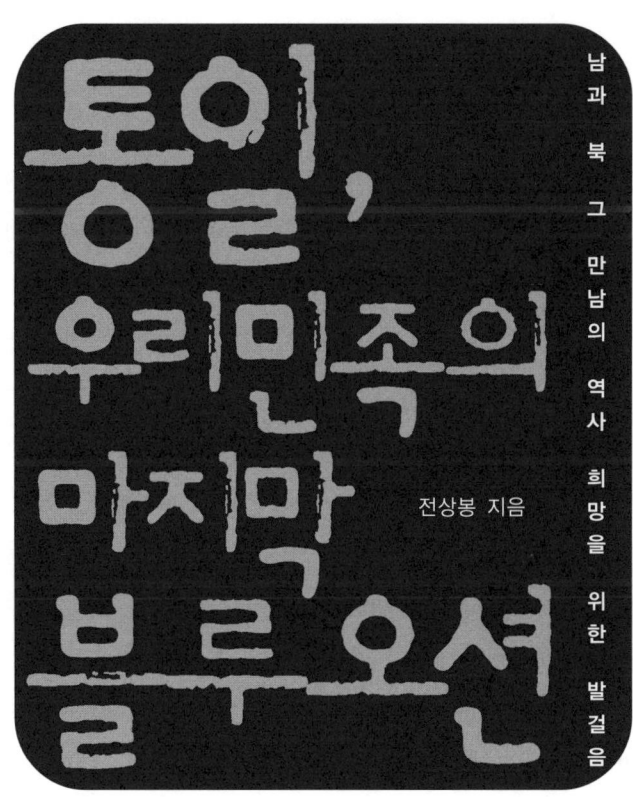

통일, 우리민족의 마지막 블루오션

남과 북 그 만남의 역사 희망을 위한 발걸음

전상봉 지음

시대의창

책머리에

통일을 위한 네 가지 전제조건

통일 문제가 다시 정세의 한복판으로 부상하고 있다. 북미관계의 급진전과 2차 남북정상회담은 통일 정세가 큰 폭으로 변화할 것임을 예고하는 전주곡이다. 그런데 급변하는 현실을 바로 보고 역사를 정방향으로 발전시키려면 그에 걸맞은 관점이 필요하다. 이에 통일의 올바른 관점을 위한 네 가지의 전제조건을 제시해 보고자 한다.

첫째, 통일은 민족적 관점을 확고히 하는 것에서 출발한다. 오늘 우리 사회에서 말깨나 하고 글깨나 쓴다는 사람들 가운데 많은 사람들이 "민족은 존재하지 않는 망령과 같은 허구"라고 주장한다. 이런 분위기에서 민족주의를 옹호할 경우 영락없이 시대에 뒤떨어진 사람으로 취급받는다. 그런데 문제는 "민족주의는 반역"이라고 설파하는 탈민족주의자들의 주장이 우리의 현실과 동떨어진 서구의 자유주의 사상에 기초하고 있다는 데 있다. 이들이 민족을 부정하는 주된 논거는 민족주의가 근대 이후에 등장하여 제국주의의 침략 이데올로기로 활용되었다는 사실이다.

만약 이들의 주장대로 우리 사회에 침략적이고 배타적인 민족주의가 존재한다면 배척받아 마땅하다. 그러나 한반도를 비롯한 동아시아에서 민족주의의 기원은 서구와는 현격하게 다르다. 특히 남북으로 분단된 우리 민족에게 민족주의는 버려야 할 헌신짝이 아니라 옹호되어야 할 통일의 지표이자 이념이다. 또한 민족주의는 미국의 일극적 패권 질서를 거부하고 호혜평등의 세계 질서를 구축하기 위한 실천적인 이념이다. 이런 이유에서 민족주의는 용도폐기해야 할 역사의 유물이 아니라 옹호되어야 할 통일의 담론이다.

둘째, 6.15시대의 통일은 남북 정부 당국에 의해 주도되고 있다. 1990년대까지만 해도 남쪽 사회에서 통일운동은 정부 당국의 것이 아니라 민간 통일운동의 것이었다. 이때까지만 해도 이남 정부 당국은 통일 세력이기는커녕 반통일의 온상이었다.

그런데 이런 현실에 급반전이 일어났다. 그 반전의 전기는 바로 2000년 6월의 남북정상회담이다. 이 정상회담을 기점으로 우리 사회에서 통일의 주도권은 민간 통일운동 진영에서 정부 당국으로 넘어갔다. 이런 변화는 민간 통일운동 세력에게 다음과 같은 과제를 던져놓고 있다. 그것은 통일운동을 비합법의 영역에서 합법의 영역으로 확장시키고 원칙 고수에서 원칙에 기초한 보다 유연하고 대중적인 통일운동을 전개해야 하는 과제다.

셋째, 한반도 평화의 중심축은 남북관계가 아니라 북미관계에 있다. 지난 2000년 6.15남북공동선언이 발표되자 일각에서는 "평화군축 문제가 빠진 6.15남북공동선언은 실패작"이라고 평가하기도 했다. 이런 주장은 최근에도 나타난다. 2차 정상회담이 발표되자 한나라당은 북핵 문제 해결이 회담의 제1의제라고 목청을 돋우고 있다.

과연 그럴까. 두말할 나위 없이 우리 국민들은 한반도 평화 정착에 사활적인 이해관계를 갖고 있다. 그럼에도 다음과 같은 불행한 현실을 기억해두어야 한다. 그것은 지난 60여 년 간 한반도 정치군사 문제의 대척점은 남북 사이가 아니라 북미 사이에서 형성되었다는 사실이다. 지난 시절 한국 정부는 한반도 평화 문제에서 늘 뒷방차지만 해왔다. 한국 정부는 왜 뒷방으로 밀려나고 말았을까. 그 이유는 한국 정부가 미국의 정치군사적 영향력으로부터 자유롭지 못하기 때문이다. 따라서 이런 구조적인 현실을 바로보지 못한다면 우리 민족의 평화와 통일 성취는 한낱 봄날의 신기루처럼 허망하게 사위고 말 것이다.

넷째, 통일 문제의 중심추는 여전히 정치군사 문제에 놓여 있다. 이번 2차 정상회담에서도 남쪽 당국은 내심 경제 문제를 제1의제로 상정하고 싶어 한다. 그러나 정치군사 문제가 선결되지 않는 조건에서 통일 정세는 한 발짝이 아니라 반 발짝도 나아갈 수 없다. 지난 2000년 정상회담과 2007년 정상회담은 북미관계의 발전을 그 배경으로 하고 있다. 이는 곧 통일 문제가 북미간의 관계 진전과 이를 통한 정치군사 문제의 해결을 선결조건으로 하고 있음을 의미한다.

단정적으로 말해 정치군사 문제가 풀리지 않는 한 경제 분야에서 교류협력이란 현상유지이거나 후퇴일 뿐이다. 그런 의미에서 통일의 실현은 정치군사 문제의 선행적 해결과 그것에 기초한 경제협력의 동반 상승이라는 상관관계 속에서 이뤄진다.

이상 네 가지 조건을 확인하면서 이 책을 세상에 내놓는다. 돌이켜보니 나름의 비장한 머리말을 달고 《새 천년을 여는 통일운동론》을 세상에 내놓은 지 어느덧 8년이 지났다. 《새 천년을 여는 통일운동론》을 발간하고 반년이 지난 2000년 6월 남북정상회담이 개최되었다. 그리고 이때 발표된 6.15남북공동선언은 책의 많은 부분을 오류투성이로 만들어 버렸다. 이처럼 현실(통일 정세의 발전)은 이론이라는 가설을 쉽게 낡은 것으로 만들어 버린다.

1차 정상회담 이후 필자 역시 말로만 듣던 평양과 개성, 백두산과 금강산을 방문하는 꿈같은 경험을 하기도 했다. 이런 경험에 비추어볼 때, 이번 2차 정상회담이 가져올 변화 또한 적지 않을 것이다. 그리고 2차 정상회담 역시 이 책의 많은 부분을 오류투성이로 만들어 버릴 것이다. 그럼에도 기꺼운 것은 가설이란 결국 역동하는 현실을 위해 존재한다는 사실 때문이다. 이 대목에서 "모든 이론은 회색이며 오직 영원한 것은 저 푸른 생명의 나무다"라는 괴테의 잠언이 더욱 새롭게 다가선다.

마지막으로 이 책을 세상에 내놓을 수 있도록 애써준 시대의 창 식구들에게 감사의 인사를 전한다. 아울러 이 책이 최근에 태어난 셋째 아이가 남북을 거침없이 넘나드는 그날을 앞당기는 데 작은 보탬이 된다면 더할 나위 없이 기쁘겠다.

전상봉

차 례

책머리에 통일을 위한 네 가지 전제조건··4

제1장 통일만이 희망이다

01 변화된 현실에서 통일의 논리 찾기··16
   먹고살기도 힘든데 통일을 해야 하나··17
   이북은 정말 붕괴할까··19
   국가보안법, 상식을 상식답게 대접하고 있나··21
   통일, 평화 정착과 예속된 역사 청산을 위해··22
02 분단을 뛰어 넘는 6.15시대··24
   통일, 그리고 민족··25
   분단시대에서 6.15시대로··27
03 분단을 뛰어 넘어 통일강국을 꿈꾸자··30
   가로막힌 섬, 단절된 바다··30
   우리민족끼리 단합하여 통일강국을 건설하자··32
   쉬어가는 페이지··35

제2장 통일운동은 어떻게 전개되어 왔나

04 끝내 좌절된 자주통일국가 수립의 꿈··48
   －8.15해방에서 한국전쟁까지
   해방 그리고 싹트는 분단 음모··49
   통일국가 수립을 위한 민중투쟁과 남북연석회의··54

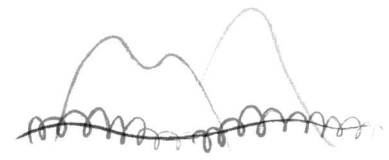

05 확정된 분단, 뒤이은 대결과 경쟁‥63
　　－1950년대와 1960년대의 통일운동까지
　　정전협정과 제네바정치회담‥64
　　전쟁의 참화를 딛고 피어난 진보당의 평화통일론‥70
　　4월혁명과 통일운동‥72

06 남과 북, 통일의 여정을 시작하다‥78
　　－7.4공동성명에서 1990년대 통일운동까지
　　7.4공동성명, 그 막전막후‥79
　　1980년대 민족자주의식의 성장과 통일운동‥84
　　1990년대의 통일운동‥89

07 '우리 민족끼리' 통일을 노래하자‥100
　　－6.15시대의 개막과 통일운동
　　남북정상회담이 합의되기까지‥101
　　2박 3일 간의 만남, 6.15시대를 열다‥104
　　6.15공동선언, 양과 질에서 통일운동을 비약시키다‥105
　　쉬어가는 페이지‥112

제3장 이북의 통일정책, 어떻게 변화되어 왔나

08 이북의 혁명노선과 통일정책‥118
　　민주기지노선과 통일 방안‥119
　　지역혁명노선과 통일 방안‥121

09 남북연석회의와 1950년대 평화통일안 ·· 124
　　총선거안과 남북연석회의 ·· 126
　　전후 복구건설과 1950년대 평화통일안 ·· 129

10 과도적 연방제안과 조국통일 5대 강령 ·· 133
　　과도적 연방제안을 제안하다 ·· 135
　　조국통일 5대 강령 ·· 137

11 고려민주연방공화국 창립방안과 전민족대단결 10대 강령 ·· 142
　　고려민주연방공화국 창립방안 ·· 143
　　1980년대 중후반의 평화군축안 ·· 145
　　조국통일 5대 방침과 느슨한 연방제 ·· 149
　　전민족대단결 10대 강령 ·· 152
　　잠정협정과 새로운 평화체제 ·· 154

12 선군정치와 6.15공동선언 ·· 157
　　민족대단결 5대 방침 ·· 158
　　6.15공동선언과 낮은 단계 연방제안 ·· 161
　　조미공동코뮤니케와 불가침조약 ·· 164
　　쉬어가는 페이지 ·· 167

제4장 남과 북의 통일 약속
　　　　－7.4공동성명, 남북합의서 그리고 6.15공동선언

13 남북대화, 그 흐름과 접근방식의 차이 ·· 178
　　대화에 임하는 남과 북의 차이 ·· 181

14 7.4공동성명 － 통일 3원칙을 정립하다 ·· 183
　　7.4공동성명, 어떤 의미로 살아있나 ·· 184
　　'조국통일 3대 원칙'이란 무엇인가 ·· 185

15 남북합의서 － 남북은 통일을 지향하는 관계 ·· 192
　　남북합의서, 왜 이행되지 못했나 ·· 194

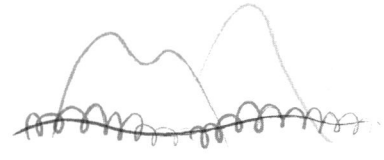

　　남북합의서의 살아 있는 의미‥199
16　6.15공동선언 – '우리 민족끼리 서로 힘을 합쳐'‥201
　　회담의 의제와 그 파격성‥202
　　통일의 이정표, 6.15공동선언‥207
17　남북체육회담과 체육교류의 성과 – 단일기, KOREA, 아리랑‥213
　　단일기, KOREA, 아리랑‥216
　　쉬어가는 페이지‥219

제5장 분단체제, 대립과 예속의 또 다른 이름

18　분단 그리고 분단체제‥226
　　분단, 체제가 되다‥227
　　탈냉전과 분단체제‥229
　　적대적 공생관계라고?‥232
　　분단체제와 남, 북, 미 삼각관계‥234
19　분단체제의 주춧돌, 정전협정과 국가보안법‥236
　　정전협정에 이르는 다섯 장면‥237
　　분단체제의 주춧돌, 정전협정‥242
　　분단체제의 또 다른 주춧돌, 국가보안법‥243
20　분단체제와 대미 예속성 – 군사 분야를 중심으로‥248
　　주한미군‥249
　　한미상호방위조약‥253
　　한미주둔군지위협정‥256
　　주한미군기지‥259
　　한국군 작전통제권‥264
　　한미합동군사훈련‥267
　　쉬어가는 페이지‥270

제6장 평화체제, 통일로 가는 징검다리

21 평화체제란 무엇인가? ·· 280
  평화체제의 의미 ·· 280
  평화체제, 통일의 전제조건 ·· 282
  한반도 평화체제와 동북아 정세 ·· 284

22 정전협정의 쟁점과 사문화의 전말 ·· 289
  정전협정, 왜 사문화되었나? ·· 290
  정전협정은 평화협정으로 대체되어야 한다 ·· 298

23 평화협정 체결, 그 주장과 경과 ·· 299
  북이 주장한 평화협정안 ·· 300
  한국과 미국이 주장한 평화협정안 ·· 304
  북미회담, 4자회담, 6자회담 ·· 305

24 평화협정의 내용과 쟁점 ·· 313
  평화협정의 내용 ·· 314
  평화협정의 쟁점 ·· 316
  쉬어가는 페이지 ·· 323

제7장 연합제안과 낮은 단계 연방제안의 공통점을 찾아서

25 통일 방안은 통일의 설계도 ·· 334
  올바른 통일 방안을 위한 관점과 전제와 요건 ·· 334
  6.15공동선언과 통일 방안 ·· 340

26 연합제안과 낮은 단계 연방제안 살펴보기 ·· 343
  국가연합과 연방국가 ·· 343
  남측의 연합제안 ·· 347
  북측의 낮은 단계 연방제안 ·· 356

27 연합제안과 낮은 단계 연방제안의 공통점을 찾아서 ·· 367
  두 방안의 공통점 ·· 369

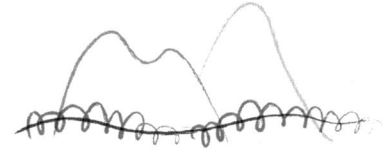

　　두 방안의 차이점‥373
　　문제는 통일기구의 수립이다‥375
　　쉬어가는 페이지‥378

제8장　가장 늦은 통일을 가장 멋진 통일로

28　타산지석의 통일 교훈을 찾아서‥388
　　전후 분단국가의 등장‥389
29　베트남의 통일 경험‥391
　　프랑스의 식민 지배와 민족해방운동‥392
　　제1차 베트남전쟁‥395
　　제2차 베트남전쟁‥398
　　통일의 빛과 그림자‥401
30　독일의 통일 경험‥403
　　독일의 동서 분단‥404
　　동서독의 통일정책‥406
　　독일의 통일 과정‥411
　　통일의 그림자, 오시와 베시‥414
31　예멘의 통일 경험‥417
　　예멘의 남북 분단‥418
　　남북 예멘의 통일 과정‥420
　　통일 그리고 흡수통일‥424
32　베트남, 독일, 예멘의 통일 교훈‥428
　　쉬어가는 페이지‥431

　　찾아보기‥438

■ 통일, 우리 민족의 마지막 블루오션

01 변화된 현실에서 통일의 논리 찾기
02 분단을 뛰어 넘는 6.15시대
03 분단을 뛰어 넘어 통일강국을 꿈꾸자

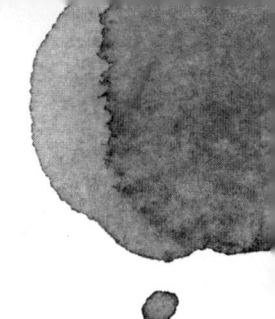

제1장
통일만이 희망이다

01 변화된 현실에서 통일의 논리 찾기

통일이 당위로 받아들여지던 시대는 지났다. 이런 변화는 2006년 11월에 국정홍보처가 실시한 '2006년 한국인의 의식, 가치관 조사'에서도 단적으로 드러난다. 이 조사에 드러난 여론 동향은 통일에 대해 다분히 이중적이다. 응답자의 75.8퍼센트가 "통일 이후 국가경쟁력이 장기적으로 강화될 것"이라고 답하면서도 55.2퍼센트는 "통일을 서두를 필요가 없다"고 답했다. 또한 "굳이 통일할 필요 없다"는 의견도 16.8퍼센트나 된다. 이처럼 통일에 대한 여론 동향은 이중적이며 회의적이다.

왜 이렇게 이중적인 통일관과 통일회의론(또는 통일무용론)이 또 아리를 틀게 되었을까? 그 이유는 민주화 이후 '먹고 사는 문제'가 우선순위로 떠오르면서 통일이 후순위로 밀렸기 때문이다. 이런 의식의 변화 속에서 눈여겨봐야 할 대목이 있다. 그것은 통일회의론 이면에 자리잡고 있는 북(조선)에 대한 경제적 우월감과 이에 기초한 이북동정론이다. 현재 한국 사회에 일고 있는 통일회의론(통일무용론)과 이북동정론은 이중적인 통일관에서 배양된 이란성 쌍둥이인 셈이다.

그런데 문제는 통일회의론과 이북동정론이 기성세대보다는 젊은세대에게 더 큰 위력을 떨친다는 사실이다. 적지 않은 젊은이들은 통일이란 골치 아픈 일이며 통일보다는 남북이 국가 대 국가로 존재해도 무방하며 그것이 좋다고 여기기까지 한다. 이처럼 오늘의 현실은 물질숭배와 개인주의에 사로잡힌 감성의 코드가 새로운 반통일의 논리를 양산하고 있다.

먹고살기도 힘든데 통일을 해야 하나

통일은 이남 국민들에게 밑지는 장사일까? 우리 사회 일부에서는 남북화해를 위한 대북지원을 퍼주기라고 비난한다. 이들은 통일이 되면 못사는 이북 인민들을 먹여 살려야 하기 때문에 한국 경제는 심각한 타격을 받을 것이라고 주장한다. 현실의 한쪽만 본다면 퍼주기라는 주장은 제법 그럴싸해 보인다. 왜냐하면 남북관계가 진전되고 통일이 앞당겨진다 해서 지금 당장 국민들의 주머니에 현금이 들어오지는 않을 것이기 때문이다. 그러나 눈을 들어 좀더 멀리 넓게 보면 사정은 180도 달라진다. 남북 교류협력을 통한 경제성장 가능성은 제쳐 두더라도 남북관계의 발전은 분단 상태에서 쏟아 붓고 있는 군사비를 대폭 절감시킨다.

분단 상태에서 남북은 세계에서 가장 높은 군사비를 쏟아 붓고 있다. GNP 대비 군사비 비율에서 남은 4~6퍼센트, 북은 20~25퍼센트 선을 유지하고 있다. 정규군 병력은 남이 68만 명, 북이 110만 명 수준이다. 그런데 평화가 정착되고 통일이 실현된다면 분단 때문에 생기는 이 같은 안보 비용은 상당 부분 줄어들 것이다. 대신 이남은 막대한 군사비를 심화되는 사회양극화 해소와 사회복지 향상을 위해 투여할 수 있을 것이다. 이북의 경우 군사비로 투여되는 예산과 인적 자원을 경제 재건에 사용할 수 있을 것이다.

분단으로 인한 경제적 고통은 이남보다는 이북이 훨씬 크다. 앞에서 말한 대로 북은 1년 예산의 14퍼센트 이상을 군사비로 쏟아 붓고 있다. 북은 이 같은 예산 배정에 대해 미국과의 대결전에서 불가피한 조치라고 설명한다. 또한 이남은 새로운 성장동력을 확보해야 할 처지다. 현재 한국 경제는 물량공세를 앞세운 중국과 자본과 기술력의 우위를 앞세운 일본 사이에 놓여 있는 진퇴양난의 형국이다. 이런 상황에서 남북 경협을 통한 남북 경제합작은 한국 경제의 새로운 활로를 제공할 것이다. 그 뿐 아니라 남북 경제합작은 한반도를 중심으로 하는 새로운 경제질서를 구축하기 위한 기본전제가 된다.

이런 사실만으로도 "먹고 살기도 힘든데 통일은 해야 하나?" 하는 통일회의론은 무색해진다. 대신 "먹고 살기 힘들기 때문에 꼭 통일해야 한다"는 통일당위론이 강한 설득력을 얻을 수밖에 없다.

이북은 정말 붕괴할까

잊혀질 만하면 이북붕괴론이 들려온다. 북이 핵실험을 한 직후인 2006년 10월에도 그랬다. 그 해 10월 11일 일본 총리 아베 신조는 참의원 예산위원회에 출석하여 "핵무기를 개발하면 북한이라는 국가 자체의 생존조건이 심각한 상황을 맞을 것"이라고 예언했다. 이 발언을 시작으로 1990년대 중반 유행처럼 번졌던 이북붕괴론이 다시 고개를 드는 듯했다. 그런데 이때 등장한 이북붕괴론의 발상은 1990년대 그것에 비해 훨씬 단순하고 무지했다. 그 발상은 이렇다. 북의 핵 개발에 맞서 국제 사회가 제재를 강화하면 결국 경제난을 이기지 못한 김정일체제가 붕괴될 것이라는 거다.

과연 이북체제가 이런 기대처럼 맥없이 무너질까? 결론부터 말하면 "아니올시다"이다. 핵 실험 직후 유엔 안보리에서 만장일치로 채택된 대북 결의안은 채택은 되었으되 실행은 되지 못한 엄포용에 불과했다. 설령 시행되었다 하더라도 이북체제의 내구성은 1990년대와는 비할 바 없이 강화되어 있다. 1990년대

중반 '고난의 행군' 시기 북의 1년 식량생산량은 200만 톤 정도였다. 그러나 2006년 현재 이북의 식량생산량은 400만 톤까지 늘어났다. 이북의 공장가동률 또한 그때에 비해 높아졌다. 여기에 북은 선군정치를 통해 내부결속을 강화했고 김정일 위원장을 중심으로 당과 군부가 공고하게 결속되어 있다.

이런 사정을 알지도 못한 채 다분히 엄포용에 불과한 유엔 대북결의안에 기대어 북이 붕괴할 것이라고 주장하는 것은 마치 지구종말론을 설파하는 사이비 종교집단 교주의 요설을 연상시킨다. 그래서일까. 아베 신조의 발언 이후 현실은 정반대로 돌아가기 시작했다. 미국은 양자 접촉을 거부하던 종래의 태도를 바꾸어 베를린에서 북(조선)과의 협상 테이블에 마주 앉을 수밖에 없었다(2007년 1월 16~18일). 이런 태도 변화는 과장을 조금 섞어 말하자면 미국이 북에 굴복한 꼴이다.

아베의 발언으로부터 두 달이 지나 6자회담 5차 2단계 회의가 개최되었다(2006년 12월 18~22일). 그리고 다시 두 달이 지난 2007년 2월 5차 3단계 회담에서 2.13합의가 채택되었다.

현실은 이렇게 이북붕괴론을 비웃고 있다. 따라서 이북붕괴론과 같은 미망을 떠올리기보다는 공존과 통일을 추구하는 현실 인식이 필요하다. 지금은 이런 현실을 거울삼아 북에 대한 호불호의 선입견을 버리고 더불어 함께 살기 위한 관용의 자세를 가져야 할 때다. 그것이 변화된 현실 속에서 남북이 공존하기 위한 전제조건이기 때문이다.

국가보안법, 상식을 상식답게 대접하고 있나

분단체제 아래 우리 사회의 일그러진 모습은 국가보안법에 응축되어 있다. 그동안 위정자들은 국가보안법이라는 조자룡의 헌 칼을 휘둘러 국민들에게 적대적인 냉전의식을 세뇌시켜왔다. 그 결과 우리 사회는 몰상식이 상식처럼 통용되고 냉전 대결의식이 독버섯처럼 자라났다. 사람들은 간혹 "아직도 국가보안법이 존재하느냐"고 묻는다. 그런데 평양에서 남북장관급회담이 개최되는 그 시각 서울의 어느 대공분실에서는 국가보안법 피의자의 조서가 꾸며지고 있는 게 오늘의 현실이다.

국가보안법은 말 그대로 전가傳家의 보도寶刀다. 다시 말해 분단공안 세력이 대를 이어가면서 통일의 요구에 재갈을 물리는 흉기가 국가보안법이다. 이 법이 존재하는 한 국민들의 자유로운 상상력은 차단당하며 통일을 도모하는 행위는 심판받을 수밖에 없다.

그 결과 우리 사회에는 몰상식과 불합리가 난무한다. 이 같은 모순된 현실을 타파하기 위해 국가보안법은 폐지되어야 한다. 국가보안법이라는 분단 장벽의 철폐는 분단에서 양산되어온 우리 사회의 몰상식을 청산하고 남북이 공존공영하는 통일을 성큼 앞당길 것이다.

통일, 평화 정착과 예속된 역사 청산을 위해

월드컵의 열기가 온 사회를 뒤덮었던 2002년 6월 29일 서해상에서 교전사태가 발생했다. 1999년에 이어 두 번째 충돌이었다. 두 차례에 걸친 서해교전은 한편에서 금강산 관광선이 오가는 모습과 극명한 대조를 이루었다. 분단 상태에서는 이처럼 아무리 남북의 화해협력이 진전된다 해도 무력충돌의 위험성이 시한포탄의 초침처럼 돌아가게 마련이다. 분단 상태에서 안보 위기감은 반세기 넘게 우리의 삶과 일상생활을 짓눌러 왔다. 이런 현실에 대해 어느 시인은 이렇게 노래하고 있다.

어느 날 보이기 시작했다
인생이 죽음이다 싶을 때, 이상하게도
휴전선이 보였다
책상 위에도, 거울 속에도, 재떨이 위에도, 밥상이나
내 막막한 가난 위에도
휴전선이 보였다

이영진, 〈휴전선〉 중에서

이 같은 불안정한 대결 상태에서 벗어나는 길은 오직 통일뿐이다. 한반도의 평화적인 통일은 곧 동북아의 평화와 주변국들과의 왜곡된 대외관계를 개선하는 계기이기도 하다. 현재 한반도 주변 4강국은 외교적 수사로만 통일을 지지할 뿐 내심 분단의 현상유지를 바라고 있다. 이 같은 현실을 타개하기 위해 우리 민족은 주변 4강국의 간섭과 개입을 거부하고 통일을 실현하여 안팎으로 평화와 안정을 실현해야 한다.

또한 통일은 고조선과 고구려, 고려와 조선으로 이어져온 민족사의 정통성을 확립하는 계기이기도 하다. 통일은 신라가 당나라를 끌어들이면서 시작된 외세 개입의 역사가 청산됨을 의미한다. 우리 민족은 고려가 삼별초항쟁 이후 원나라의 부마국으로 전락했고 조선이 명나라와 청나라의 조공국이 되어야 했다. 그 후 일제의 식민 지배와 민족 분단이라는 거듭된 시련을 경험해야 했다. 따라서 통일은 오욕의 역사를 청산하고 자주와 존엄을 떨치는 새 역사가 전개됨을 의미하는 것이다.

02 분단을 뛰어 넘는 6.15시대

남북은 분단 60여 년 동안 이질화의 과정을 걸어왔다. 남이 북의 획일성을 비판한다면, 북은 남에 대해 외래문화의 무분별한 수용과 민족성의 훼손을 비판할 것이다. 그러나 남북간의 이질화는 어느 한쪽만의 책임이 아니며 이질화의 극복은 우리 민족 모두가 해결해야 할 공동의 과제다.

어느 사회든 이질적인 요소란 존재하기 마련이다. 통일은 남과 북의 이질성을 극복하는 과정이기도 하지만 서로의 차이를 인정하고 공존하는 것이기도 하다. 따라서 통일은 동질성의 회복과 함께 이질적인 요소들의 공존을 의미한다. 이런 이유에서 민족동질성 회복에만 맞춰졌던 기존의 사고에서 벗어나 이질성 또한 인정하고 존중할 때, 통일은 실현될 수 있다.

통일, 그리고 민족

오늘 우리 사회의 적지 않은 논자들은 민족 문제를 낡은 것쯤으로 치부한다. 특히 IMF 외환위기 이후 파상적으로 전개되고 있는 신자유주의 공세 아래 민족은 낡았을 뿐 아니라 발전을 가로막는 장애물로 둔갑하였다. 이 같은 경향은 1990년대 탈냉전과 함께 우리 사회에 일기 시작한 포스트모더니즘을 비롯한 일련의 자유주의 사조와 무관치 않다.

1990년대 이래 신자유주의에 포섭된 세계화 논자들은 초국적 자본을 앞세운 무차별적인 경제 침탈에 대해 이를 미국이 기획한 세계사의 새로운 조류인 것처럼 선전하였다. 그리고 그 같은 흐름을 능동적으로 수용하여 대중들의 의식으로부터 민족성을 제거하고 미국이 추진하는 일극적 패권 질서에 편입해야 한다고 주장한다.

이처럼 민족주의는 쓰레기통에 던져버려야 할 한낱 쓸모없는 것인가? 아니다. 민족주의는 신자유주의 공세 아래 민중들의 생존권을 사수하기 위한 대안 담론이며 통일을 향한 이념적 기반이다. 그런 의미에서 민족은 흘러간 유행가가 아니라 살아있는 변혁적 가치다.

현재 세계에는 2000여 개의 크고 작은 민족들이 존재한다. 이렇게 많은 민족들은 200여 개의 국가를 형성하고 있다. 지구상에 존재하는 200여 개의 국가들은 복합국가, 다민족국가, 단일민족국가로 분류되며 이 가운데 단일민족국가는 20여 개 정도다. 지구상에 존재하는 민족들은 저마다의 사회역사적인 경험과 공통성에 기초하여 삶을 영위한다. 운명공동체인 민족의 징표는 혈연·언어·지역 공통성이며 이 가운데 중요한 것은 혈연과 언어다.

먼저 민족은 사회역사적으로 형성된 혈연 공통성에 기초한다. 민족이 갖는 혈연 공통성은 친족집단과 같은 단순한 생물학적인 공통성이 아니라 사회역사적으로 형성된 것이다. 씨족, 종족들의 혈연 공통성은 가족과 친족의 범위에서는 혈연관계를 통해 자연적으로 이루어지지만 민족은 일정한 지역을 범위로 하여 사회역사적으로 형성된 운명공동체다.

또한 민족은 같은 언어를 공유함으로써 하나의 운명공동체를 형성한다. 언어는 공동생활의 기본인 의사소통과 사상 전달의 수단으로 여러 씨족과 종족을 하나의 민족으로 결집시키는 매개체로 작용한다. 그리하여 언어는 하나의 민족이 사회역사적으로 창조하고 축적한 물질적·문화적 재부를 공유하고 다음 세대에 계승하는 수단이 되는 것이다.

민족이 갖는 혈연과 언어의 공통성은 지역 공통성과 결부되어 있다. 지역 공통성은 하나의 생활공동체를 이루고 공동으로 살게 하는 객관 조건을 말한다. 민족은 일정한 지역에서 오랜 기간을 살아오면서 하나의 핏줄과 언어를 통해 공고화된 집단으로 정착되었다. 이처럼 민족이 갖는 지역 공통성은 혈연과 언어의 공통성을 전제로 하고 있다.

그런데 지역 공통성과 관련하여 고려해야 할 사항이 있다. 그것은 현대에 와서 사람들의 이동과 왕래가 빈번해진 결과 민족

구성원들이 여러 지역으로 이주하여 생활한다는 사실이다. 그러나 민족 구성원들이 여타의 지역으로 이주해 생활하더라도 그 구성원은 이미 선조 때부터 형성된 민족성을 공유하고 있기 때문에 이미 하나의 민족으로 규정받는다.

장구한 인류 역사 속에서 민족은 혈연·언어·지역 공통성에 기초하여 형성되어온 운명공동체다. 사회역사적으로 형성된 역사성에 기초해 볼 때, 민족은 인류가 존재하는 한 앞으로도 지속될 운명공동체의 생활 단위다.

이런 이유에서 민족이 갖는 영구성은 우리 민족이 통일해야 할 근본 이유로 작용한다. 우리 민족이 분단된 채 60년이 넘는 세월을 살아오면서도 통일해야 하는 근본 이유는 바로 하나의 민족이기 때문이다. 만약 남과 북이 각기 다른 민족이라고 한다면 통일의 요구는 미미하거나 없을 수도 있다. 그러나 운명공동체로서의 민족성은 시대가 변화해도 유구하며 그것이야말로 통일의 이념적 기초다. 이 때문에 민족(또는 민족주의)은 흘러간 유행가가 아니라 분단 현실을 타파하기 위한 변혁적 가치다.[1]

분단시대에서 6.15시대로

우리 민족의 분단은 외세에서 비롯되었다. 우리 민족이 분단된 시점은 1945년 8.15해방때다. 그러나 우리 민족이 분단된 보다 근원적인 시점을 찾아 올라가다보면 일제 강점기를 거쳐 외세가 한반도를 넘보던 19세기 말의 상황과 맞닿아 있다.

지금으로부터 100여 년 전, 우리나라는 근대 민족국가 수립의 전환기를 맞고 있었다. 그러나 당시 우리 민족은 청과 일본을 비롯한 외세의 개입으로 반외세, 반봉건의 변혁과제를 올바르게 수행하지 못했다. 이 때문에 한반도는 열강들의 이권다툼의 장으로 전락했고 그 결과 우리 민족은 식민 통치의 나락으로 떨어졌다. 이때부터 우리 민족은 민족자주의 과제를 시대적 임무로 부여받게 되었다.

1945년, 드디어 일제에서 해방된 우리 민족 앞에 새로운 기회가 찾아왔다. 해방 직후 우리 민족에게 부여된 절체절명의 과제는 자주적인 통일민족국가를 수립하는 것이었다. 그러나 통일민족국가 수립의 과제는 미 군정과 이에 결탁한 이승만과 한민당으로 대표되는 친미 세력에 의해 좌절되고 만다. 어떤 사람들은 분단의 원인을 두고 '미소대립론'이니 '좌우대립론'이니 주장하기도 한다. 그러나 보다 근원적이고 핵심적인 원인은 미국이 한반도를 분할 점령하여 동북아에서 소련과 중국을 봉쇄하려 한 전략 때문이었다.

이렇게 우리 민족이 헤쳐 나온 지난 20세기의 역사는 식민 통치와 분단으로 얼룩졌다. 그리하여 우리 민족은 20세기 전반기에는 일제 식민 통치로부터 자주독립할 과제를 부여받았다면, 그 후반기에는 분단을 벗어나 자주통일국가를 건설할 과제를 부여받았다.

그렇다면 21세기의 역사는 우리 민족에게 어떠한 시대적 과제를 제기하고 있는가. 우리 민족이 21세기에 부여받고 있는 시대적 과제는 지난 세기의 유물인 식민잔재와 분단유죄를 청산하고 6.15공동선언을 이행하여 자주통일을 완성하는 것에 있다. 이 같은 인식에서 우리는 오늘의 시대를 6.15시대라 부른다. 6.15시대는 식민 지배와 분단의 역사에 종지부를 찍고 우리 민족끼리 힘을 합쳐 부강한 통일조국을 건설하는 시대다.

오늘 우리 앞에 전개되고 있는 6.15시대는 하루아침에 개막되지 않았다. 6.15시대를 보다 실천적으로 이해하려면 적어도 1980년대와 1990년대를 관통하여 오늘에 이르는 올바른 역사인식을 가져야 한다. 1990년대 탈냉전이라는 세계사적 변화 속에 한반도에서 총성 없이 전개된 북미간의 정치군사적 대결, 그리고 1987년 6월항쟁부터 1990년대 전 기간을 관통하면서 전개된 이남 민중들의 투쟁에 대한 고찰 없이는 6.15시대가 제기하는 시대적 과제를 옳게 인식할 수 없다.

6.15시대는 자주통일의 실현을 그 목표로 한다. 다시 말해 6.15시대는 6.15공동선언을 이행하여 우리 민족이 자주통일의 단계로 진입하는 것을 목표로 하는 시대다. 이를 위해 남과 북은 '우리 민족끼리' 단합하여 남측의 연합제안과 북측의 낮은 단계 연방제안의 공통점을 확대하여 통일의 문을 열어가야 한다.

03 분단을 뛰어 넘어 통일강국을 꿈꾸자

 로막힌 섬, 단절된 바다

    2차 대전 이후 도래한 냉전시대와 남북 분단은 이남을 대륙과 단절된 섬으로 만들어 육지를 통한 대륙과의 만남은 전면 차단당한 채 바다를 통한 서방세계와의 접촉만을 허용했고 이북은 미국의 적대정책 때문에 아직까지도 해양으로부터 봉쇄되어 있는 상태다.

    남과 북의 이 같은 단절은 우리 민족에게 정치·군사·경제적인 비용 말고도 정서적으로도 상상력의 제약과 단절을 가져왔다. 언제부터인가 이남은 북만주를 통해 연결된 대륙을 경험해보지 못한 세대가 인구의 절대다수를 차지하게 되었다. 그리고 수십 년 동안 우리의 모든 문화 영역의 소재에서 북녘과 만주로 이어진 대륙의 민족정서는 고스란히 사라졌다.

이 같은 대륙성의 상실은 삼별초항쟁을 마지막으로 고려가 원나라의 부마국으로 전락하고 조선이 명나라와 청나라의 조공국이 된 이후 강대국에 예속된 우리 민족사와 결코 무관하지 않다. 따라서 우리 민족은 지난날의 불행한 역사를 청산하고 통일을 실현하여 고조선과 고구려, 고려와 조선으로 이어져온 민족사의 정통성을 회복해야 한다.

민족사의 정통성 회복과 함께 우리 민족은 단절된 유라시아 대륙과 다시 연결돼야 한다. 6.15시대의 요구대로 경의선과 동해선을 연결하면 중국을 관통하는 중국횡단철도TCR가 경의선을 통해 남북으로 이어져 우리 민족의 대동맥이 될 것이다. 또

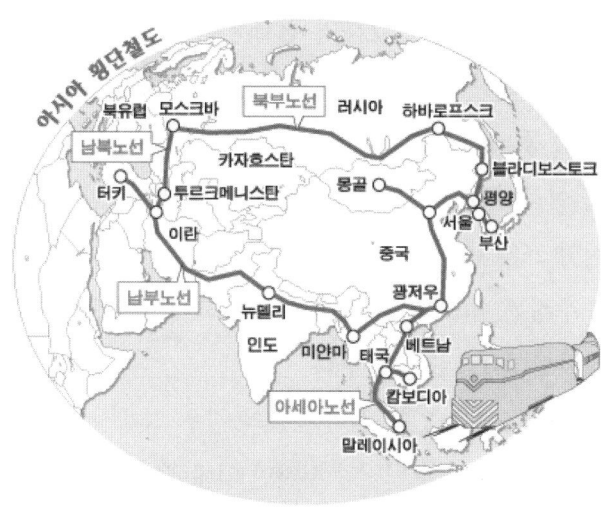

[그림 1] 아시아 횡단철도(《매일경제》, 2006년 11월 11일)

한 시베리아횡단철도TSR는 동해선으로 연결되어 부산이 아시아 횡단철도TAR의 시발점이 될 것이다. 또한 남과 북은 여러 갈래의 도로망을 연결하여 중국, 러시아, 몽골 그리고 일본을 연결하는 통일 민족경제 공동체를 형성할 수 있을 것이다.

우리 민족끼리 단합하여 통일강국을 건설하자

통일조국은 어느 정도의 국력을 갖게 될까? 예로부터 남과 북은 균형 발전을 도모할 수 있는 지리적 조건을 갖추고 있었다. 한반도의 북부지방에는 풍부한 지하자원이 매장되어 있고 남부지방에는 비옥한 평야지대가 펼쳐져 있다.

최근 발표된 한 연구논문에 따르면 이북에 매장된 지하자원은 대략 이남의 30배에 달하며 경제성을 지닌 200여 종의 유용 광물이 있다고 한다. 이북에 매장된 개발 가치가 있는 유용광물은 금, 은, 동, 철, 아연, 중석, 마그네사이트, 석회석, 인상흑연 등이다. 이북이 중국과 채굴 투자협정을 체결한 함경북도 무산 철광은 약 25억 톤이 매장되어 있는 아시아 최대 규모의 노천철광으로 추정된다. 또한 북에 매장된 마그네사이트는 세계 매장량의 절반인 100억 톤에 달한다.

이북이 보유하고 있는 석유자원의 경우 경제성이 상당한 것으로 추정된다. 중국과 인접한 서한만 일대에는 적게 잡아도 50~60억 배럴, 많게는 660억 배럴 규모의 유전이 존재하고 있는 것으로 알려졌다. 2005년 10월 중국 해양석유총공사CNOOC는 보하이만渤海灣의 대륙붕과 연결된 이북의 서한만 해저를 다각도로 탐사한 결과 이 지역에서 경제성이 확실한 대규모 유전을 발견했다고 발표했다. 이보다 앞선 1997년 10월 일본 도쿄에서 개최된 '조선유전설명회'에서 이북 원유공업부는 서한만 일대에 최대 430억 배럴 상당의 해저유전이 존재한다고 밝힌 바 있다.

석유공사측 자료에 따르면 중동국가의 석유 매장량은 쿠웨이트와 UAE가 각각 990억 배럴과 970억 배럴이며 카타르나 오만은 각각 150억 배럴과 50억 배럴이라고 한다. 만약 서한만 일대에 430억 배럴이나 660억 배럴의 원유가 매장되어 있다면 이는 중동의 웬만한 산유국과 맞먹거나 능가하는 수준이다. 이북에 매장된 자원이 개발되어 이남의 경제적인 강점과 결합하면 통일조국은 경제 강국으로 부상할 것이다. 이남이 갖고 있는 자본과 기술력이 북의 인적·물적 자원과 결합할 경우 남북의 경제합작은 상당한 상승효과를 낼 것이다.

그런데 문제는 남북의 장점이 우리 민족의 요구대로 활용되기 위해서는 정치군사적인 장벽이 제거되어야 한다는 사실이다. 우리 민족이 남북 통합의 민족경제체제를 수립하기 위해서는 무엇보다 미국에 의한 대북 봉쇄정책이 철회되어야 한다. 그리고 한미동맹이라는 이름으로 지속되고 있는 불평등한 한미관계를 청산하고 남측 당국이 민족공조에 나서야 한다.

지난 2000년 8월 남북간에 합의된 개성공단 조성사업만 하더라도 미국의 개입으로 차질이 빚어졌다. 개성시 일대에 800만

평 규모의 공단과 1200만 평 규모의 배후단지를 조성한다는 개성공단 사업은 합의 후 진척을 보지 못하다가 2002년 8월에 가서야 연내 착공에 합의했다. 그 뒤 2003년 6월 30일 1단계지구에서 착공식을 가진 데 이어 2004년 6월부터 15개 업체가 시범단지에 입주하기 시작했고 그 해 12월 15일에야 첫 제품을 생산할 수 있었다. 개성공단 사업이 이렇게 차질을 빚게 된 핵심적인 이유는 전력 공급을 비롯한 제반의 기반시설을 구축하는 데 미국이 사사건건 제동을 걸었기 때문이다.

이런 사정 때문에 이북은 울며 겨자 먹기로 중국과의 경제협력에 무게를 싣게 되었다. 앞에서 말한 서한만 해저유전 개발만 해도 그렇다. 지난 2005년 12월 24일 북(조선)의 로두철 부총리와 중국의 쩡페이옌曾培炎 부총리는 베이징에서 '해상에서의 원유개발에 관한 공동협정'을 체결하였다.

이러한 사례에 비춰볼 때, 미국의 불편부당한 간섭을 배제하지 못할 경우 우리 민족은 통일경제 공동체를 구축하기 어려울 것이다. 따라서 우리 민족이 통일강국으로 거듭나기 위해서는 미국의 부당한 간섭과 대북 봉쇄정책을 파탄내고 한반도에 평화체제를 구축해야 한다.

평화체제 구축을 통해 우리 민족이 통일을 실현하면 통일 KOREA는 안으로는 부강번영을 이루고 밖으로 자주와 친선을 도모하게 될 것이다. 그 뿐 아니라 통일 KOREA는 미국이 주도하는 일극적 패권 질서를 거부하고 친선과 호혜평등을 도모하는 새로운 국제 질서의 중심국가로 거듭날 것이다.

'다민족, 다인종사회'론은 민족말살론

《노동신문》, 2006년 4월 27일《통일뉴스》, 2006년 4월 27일 게재）

최근 남조선에서 우리 민족의 본질적 특성을 거세하고 '다민족, 다인종사회'화를 추구하는 괴이한 놀음이 벌어지고 있다.

이 소동의 연출자들은 남조선이 미국인 등 여러 인종의 피가 섞인 '혼혈 지역'이라느니, '폐쇄적인 민족주의 극복'이라느니, 미국과 같은 '다민족국가의 포용성과 개방성'이라느니 하는 황당한 설을 들고 나오고 있다.

말마디 자체도 민족적 감정에 칼질하는 것이지만 보다 엄중한 것은 이 반민족적인 '다민족, 다인종사회'론이 벌써 론의 단계를 벗어났다는 데 있다. 이미 지금까지 '단군의 후손' '한핏줄' '한겨레' 등을 강조하여온 초등학교, 중고등학교 교과서에 2009년부터 '다인종, 다민족문화'론와 관련된 내용을 포함시키며 '국제결혼가정' '외국인근로자가정' 등의 용어도 '다문화가정'으로 바꾸기로 하였다.

민족적 분노를 금할 수 없게 하는 말 그대로의 망동이 아닐 수 없다.

결론부터 말한다면 남조선의 친미사대 매국세력이 운운하는 '다민족, 다인종사회'론은 민족의 단일성을 부정하고 남조선을 이민족화, 잡탕화, 미국화하려는 용납 못할 민족말살론이다.

민족은 력사적으로 형성된 민족성원들의 사회생활 단위이고 운명공동체이며 해당 민족은 다른 민족과 구별되는 특성이 있어 민족으로 존재하는 것이다. 사람들의 운명과 사회발전은 민족과 떼여놓고 생각할 수 없다. 민족성은 개별적인 사람과 사회발전에서 중요한 무기로 된다. 하기에 모든 민족이 자기의 고유성을 귀중히 여기고 우수성을 부각시키며 그것으로 민족성원들을 각성, 단합시키는 데 힘을 넣고 있다. '세계화'의 물결이 어지럽게 범람하는 오늘날 그에 대처하여 민족성을 더욱 내세우며 그 보호의 장벽을 쌓으면 쌓았지 스스로 부정하는 나라와 민족은 없다.

지배주의와 식민주의가 약소민족들의 운명을 위협하는 현실에서 우리 단일민족의 고유성과 우수성을 부정하는 것은 민족의 정신무장 해제를 설교하는 반역행위다.

'다민족, 다인종사회'론을 제창해나서는 남조선의 친미매국세력은 민족관과 사회력사 발전에 대한 초보적인 리해조차 없는 것은 물론 한쪼박의 민족의 넋도 없는 얼간망둥이들이다.

단일성은 세상 어느 민족에게도 없는 우리 민족의 자랑이며 민족의 영원무궁한 발전과 번영을 위한 투쟁에서 필수적인 단합의 정신적 원천으로 된다. 민족의 단일성이 그처럼 귀중하기에 그것을 살리기 위해 우리 겨레가 피와 목숨을 바쳐 장구하고 험난한 통일의 길을 걸어온 것이며 지금은 애국의 열정을 다해 6.15통일시대를 가꾸어가고 있는 것이다. 민족의 단일성을 살려나가지 않는다면 미국의 지배주의 책동 앞에서 민족도 개개인의 운명도 지켜낼 수 없으며 독도 령유권 주장에 비낀 일본 반동들의 재침 기도도 막아낼 수 없다. '다민족, 다인종사회'론의 반민족성은 바로 민족 자체를 부정하고 나라와 민족을 제국주의자들에게 내맡긴다는 데 있다.

온 겨레가 힘을 합쳐 갈라진 조국을 통일하고 단일민족의 존엄과 위용을 높이 떨치자고 하는 때에 남조선에서 민족부정론, 민족말살론이 나왔다는 데 보다 엄중한 문제가 있다. 지금은 북과 남이 60여 년 간의 분렬을 끝장내고 민족의 구조적인 단일성을 확립해가는 자주통일시대이며 이 시대의 대세는 '우리 민족끼리'다. '다민족, 다인종사회'론은 이 시대의 기본리념을 거세하는 독소이고 반통일 론리다. 남조선에서 겨레의 지향에 배치되는 반민족론이 제창되는 것은 명백히 북과 남을 혈통이 서로 다른 지대로 만들고 6.15통일시대를 가로막으며 민족을 영구 분렬시키려는 '한나라당'을 비롯한 친미족속들의 범죄적인 기도와 미국의 배후조종의 결과다.

남조선에서 제기되는 혼혈인 문제에 대해 말한다면 그것은 전적으로 미국의 남조선에 대한 군사적 강점의 산물이다. 이러한 비극적 현실을 끝장내기 위해 미군 철수의 기치를 들지는 못할망정 오히려 그것을 사회화하려 하고 있으니 얼마나 쓸개 빠진 자들인가.

남조선에서 민족적 수치와 분노를 금할 수 없게 하는 '다민족, 다인종사회'론이 공공연히 나돌고 그것을 현실에 적용하려는 움직임이 나오고 있는 것은 세계를 일극화하려는 미국의 범죄적 책동이 얼마나 위험한 것인가를 그대로 보여준다.

　남조선의 각계각층 인민들은 주체성과 민족성을 저버린 나머지 우리 민족의 혈통마저 흐리게 하고 민족 자체를 말살하려는 사대매국 세력의 반민족적 책동을 단호히 배격하여야 한다. 그리고 우리 민족제일주의와 '우리 민족끼리'의 기치를 더욱 높이 들고 민족을 지키고 통일을 이룩하기 위한 애국투쟁에 적극 떨쳐나서야 할 것이다.

북의 《로동신문》에 묻는다

신은희(미국 심슨대학교 종교철학부 교수)
《우리, 다시 사랑할 수 없을까》, 통일뉴스, 2006년, 281~287쪽)

　북의 로동신문은 2006년 4월 27일 논평에 '다민족, 다인종사회론'을 민족말살론으로 규정하는 글을 발표했다. 이 글은 오늘날 한국 사회에서 일어나고 있는 인종적·문화적 변화들에 대한 북의 입장을 밝힌 것이다. 전통적으로 로동신문은 북의 대표적인 정치적 관점을 전달하는 매체다. 북은 다민족, 다인종사회론을 '민족의 독소'로 규정하며 민족을 부정하는 반민족적 행위로 강력하게 비판하고 있다.

　북의 이러한 입장은 이민자가 거의 없고 해외 경험이 상대적으로 부족한 사회에서 나타날 수 있는 즉각적 반응으로 보인다. 더구나 북은 미국의 강경정책으로 정치, 경제, 사회, 문화 등 각 분야에서 총체적인 위협과 어려움을 겪고 있기 때문에 남쪽에서 제기되고 있는 다문화, 다인종의 사회적 이슈들이 민족성을 약화시키는 위험한 논리라고 볼 수 있을지도 모른다. 어쩌면 이런 주제는 현재 북이 처한 현실을 고려해볼 때 형평성을 가지고 논의하기에는 시기상조일 수도 있다.

그럼에도 불구하고 우리 민족이 서로 이해하고 만나야 한다는 미래지향적 통일문화를 생각하면서 몇 가지 질문을 던지고자 한다. 이런 대화는 지난 민족 분단의 시간 동안 남과 북이 너무도 다르게 살아왔기 때문에 상호이해를 높이기 위한 우정 어린 대화의 초대임을 먼저 밝히고 싶다.

먼저, 로동신문의 논평은 혼혈인을 포함한 타민족과 타문화에 대하여 너무도 차별적인 언급을 하고 있다. 혼혈인들을 '인종적 잡탕화'로 폄하하면서 순혈주의에 기초한 단일민족 개념만을 강조하고 있다. 로동신문의 이러한 입장은 한국 사회와 문화를 심층적으로 분석하지 못한 데 기인한 것으로 보인다. 한국 사회에서 불고 있는 다인종, 다문화 논의는 우리 민족을 '혼혈화'하자는 것이 아니다. 민족의 정체성을 부인하려는 운동은 더더욱 아니다.

다만 분단의 이유로, 혹은 경제적인 이유로 남한 사회에 함께 살고 있는 혼혈인들을 포함한 타인종과 타민족에 대한 우리의 배타적 입장을 좀더 인도적으로 발전시켜 보자는 건전한 시민운동이다. 북과는 달리 문화적 다양성이 이미 존재하는 한국 사회에서 인종적 '차이'를 '차별'로 여기지 않고 다양성을 수용하고자 하는 평화적 시민의식인 것이다.

사실 한국 사회에 살고 있는 외국인 노동자들은 민중 가운데 민중이다. 경제적 착취는 물론 인종적 차별과 멸시를 당하며 서럽게 살아가고 있다. 이들과 한국인 사이에서 출생한 자녀들 또한 '혼혈아'라는 딱지를 붙이고 평생 무시당하며 살아가야 하는 것이 한국 사회의 현실이다. 이런 현실에서 비롯된 다인종, 다문화 문제가 우리 한민족, 조선민족주의를 희석시키고자 하는 반민족적 정서로 시작된 것이라고 볼 수 있는가.

지배문화 속에서 소외되고 핍박받는 소수 민족과 문화를 인정하고 보호하는 민중적 관점에서 출발하고 있다는 점을 명심해야 한다. 혼혈인들도 우리와 똑같은 인간이다. 그들이 혼혈이라는 이유로 '단일민족성'을 지닌 우리 민족으로부터 지독한 인종적 차별과 억압을 당해도 무방하다는 것인가. 로동신문의 논평에서처럼 혼혈인들의 존재를 '민족의 독소'라고 규정하는 것은 그늘 속에서 살아가는 약자를 향해 무자비한 인종차별적 언사를 하는 언어 폭력이 아닐 수 없다.

또한 로동신문은 이 논평에서 한국 사회에서 일어나고 있는 '다민족, 다인종 운동'이 극우 세력과 결탁한 친미 세력들의 주도로 이루어진 것이라고 주장하고 있다. 사실은 문화와 인종의 다원주의 논의가 오히려 평화운동을 전개하는 진보 세력들에 의하여 이루어지고 있음을 알아야 한다. 이는 약자의 권리를 보호하는 원칙이며 소수 민족과 문화도 똑같이 존중받아야 한다는 평화적 다원주의의 대명제다.

정확하게 같은 원리가 북의 주체문화에도 적용된다. 한국 사회의 많은 이들은 북의 주체문화가 제거되어야 한다고 믿지만 진보 세력들은 북의 주체문화 또한 국제 사회에서 소수 문화로 인정받고 존중받아야 할 것임을 주장한다. 한국 사회 일각에서 주체문화를 북의 고유한 문화로 해석하고 문화다원적 범주에서 포용하는 것이 바람직하다는 주장이 있듯이, 북도 한국 사회에서 일어나고 있는 다민족, 다인종 현상을 좀더 깊이 이해하는 진지한 자세가 필요하다.

특별히 한국에 사는 혼혈인들은 사회적 약자이며 소외된 집단이기에 더욱 많은 사랑과 관심을 필요로 한다. 어떤 민족이 혼혈 전통을 지녔다고 해서 그 문화와 인종이 열등하게 취급받는 것은 우리 모두가 그토록 몸서리치게 싸워온 강대국의 제국주의 논리와 무엇이 다르다는 말인가. 이는 또한 우리 인류사회가 함께 만들어가야 할, 다양성이 존중받는 평화주의 정신에 정면으로 어긋나는 것이기도 하다. 세계에서 GDP 10위권에 진입한 한국 사회는 이제 '나누어주는 나라'로, '포용하는 사회'로 성숙해야 하는 과제를 안고 있다. 한국 사회의 다민족, 다인종 현상을 북의 관점에서만 일방적으로 판단할 수 없는 이유가 분명히 있음을 북은 깨달아야 한다.

또한 로동신문이 밝힌 다민족, 다인종 문제에 관한 논평은 북에서 정의한 '조선민족제일주의' 개념과 모순되는 내용이 많아 보인다. 전통적으로 북의 사상과 문화는 김일성 주석과 그의 유훈을 이어받은 김정일 위원장의 사상에 기초하여 발전해왔다. 그리고 두 수령의 사상과 문화는 북의 인민들의 심성 속에 절대적 가치로 받아들여지고 있으며 북의 사회를 움직이는 사회적 동력이 되고 있다. 북의 민족주의 이해도 같은 맥락에 서 있다. 김 위원장은 자신의 민족주의에 대한 입장을 '조선민족제일주의를 높이 발양시키자'라는 주제의 연설에서 분명히 밝히고 있다. 1989년 12월 28일 조선로동당 중앙위원회 책임일군들 앞에서 한 이 연설은 오늘날까지 북을 대표하는 민족주의다.

"조선민족제일주의 정신은 한마디로 말하여 조선 민족의 위대성에 대한 긍지와 자부심, 조선 민족의 위대성을 더욱 빛내어 나가려는 높은 자각과 의지로 발현되는 숭고한 사상 감정입니다."

그리고 바로 이어 그는 '조선민족제일주의'라는 표현이 줄 수 있는 오해의 소지를 먼저 해결한다.

"우리가 내세우는 민족제일주의는 인종주의나 민족배타주의와 아무런 인연이 없습니다. 민족의 우렬을 생물학적인 인종적 특징에 따라 규정하는 것은 반동적인 부르죠아 인종론입니다. …… 반동적 인종론은 제국주의자들에 의하여 인종차별정책과 민족말살정책의 사상적 도구로 리용되여 왔습니다."

김 위원장은 1980년대부터 북의 민족제일주의는 타인종이나 민족을 차별하는 인종차별주의나 배타적 민족주의를 배격하고 있음을 분명히 밝혀왔다. 그는 백인들이 자신들의 인종과 문화를 우수한 것으로 규정하고 힘없는 소수 민족을 차별하고 억압하는 것을 강하게 비판한다. 따라서 조선민족제일주의란 조선 민족이 세계 어떠한 민족보다 우월하니 모두 '조선 민족화'하자는 것이 아니라 '조선 사람에게는 조선 문화가 최고'라는 뜻으로 민족적 자긍심을 고취시키자는 뜻이다.

이러한 북의 민족주의는 타민족을 멸시하거나 평가절하하는 배타적 민족주의가 아니라 소수 민족과 인종을 존중하며 보호해야 한다는 평화적이고 포괄적 민족주의 정서가 녹아 있는 것이다. 하지만 로동신문의 논평에서는 김정일 위원장이 제시한 포괄적 민족주의의 성격을 찾아보기 어렵다.

강대국의 제국주의와 반세기 이상 싸워온 북은 마땅히 국제 사회의 다른 약자들을 포용할 수 있는 높은 국가적 도덕성을 지켜야 하는 것 아닐까? 북이 미국과 같은 제국주의 국가들을 더욱 신랄하게 비판할 수 있는 도덕적 자격을 지키려면 타민족의 설움과 아픔을 품을 수 있는 포용적 민족주의 정신을 회복해야만 한다.

타민족의 한 많은 절규를 무시하면서 우리 민족의 아픔만을 보상받으려는 것은 민족적 이기주의일 수 있다. 민족이기주의에 힘이 더해지면 결국 제국주의 형태로 나타날 수 있다. 따라서 북의 저항적 민족주의 정신은 우리 민족뿐 아니라 세계 도처에 흩어져 억압받는 다른 소수 민족들과의 포용과 연대를 통하여 더욱 위대한 민족주의와 아름다운 평화주의로 그 빛이 발현되어야 할 것이다.

| 참 | 고 | 문 | 헌 |

강만길, 《분단시대의 역사인식》, 창작과 비평사, 1978년.

―――, 〈분단 50년을 되돌아보고 통일을 생각한다〉, 《창작과비평》, 1995년 봄호.

김남식, 《21세기 우리 민족이야기》, 통일뉴스, 2004년.

김승호, 〈세계화 시대에 성찰해 보는 민족, '민족적인 것'의 의의〉,
《사월혁명회보》, 2002년 4월.

남문희, 〈중국, 북한 앞바다에서 대규모 유전 찾았다〉, 《시사저널》(통권846호),
2006년 1월 10일.

남성욱, 〈북한 사회를 개혁과 개방으로 유도하는 '경제공동체'〉,
《민족화해》(통권18호), 2006년 1월 2일.

민경우, 《민족주의 그리고 우리들의 대한민국》, 시대의창, 2007년.

정석홍, 《남북한 비교론》, 사람과 사람, 1999년.

정영철, 〈분단의 극복과 통일: 남북의 공존과 공영을 위하여〉

통계청, 〈통계로 본 남북한의 모습〉, 2005년 12월.

통일부 홈페이지(www.unikorea.go.kr) 게시자료, 〈북한심층이해〉
(2006년 2월 열람).

| 주 | 석 |

1) 이남 당국과 주류 사학계는 백제와 고구려를 무너뜨린 신라를 최초의 통일 국가로 보고 있다. 이 같은 인식에서 흔히 '통일신라'라는 말이 통용된다. 반면 이북은 고려가 첫 통일국가이며, 우리 민족의 정통성은 고조선-고구려-발해-고려로 계승되었다고 주장한다.

과연 '통일신라'라는 말은 정당한가. 이에 대해 두 가지 문제를 제기하고자 한다. 첫 번째는 신라의 삼국통일이 당나라를 끌어들여 제 민족을 멸망시킨 사대성에 기초하고 있다는 문제의식이다. 두 번째는 신라의 통합은 백제가 차지하고 있던 한반도 중부 이남에 국한된 반면에 고구려 영토와 유민 대부분을 포괄하지 못했다는 사실이다.

이 때문에 신라의 통합은 '통일'의 의미를 획득할 수 없다. 역사적으로도 고구려 후예들이 발해를 건국하여 신라와 함께 7세기 말부터 10세기 초엽까지 남북국시대를 이루었다. 이런 이유에서 '통일신라'라는 말은 부당하다. 대신 '후기신라'로 명명되어야 한다. 우리 민족 최초의 통일국가의 영예는 신라가 아닌 고려에 돌아가야 한다. 그 이유는 926년 거란에 멸망한 발해의 유민들이 고려에 유입되었고, 935년 후기신라가 고려에 흡수되었으며, 936년 후백제가 멸망하여 고려에 편입되었기 때문이다.

■ 통일, 우리 민족의 마지막 블루오션

04 끝내 좌절된 자주통일국가 수립의 꿈-8.15해방에서 한국전쟁까지
05 확정된 분단, 뒤이은 대결과 경쟁-1950년대와 1960년대의 통일운동
06 남과 북, 통일의 여정을 시작하다
   -7.4공동성명에서 1990년대 통일운동까지
07 '우리 민족끼리' 통일을 노래하자-6.15시대의 개막과 통일운동

제2장

통일운동은
어떻게 전개되어 왔나

04 끝내 좌절된 자주통일국가 수립의 꿈
- 8.15해방에서 한국전쟁까지

45년 8월 15일부터 1953년 7월 27일에 이르는 기간 동안 자주독립국가를 건설하려는 우리 민족은 미국의 분단 음모와 격렬하게 충돌하였다. 1947년 미소공동위원회가 끝내 결렬되고, 그해 9월 한반도 문제가 유엔으로 이관되면서 이남에서의 대립은 날로 격화되어갔다. 특히 2.7구국투쟁과 4.3민중항쟁을 거치면서 한반도는 내전상태로 돌입했고, 그 연장선에서 한국전쟁이 발발하였다. 그리고 3년여에 걸쳐 지속된 한국전쟁은 우리 민족에게 죽음과 폐허, 분단을 남겨 놓았다.

해방 그리고 싹트는 분단 음모

일제의 식민 지배가 남기고 간 분단

일제의 식민 통치는 우리 민족의 분단에 직접적이고 결정적인 영향을 끼쳤다. 일제가 분단에 끼친 근원적인 영향은 우리 민족이 근대적인 민족국가를 수립할 기회를 원천적으로 박탈했다는 점이다.

1910년 한일합방부터 1945년 패망할 때까지 일제는 조선을 대륙 침략의 교두보로 삼고 가혹한 수탈을 자행했다. 또한 자주 독립을 위해 떨쳐나선 조선 민중과 애국자들을 무자비하게 탄압하고 민족성 말살을 꾀했다. 식민 통치를 위해 일제가 양성한 친일 세력은 해방 후 친미 세력으로 둔갑하여 민족 분단의 첨병 노릇을 하였다.

일제는 1945년 8월 패망이 임박해오자 항복 후 조선에 살고 있는 일본인의 안전과 재산 보호를 위해 민중들로부터 신망이 높던 여운형에게 행정권 이양을 약속했다. 그러나 일제는 얼마 지나지 않아 이 약속을 헌신짝처럼 던져버리고 미군에게 행정권을 넘겨주었다.

해방과 38선 분할 점령

일본은 연합국을 비롯한 아시아 각지에서 전개된 민족해방투쟁으로 마침내 1945년 8월 15일 무조건 항복을 선언한다. 여기서 우리가 주목할 것은 일본의 패망이 미국의 힘만으로 이루어지지 않았다는 사실이다. 일본의 패망은 연합국의 일원인 소련을 비롯한 아시아 여러 민족들의 항일 투쟁이 있었기에 가능했다. 특히 조선 민중들과 중국 민중들의 항일 투쟁은 일본의 대륙 침략에 차질을 주기에 충분했다.

1944년 미국이 사이판을 점령하면서 일본의 전세는 급격하게 기울었다. 일본 본토 상륙을 앞두고 있던 미국은 1945년 8월 7일과 9일 히로시마와 나가사키에 원자탄을 투하하였다. 한편 소련은 1945년 8월 9일 만주에서 일본군을 공격하기 시작했다. 이 시기 우리 민족의 투쟁 또한 거세지고 있었다. 중경에 있던 대한민국 임시정부는 광복군의 국내 진공을 준비하였고 만주에서는 김일성 유격대가 소규모 부대로 전환하여 활동하고 있었다. 그리고 국내에서는 여운형이 건국동맹을 결성하여 조선의 독립에 대비하였다(1944년 8월).

패망이 임박해지자 일제는 총독부 정무총감 엔도를 내세워 80만 일본인의 신변과 재산 보호 등 항복 후의 사태에 대비해 여운형에게 행정권 인도를 약속했다. 여운형은 해방과 함께 건국동맹을 확대 재편하여 건국준비위원회(건준)를 결성했고 8월 말에 이르러 145개의 지부를 거느리게 되었다. 건준은 이 여세를 몰아 9월 6일 전국인민대표자회의를 개최하고 조선인민공화국을 선포했다.

이즈음 소련군은 8월 11일 웅기를 시작으로 12일 라진, 13일 청진, 21일 원산에 상륙하여 일본군을 무장해제시켰다. 이제 소련군의 한반도 장악은 시간 문제였다. 상황이 급박하게 돌아가자 미국은 38선을 경계로 한반도를 분할 점령할 것을 제의했고 이에 소련은 군말 없이 응했다. 소련이 한반도 분할 점령안을 수용한 이유는 다음과 같이 추측해 볼 수 있다.

첫째, 소련은 독일과의 전쟁에서 입은 엄청난 피해를 복구하기 위해 가급적이면 미국과의 충돌을 피하고자 했다. 둘째, 소련은 동유럽 사회주의 국가를 지원하는 것에 주력했기 때문에 한반도에 대한 관심은 상대적으로 소홀했다. 셋째, 당시 소련은 동북아에서 한반도를 점령하는 것보다는 일본에게 빼앗겼던 사할린과 쿠릴 열도를 되찾는 것이 급선무였다.

반면 미국이 제기한 38선 분할 점령안에는 한반도를 분단하려는 흉계가 숨어 있었다. 미국은 패전국 일본에게 "미군이 진주하기까지 모든 체제를 변경하지 말고 계속 유지하되, 정식 항복할 때 일본의 통치기구를 그대로 미군에 인계하라"고 통보했다. 미국의 통보를 받은 조선총독 아베는 8월 18일 여운형에게 약속한 행정권 이양 합의를 취소한다고 발표했다.

9월 7일 미군은 포고 제1호를 공포한다. 포고문에서 미군은 "북위 38선 이남 지역 및 주민에 대하여 군정"을 실시하며 "점령군에 대한 반항 행위 또는 질서를 교란하는 자는 가차 없이 엄벌에 처"하고 "군정기간 동안 영어를 공용어로 사용한다"고 발표하여 점령군으로서의 성격을 분명히 했다.

9월 8일 미군은 인천항에 상륙했고 다음날 총독부 건물 앞마당에서 하지 중장과 아베 총독 사이에 항복식이 열렸다. 이날부터 총독부 게양대에서 일장기가 내려지고 대신 성조기가 게양되어 펄럭이기 시작했다. 이렇게 미 군정 시대가 개막되었다. 미 군정은 조선인민공화국을 비롯한 그 어떤 정치 세력도 인정하지 않은 채 "남한에서 유일한 합법정부는 미 군정뿐"이라고 발표했다(1945년 10월 10일).

이에 반해 북의 상황은 달랐다. 소련군은 각 지방별 인민위원회가 행사하는 행정권을 인정했고 일본인 재산의 국유화와 친일 세력 제거에 협조적이었다. 이처럼 소련군의 태도는 미군의 그것과는 사뭇 대조적이었다.

모스크바 3상회의

1945년이 저물어 가는 12월 16일 우리 민족의 운명을 결정하게 될 회의가 개최되었다. 바로 모스크바 3상회의였다. 미국, 영국, 소련 3국 외상이 참가한 모스크바 3상회의에서는 미국이 제기한 '조선에 대한 최고 30년 간의 신탁통치안'이 논의되었다. 그리고 12월 27일 모스크바 3상회의 결정서가 워싱턴, 런던, 모스크바에서 동시에 발표되었다.

이날 발표된 결정서의 요지는 조선의 모든 민주 세력이 참여하는 가운데 민주정부를 수립하고 최고 5년 간 4개국(미국, 소련, 영국, 중국)에 의한 신탁통치(후견제)를 실시한다는 것이었다. 이 결정서에는 "일본 식민지 잔재의 청산과 조선 임시정부의 창건을 통해 조선의 산업과 문화 등의 발전에 필요한 방책을 강구"하고, 미소공동위원회를 설치하여 조선의 민주주의 제정당단체와 협의 아래 조선의 독립과 발전을 위한 원조 협력의 방책을 작성한다는 내용이 명시되어 있었다.

　모스크바 3상회의의 결정은 미국이 의도했던 신탁통치안과는 달랐다. 이 때문에 모스크바 3상회의 결정서는 미국에 의한 파산이 예고되었다. 파국은 모스크바 3상회의의 전말이 심각하게 왜곡되어 마치 소련에 의해 신탁통치가 결정된 것처럼 이남에 전달됨으로써 시작됐다. 이 오도된 소식을 접한 민중들은 술렁였고 이런 분위기를 틈타 미 군정의 보호 아래 있던 이승만과 김성수 일파는 모스크바협정 반대시위를 조장하여 친일파들을 재빨리 반탁운동에 결합시켰다.

　이런 어수선한 상황에서 1차 미소공동위원회가 덕수궁에서 개최되었다(1946년 3월 20일). 회의는 시작부터 심각한 이견에 부딪쳤다. 회의의 쟁점은 임시정부 수립을 협의할 정당과 단체의 선정에 있었다. 소련측은 반탁운동에 참여한 단체를 배제할 것을 제기했고 미국측은 반탁운동은 표현의 자유에 속한다는 이유로 이를 반박했다. 이리하여 회의는 파행 끝에 휴회되었다.

　미소공동위원회가 휴회되자 기다렸다는 듯이 이승만은 1946년 6월 3일 정읍에서 "우리는 무기휴회된 공위가 재개될 기색도 보이지 않으며 통일정부를 고대하나 여의하게 되지 않으니 남쪽만이라도 임시정부 혹은 위원회 같은 것을 조직하여 38선 이북에서 소련이 철퇴하도록 세계 공론에 호소"하자며 단독정부 수립을 주장하기 시작했다.

　이승만의 단독정부 수립 발언과 함께 미 군정은 그 해 5월 정판사 위조지폐사건을 빌미로 공산당과 좌익진영에 대한 탄압을 전면화하였다. 이렇게 찬탁과 반탁으로 정세가 극도로 혼미해진 가운데 대구경북 일원에서 인민항쟁이 일어나는 등 상황은 날로 격화되고 있었다.

이런 상황에서 미소공동위원회가 재개되었다(1947년 5월 21일). 그러나 그뿐이었다. 양측은 이렇다 할 합의를 보지 못한 채 9월 20일 공동위의 중단을 선언했다. 이렇게 되자 미 국무장관 마샬은 1947년 9월 17일 한국 문제를 유엔에 이관할 것을 제의한다. 이에 소련은 "조선에 주둔하고 있는 모든 외국 점령군이 1948년 벽두까지 동시에 철수함으로써 조선인이 그들 자신의 정부를 아무런 외부 개입 없이 수립할 수 있도록 하자"고 맞섰다.

1947년 11월 14일 개최된 유엔 총회는 한반도의 인구비례에 따른 총선거의 실시를 결정하고 선거 감시를 위한 유엔 한국임시위원단UNTOK을 구성했다. 총선거가 이렇게 미국 주도 아래 일사천리로 결정되자 소련과 북은 반발했다. 그 결과 유엔 한국임시위원단의 입북은 거부되고 만다(1948년 1월 9일).

통일국가 수립을 위한 민중투쟁과 남북연석회의

격화되는 통일국가 수립투쟁

한국임시위원단의 입북이 거부되자 유엔은 소총회에서 가능한 지역에서만이라도 총선거를 실시한다는 방침을 결정했다(1948년 2월 26일). 이에 따라 한국임시위원단은 5월 10일 이전까지 이남만의 단독선거를 실시한다고 밝혔다. 이렇게 분단은 가시화되고 있었다. 분단이 가시화되어가자 두 갈래의 통일정부 수립투쟁이 일어났다. 하나는 남과 북의 좌익 세력과 민족주의 세력 사이의 협상운동이였고 다른 하나는 단독정부 수립을 저지하기 위한 격렬한 민중투쟁이었다.

단독선거 방침이 전해지자 1948년 2월 7일 조선노동조합전국평의회의(전평) 소속 30만 노동자들은 단선반대투쟁을 전개했다. 2.7구국투쟁이라 불리는 이 투쟁에는 연인원 200만 명이 참가하여 100여 명이 학살되고 8479명이 검거되었다. 2.7구국투쟁은 4.3민중항쟁과 5.10선거저지투쟁으로 이어졌다. 이때부터 민중들의 투쟁은 무장투쟁으로 발전하여 야산대라는 무장조직이 등장하게 되었다. 이 같은 민중항쟁은 동요하는 민족주의 세력이 남북연석회의에 참가하지 않을 수 없게 만들었다.

상황이 격화되자 미 군정은 행정명령 5호를 발포하고(1947년 8월 4일) 남로당을 불법화하는 등 좌익 세력을 대대적으로 탄압했다. 미 군정은 전농과 민주여성동맹, 문학가동맹 간부들을 검거하고《해방일보》를 폐간시켰다. 미 군정은 단정에 반대한다는 이유로 민족주의 계열인 천도교청우당, 근로인민당, 인민공화당까지 탄압했다.

이러한 상황에서 단독선거를 반대하는 4.3민중항쟁이 촉발되었다. 4.3항쟁은 1년여 동안 지속되었고 1949년 4월 토벌작전으로 마무리되기까지 수많은 사람들이 학살되었다. 4.3항쟁은 또 다른 항쟁을 불러왔다. 1948년 10월 20일 여수에 주둔하고 있던 14연대는 4.3항쟁을 진압하기 위해 출병하라는 명령을 거부하고 봉기를 일으켰다. 여순사건은 10월 26일 여수와 순천이 국군에 의해 장악되면서 마무리되었다. 그러나 여순사건에 참가한 잔류 병력은 지리산 일대로 피신하여 본격적인 빨치산 투쟁이 전개되기 시작했다.

남북연석회의가 개최되다, 그리고 ······

상황이 격화되자 민족주의 세력은 단선반대 대열에 참여하기 시작했다. 이런 흐름 속에서 1947년부터 산발적으로 제기되었던 남북협상 논의가 힘을 얻어갔다. 1948년 2월 10일 김구는 〈삼천만 동포에게 읍 고함〉을 통해 5.10단독선거를 강력하게 반대했고, 2월 16일에는 김규식과 공동명의로 "우리 민족의 영원분열과 완전통일을 판가름하는 최후의 순간"에 "남북 지도자간의 정치협상을 통하여 통일정부의 수립과 새로운 민주국가의 건설에 관한 방안을 토의하자"는 서한을 김일성에게 보냈다.

3월 25일 민주주의민족통일전선은 〈남조선 단독정부 수립을 반대하는 남조선 정당사회단체에게 고함〉이라는 성명서에서 "우리 조국의 운명에 가장 중대하고 엄숙한 이 순간에 ······ 남조선 단독선거 실시를 반대하여 투쟁하는 남북조선의 모든 민주주의 정당사회단체대표들과 연석회의를 금년 4월 14일 평양에서 개최할 것을 제의" 했다.

3월 26일에는 이극로, 신진당, 근로인민당이, 4월 3일에는 조선유도회장 김창숙이, 4월 14일에는 문화인 108명이 남북회담을 지지하고 나섰다. 이에 대해 미 군정은 착각을 가진 사람, 공산주의자, 용공주의자로 매도했다. 이승만 또한 "협상 찬성은 소련의 목적에 추종"하는 것이라고 비난했다.

이런 반대 속에서 1948년 4월 19일 역사적인 '남북제정당사회단체연석회의(남북연석회의)'가 평양 모란봉극장에서 개최되었다. 이 회의에는 남과 북의 56개 정당단체 대표 695명이 참석했다. 695명을 분류해보면 정치인 195명, 기업가 9명, 상업가 39명, 공공기관 간부 86명, 종교인 14명, 문학예술인 28명, 학생 22명, 도시빈민 37명 등이었다.

26일까지 진행된 연석회의는 김일성의 개막연설을 시작으로 정세 보고와 〈남조선 정치 정세에 관한 결정서〉 채택으로 이어졌다. 그리고 4월 27일부터 30일까지 남북제정당사회단체지도자협의회(남북요인회담)가 열렸다. 남북요인회담에서는 15인의 개별인사와 56개 정당단체가 연명한 공동성명서를 발표하게 된다.

1. 소련이 제의한 바와 같이 우리 강토에서 외국 군대가 즉시에 철거하는 것은 우리 조국에서 조성된 곤란한 상태 하에서 조선 문제를 해결하는 가장 정당하고 유일한 방법이다.
2. 남북 정당사회단체 지도자들은 우리 강토에서 외국 군대가 철퇴한 후에 내전이 발생할 수 없다는 것을 확인하며, 또 그들은 통일에 대한 조선 인민의 지망에 배치하는 여하한 무질서의 발생도 용허하지 않을 것이다.
3. 외국 군대가 철퇴한 이후 하기 제정당단체들은 공동명의로써 전 조선 정치회의를 소집하여 조선 인민의 각층각계

를 대표하는 민주주의 임시정부가 즉시 수립될 것이며 국가의 일체 정권은 정치, 경제, 문화생활의 일체 책임을 갖게 될 것이다.

4. 상기 사실에 의거하여 본 성명서에 서명한 제정당사회단체들은 남조선 단독선거의 결과를 결코 인정하지 않으며 지지하지 않을 것이다.

날 짜	모임의 명칭과 성격	참 석 자
4월 24일	황해제철소 시찰	남측 대표 200여 명
	연석회의 종료기념 종합공연, 공연 후 김두봉 초청 요담	김일성, 김두봉, 김구, 김규식, 홍명희, 조소앙, 조완구 등
4월 25일	연석회의 지지 시민대회	34만 군중 시위
	대회 후 김일성 주최 초대연	김일성, 김구, 김규식, 홍명희, 허헌 등
4월 26일	제1차 4김 회담	김일성, 김두봉, 김구, 김규식
	남북지도자 연회: 지도자협의회 필요성 제기	북노당 대표 및 백남운, 홍명희, 조소앙, 엄항섭 등
4월 27일	남북지도자협의회	남북 요인 15인
4월 28일	김규식-김일성 개별 회담	김규식이 지도자 회담의 의제 제의
4월 29일	김구, 주영하에게 문제 제기	김구, 지도자협의회 인원 구성에 문제 제기
4월 30일	제2차 4김 회담	김일성, 김두봉, 김구, 김규식
5월 1일	5.1절 경축 시민대회	인민군 열병식과 37만의 시민행진
	대회 후 남북지도자 회동	김일성, 김구, 김규식, 홍명희, 허헌 등
5월 2일	쑥섬 회동(야유회)	남북 요인 15인, 성시백
5월 3일	비공식 개별회담(작별인사)	김일성-김구, 김일성-김규식 회담
5월 4일	비공식 개별회담	김일성-홍명희 회담

[표 1] 남북연석회의 시기 남북 지도자들의 회동과 회담 참석자
(도진순, 《한국민족주의와 남북관계》, 서울대학교 출판부, 1997년, 272쪽)

연석회의를 마치고 돌아온 김구와 김규식은 "우리는 행동으로써만 우리 민족이 단결할 수 있다는 것뿐 아니라 사실로도 우리 민족끼리는 무슨 문제든지 협조할 수 있다"는 감회를 밝혔다. 그러나 그 후 김구와 김규식은 상당한 행동 제약과 굴절을 겪었다. 그 결과 6월 29일 개최된 2차 남북연석회의에 참가하지 않았다. 이들이 불참한 이유는 미 군정의 방해공작과 이북의 송전중단 조치에 대한 불만, 북이 추진하는 인민공화국 수립이 또 다른 분단 시도라고 판단했기 때문이다.

2차 남북제정당사회단체연석회의는 이남의 좌익 계열만이 참가한 가운데 6월 29일부터 7월 5일까지 평양에서 개최되었다. 2차 남북연석회의에서는 '남조선 단독선거 실시와 관련하여 우리 조국에 조성된 정치 정세와 조국통일을 위한 장래 투쟁 대책'이 논의되었다.

1. 비법적으로 조직된 소위 남조선 국회에서 괴뢰정부가 날조된다면 우리는 이것을 결정적으로 폭로 배격할 것이다.
2. 전 조선적인 선거의 실시에 기초하여 조선최고인민회의를 창설하고 남북조선 대표자들로 조선중앙정부를 수립할 것이다.
3. 조선최고인민회의와 조선정부는 조선으로부터 외국 군대를 즉시 동시에 철거하도록 할 것이다.

이 같은 결정에 따라 최고인민회의 구성을 위한 선거가 실시되어 571명의 대표(이남 360명, 이북 211명)가 선출되었다. 미 군정의 탄압으로 이남에서는 비밀리에 이중선거가 진행되었다. 이중선거란 이남의 각 시군별로 비밀리에 대표 5~7명을 선출하고 선출된 이들이 8월 21일 해주에서 인민대표자회의를 개최하여 여기서 360명의 대의원을 선출하는 방식이었다. 이렇게 구성된 조선최고인민회의는 9월 8일 헌법을 제정하고 다음날인 9월 9일 조선민주주의인민공화국 수립을 선포하였다.

이남에서는 5.10단독선거 직후 제헌국회가 개원된다(1948년 5월 31일). 제헌국회는 헌법을 제정하고 초대 대통령으로 이승만을 선출했다. 그리고 1945년 8월 15일 대한민국 정부가 수립되었다.

남과 북에 단독정부가 수립되자 정국은 더욱 격화되었다. 단독정부의 출현은 실질적인 내전 상태로의 돌입을 의미했다. 이런 가운데 1949년 6월 남로당과 북로당이 조선노동당으로 합당하였고 남과 북의 민주주의민족전선 또한 조국통일민주주의전선으로 통합되었다. 또한 그 해 6월 29일 주한미군은 군사고문단 500명을 남겨두고 철수했다. 이렇게 정세는 급변하였고 해가 바뀐 1950년 6월 25일, 전쟁이 발발하였다.

남북연석회의의 살아있는 의미

간략하게나마 해방에서 단독정부 수립까지의 과정을 살펴보았다. 이 과정에서 우리는 우리 민족의 분단이 외세에 의해서 비롯되었음을 알 수 있었다. 해방 직후 미국과 소련은 공히 한반도에 자신들의 영향력 아래 있는 정부 수립을 추진했다. 그러나 우리 민족의 분단에 결정적인 역할을 한 것은 미국이었다. 미국은 1947년 3월 12일 트루먼독트린을 통해 대소 봉쇄정책을 선언하면서 냉전시대의 개막을 알렸다. 당시 미국은 유럽에서는 서독을 대소 전진기지로 활용했고, 동북아에서는 한반도 이남을 대소 전진기지로 삼았다.

미국의 한반도 분단정책은 다음과 같은 의도와 양상으로 나타났다. 첫째, 미국은 2차 대전 이전부터 조선에 대한 신탁통치를 제기하여 한반도를 장악하고자 했다. 결국 미국의 제안은 받아들여졌고 38선은 분단선으로 확정되고 말았다. 둘째, 미군은 포고문에서 밝힌 대로 해방군이 아닌 점령군으로 이 땅에 상륙했다. 맥아더 사령관 명의의 포고문은 미국이 한반도 분단에 결정적으로 개입했다는 사실을 부인할 수 없는 증거다. 셋째, 38선 이남을 점령한 미국은 그 어떠한 국내 정치 세력도 인정하지 않고 오직 이승만으로 대표되는 친미 분단 세력을 육성하는 데 역점을 두었다. 특히 미 군정은 해방 직후 친일잔재 청산이라는 민족적 요구를 외면한 채 친일파를 재등용하여 통일민족국가를 수립하는 데 장애를 조성하였다. 넷째, 미군은 이승만 등 친일파들에게 적산을 불하하고 반농민적인 농지개혁을 통해 친미 분단 세력을 육성하는 물적 토대로 삼았다. 다섯째, 미국은 4.3항쟁을 비롯한 민중투쟁을 탄압하고 수많은 민간인을 학살하는 데 직간접적으로 간여했다. 이처럼 미국은 우리 민족의 분단에 원인을 제공하고 결정적인 역할을 하였다.

따라서 미국과 소련의 책임을 동등하게 묻는 '미소대립론'은 민족 분단에 대한 미국의 책임을 희석시키는 관점이다. 그 뿐 아니라 분단의 원인을 좌우의 대립에서 찾는 시각도 경계해야 한다. 해방 공간에서 좌우 대립이 없었던 것은 아니나 이는 분단의 본질적인 요인이 아니었다. 당시 김구를 비롯한 우익 민족주의 세력은 망국적인 단독정부 수립에 반대하고 남북연석회의에 참가하여 통일정부 수립의 대열에 참여하였다. 그러므로 '좌우대립론'은 미국을 비롯한 외세의 분단 책임에 면죄부를 준다는 점에서 배제되어 마땅하다.

그러면 이제 연석회의의 교훈을 살펴보자. 연석회의는 1948년 4월의 1차 회의와 6월 말에서 7월 초까지의 2차 회의, 그리고 8월 말의 해주회의까지 세 차례 개최되었다. 첫째, 연석회의는 통일을 바라는 세력이 좌와 우의 이념을 뛰어넘어 단결함으로써 이후 통일운동의 이념적 토대가 되었다. 둘째, 당시 이승만을 중심으로 하는 단정 세력을 고립시키고 미국의 분단정책을 타격하였다. 셋째, 연석회의는 7.4공동성명에서 천명된 자주, 평화통일, 민족대단결 원칙에 살아있는 원천이 되었다.

그럼에도 통일이라는 민족사적 대의에 좌우를 망라한 세력이 보다 일찍, 보다 강고하게 결집하지 못하였다. 특히 연석회의는 1차 회의 이후 김구와 김규식을 비롯한 민족주의 세력이 이탈했고 시기적으로도 분단을 저지하기에는 너무 늦었다.

05 확정된 분단, 뒤이은 대결과 경쟁
- 1950년대와 1960년대의 통일운동

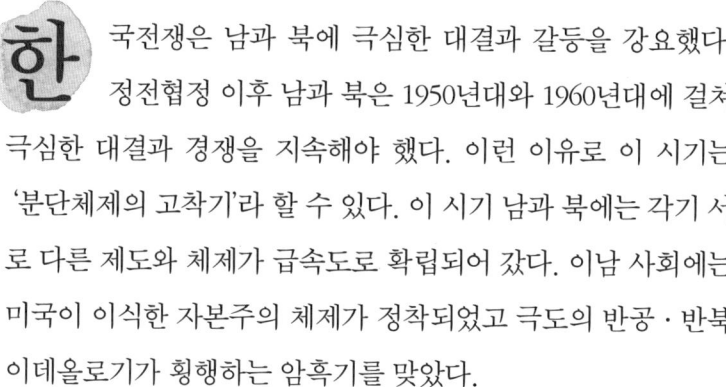국전쟁은 남과 북에 극심한 대결과 갈등을 강요했다. 정전협정 이후 남과 북은 1950년대와 1960년대에 걸쳐 극심한 대결과 경쟁을 지속해야 했다. 이런 이유로 이 시기는 '분단체제의 고착기'라 할 수 있다. 이 시기 남과 북에는 각기 서로 다른 제도와 체제가 급속도로 확립되어 갔다. 이남 사회에는 미국이 이식한 자본주의 체제가 정착되었고 극도의 반공·반북 이데올로기가 횡행하는 암흑기를 맞았다.

정전협정과 제네바정치회담

전쟁과 상처

3년여에 걸친 한국전쟁은 크고도 깊은 상처를 남겼다. 전쟁으로 130여만 명이 사망하고 370여만 명이 부상당하거나 실종되었다. 이 같은 수치는 당시 남북의 인구가 3000만 명 정도였음을 감안하면 6명 가운데 1명꼴로 사상자가 났음을 뜻한다. 특히 인구가 1000만 명 정도였던 이북의 피해는 이남보다 심각했다.

경제적인 손실 또한 엄청났다. 이남에서는 전선이 교착된 1951년 6월 이전에 제조업의 48퍼센트, 농업의 14.3퍼센트, 광업의 3.2퍼센트가 파괴되었다. 당시 정부 집계에 따르면 총 피해액은 약 30억 3200만 달러였다. 이는 1945년부터 1961년까지 미국과 유엔이 이남에 제공했던 원조 총액 31억 3900만 달러에 버금가는 금액이었다. 이북 또한 전쟁 전 기간에 걸쳐 커다란

구 분	이 남		유엔군	이 북		중국군	계
	민간인	군 인		민간인	군 인		
사 망	37만3599	22만7748	3만6813	40만6000	29만4151	18만4128	152만2439
부 상	22만9652	71만7083	11만4816	159만4000	22만5949	71만5872	359만7372
실 종	38만7744	4만3572	6198	68만	9만1206	2만1836	123만556
계	99만995	98만8403	15만7827	268만	61만1306	92만1836	635만367

[표 2] 한국전쟁의 인명피해(단위 : 명)
(한국역사연구회, 《한국현대사 2》, 풀빛, 1991년, 62쪽)

※ 이남 민간인 실종에는 납북인 8만 4532명 포함, 이북 민간인 실종은 월남인 포함, 이북 군인 실종은 포로

피해를 입었다. 전쟁이 끝날 무렵 생산액은 1949년에 견주어 공업의 64퍼센트, 농업의 24퍼센트가 줄어들었다. 1954년 북이 공식 집계한 총 피해액은 당시 화폐로 4200억 원이었다. 이 액수는 1949년도 이북 주민 총소득의 6배에 해당하는 것이다. 당시 미 극동폭격사령부 사령관 오도넬은 "중국인들이 오기 전에 막 우리는 지상으로 내려왔습니다. 한국에 더 폭격할 목표물이 없었습니다"라고 말할 정도로 전쟁으로 인한 파괴는 컸다.

전쟁은 이에 그치지 않고 분단 고착에 결정적 역할을 했다. 전후 이남은 미국 중심의 자본주의 질서에 급속도로 편입됐고 반공체제가 강화되었다. 그 결과 이남에서 미국의 영향력은 상상할 수 없이 커졌다. 미국은 평화와 안보를 명분으로 이남을 군사기지화했고 원조를 미끼로 한국 경제를 자신들의 수중으로 편입시켰다. 이리하여 미국은 한국민을 해방시킨 해방자로, 전쟁 복구의 원조자로 인식되는 한편, 이북은 모든 불행의 원흉이 되었다. 전쟁의 후과 가운데 빠뜨릴 수 없는 것이 민중운동의 파괴다. 이남에서의 민중운동의 파괴는 한국 사회가 정치적인 암흑기에 놓였음을 의미하였다.

전쟁의 상처는 이뿐이 아니었다. 한국전쟁은 냉전체제를 고착시키는 데 결정적으로 기여했다. 한국전쟁은 미소 대결의 분기점이 되었고 동북아에서 한미일 군사동맹체제가 강화되면서 조중소라는 사회주의권과의 대립이 격화되어갔다. 이밖에도 한국전쟁은 대만에서 장제스 정권을 회생시켰고 일본의 경제적 부흥과 재무장을 촉진시키는 계기가 되었다.

결렬이 예고된 제네바정치회담

정전 후 전쟁 관련국들은 정전협정 제4조 60항에 명시된 "3개월 내에 각기 대표를 파견하여 쌍방의 한 급 높은 정치회담을 소집"하여 "외국 군대 철수 및 한국 문제의 평화적 해결 등의 문제를 협의"한다는 규정에 따라 회담소집 문제가 현안으로 떠올랐다. 정전협정 직후 유엔은 관련국들의 정치회담 소집 문제로 특별총회를 개최했으나 회담 구성국과 형식 문제로 결렬되었다. 그리고 1953년 남, 북, 미국, 중국이 예비회담을 가졌으나 역시 결렬되었다. 그 후 독일과 오스트리아 문제를 논의하기 위한 미국, 소련, 영국, 프랑스 4개국 외상회의에서 한국 문제의 해결을 위한 정치회담 개최가 합의되었다.

이리하여 제네바정치회담은 1954년 4월 26일부터 6월 15일까지 개최된다. 제네바정치회담의 참가국은 한국과 미국을 비롯한 유엔군 15개국(남아공 불참), 그리고 이북(조선)과 중국, 소련 등 19개국이었다. 미국은 이 회담을 통해 정전협정에 명시된 외국으로부터의 병력과 군장비의 반입금지, 남북의 군비 축소, 외국군 철수에 관한 조항을 무력화시킬 명분을 찾아야 했다.

그러나 이승만 정권은 미국에 대해 엇박자를 놓았다. 이승만 정권은 '공산주의자와 협상 무용론' '무력북진통일론'을 내세우며 회담 참가를 거부했다. 당시 외무장관 변영태는 1954년 2월 20일 "무력으로 해결 안 된 것을 정치회의로 해결하겠다는 것은 언어도단이며 소련의 평화공세의 한 수단인 제네바정치회담 개최를 반대한다"는 성명까지 발표했다.

미국은 사태 파악도 하지 못한 채 고집만 피우는 이승만 정권의 태도가 난감했다. 이에 이승만 정권의 회담 참가를 종용하면서 그 대가로 한국군 30~40개 사단 창설에 필요한 비용 지원을 약속했다. 이승만 정권은 미국의 이 같은 약속도 못미더워 "최악의 경우에는 미국과도 결별하고 단독 퇴장이라도 하겠다"는 뜨악한 태도로 회담에 참가했다.

반면 이북은 제네바회담에 적극적이었다. 1953년 8월 5일 조선노동당 중앙위원회 제6차 전원회의의 보고는 이 같은 인식의 단면을 보여준다.

"정전은 우리에게 있어서 커다란 승리입니다. …… 정전협정의 체결은 조선 문제의 평화적 해결의 첫걸음으로 되며 긴장된 국제 정세의 해결에 기여한 첫 모범으로 됩니다. 우리는 정전협정을 체결함으로써 우리 조국의 통일 문제를 평화적으로 해결할 수 있는 가능성을 얻게 되었습니다."

이처럼 남과 북, 미국은 서로 다른 태도로 제네바회담에 참가했다. 당시 회담에서 남북이 내놓은 통일 방안을 살펴보면 그 차이는 더욱 선명해진다.

변영태 외무부장관 발표(1954년 5월 22일)
1. 통일되고 독립한 민주한국을 수립할 목적으로 이에 관한 종전의 국제연합 결의에 의거하여 국제연합 감시 하에 자유선거를 시행한다.
2. 자유선거는 이러한 선거가 종래 가능하지 못하였던 북한

에서 시행하고 대한민국 헌법의 절차에 의거하여 남한에서도 행한다.(생략)
7. 전 한국 의회의 의원 수는 전 한국의 인구에 정비례한다.
10. 특히 좌기 각 문제는 전 한국 입법부의 결정에 일임한다.
  ㄱ. 통일한국의 대통령을 새로 선거하는 여부
  ㄴ. 대한민국의 현 헌법의 개정 문제
  ㄷ. 군대의 해산 문제
12. 중국군은 선거일 1개월 전에 철퇴를 완료한다.
13. 국제연합군의 한국으로부터의 점차적 철퇴는 선거 전에 개시할 수도 있으나 통일한국 정부의 전 한국에 대한 효과적 통치가 성취되고 그것을 국제연합이 인증하기 전에 완료하여서는 안 된다.
14. 통일독립한 민주한국의 영토 보전과 독립은 국제연합에 의하여 보장된다.

남일 외상 발표(1954년 6월 15일)
첫째, 비례적 원칙을 준수하면서 가능한 짧은 기간 내에 조선 지역으로부터 모든 외국 세력을 철거하기 위하여 대책을 취할 것을 해당 국가 정부들에 권고할 것.(생략)
둘째, 1년 기한 내로 조선민주주의인민공화국과 대한민국의 군대 수효를 축소시키되 각측 군대의 수효가 10만 명을 넘지 않을 것.
셋째, (생략) 평화 상태로 전환시킬 데 대한 문제를 심의하여 조선민주주의인민공화국 정부와 대한민국 정부에 해당한 협정을 체결할 것을 제의하기 위하여 조선민주주의인민공화국과 대한민국 대표들로 위원회를 구성할 것.
넷째, 남북 조선을 물론하고 다른 국가들과의 사이에 군사적 의무와 관련되어 있는 조약들이 존재하는 것은 조선의 평화적 통일의 이익과 양립될 수 없음을 인정할 것.

다섯째, 남조선을 접근시키기 위한 조건들을 조성할 목적으로 조선민주주의인민공화국과 대한민국간의 경제 및 문화교류 즉 통상, 내정, 회계, 운수, 경계선 관계, 주민의 통행 및 서신의 자유, 과학·문화 교류 및 기타 관계를 설정하며 그를 발전시킬 데 대한 합의된 대책들을 강구 실시하기 위한 전조선위원회를 구성할 것.

여섯째, 조선의 평화적 발전을 제네바회의 참가국들이 보장하며 그러함으로써 조선을 단일한 독립적 민주주의적 국가로 평화적으로 통일하는 과업을 급속히 해결함에 도움을 줄 수 있는 조건들을 조성할 필요성을 인정할 것.

심지연, 《남북한 통일 방안의 전개와 수렴》, 돌베개, 2001년, 178~188쪽

양측의 제안은 합의하기 어려운 것이었다. 특히 이남의 제안은 미국의 의도를 충실하게 반영하고 있었다. 이러한 가운데 회의가 거듭될수록 유엔에 대한 지위 문제와 외국군 철수 문제가 쟁점으로 떠올랐다. 중국 대표 저우언라이周恩來 총리는 5월 22일 중립국 감시위원단에 의한 남북 총선거를 제안하면서 "한반도에서 유엔의 역할은 불법적"이라고 주장했다. 이북의 남일 외상도 "유엔은 완전히 미국의 지배 하에 있는 한국전의 교전국 일방이기 때문에 한반도 문제의 공정한 역할을 수행하기 불가능하다"고 주장했다.

이렇게 되자 미국을 비롯한 16개국은 유엔 감시 하에 남북 총

선거를 주장하면서 일방적으로 회담 종결을 선언했다. 회담은 이렇게 파행적으로 끝났다. 회담이 끝나자 이승만 정권은 한국군을 증강하고 북진통일론을 강화해갔다. 반면 이북은 정전협정을 폐기하고 평화협정 체결을 주장하면서 외국 군대의 철수와 이남 사회의 민주화를 전제로 한 남북 자유총선거를 제안하였다.

전쟁의 참화를 딛고 피어난 진보당의 평화통일론

1950년대 통일 논의를 살펴보기에 앞서 1948년 제헌의회 소장파 의원들이 제기한 '남북평화통일방안 7원칙'은 눈여겨볼 만하다. 남북평화통일방안 7원칙은 "① 외국 군대를 완전히 철퇴케 할 것 ② 남북의 모든 정치범을 석방할 것 ③ 남북정당사회단체대표로서 남북정치회의를 개최할 것 ④ 남북정치회의는 일반, 평등, 직접, 비밀의 4대 원칙에 입각한 선거규칙을 작성하여 최고입법기관을 구성할 것 ⑤ 최고입법기관은 헌법을 제정하고 통일중앙정부를 수립할 것 ⑥ 반민족행위자를 처단할 것 ⑦ 조국방위군을 재편성할 것" 등이다. 다만 아쉬운 것은 남북평화통일방안 7원칙이 국회 프락치사건으로 유야무야되면서 주목을 받지 못했다는 사실이다.

이승만 정권의 통일정책은 북진통일론이었다. 이승만 정권의 북진통일론은 북에 대해 끊임없이 적대감을 고취하여 무력 사용을 정당화하기 위한 논리적 근거이기도 했다. 이승만 정권에서 조장되기 시작한 반공·반북 이데올로기는 북진통일론 말고는 그 어떤 통일 논의도 용납하지 않았다. 이 같은 분위기에 압도되어 야당인 민주당조차 이승만 정권의 북진통일론과 같은 맥락의 통일론을 제기하고 있었다.

그리고 미국과 일본에 거주하던 김삼규와 김용중이 '중립화통일론'을 제기했고, 국내에서는 김낙중이 '통일독립청년공동체안'을 제기했다. 또한 1952년 전쟁 중에 치러진 대통령 선거에서 이시영 후보는 "조속히 정전회담을 성공시키고, 국군과 인민군을 해소하여 민족평화군을 창건하고, 평화민족통일국가를 건립하며, 남북을 통한 일체의 정치범을 석방"하자는 주장을 내놓기도 했다.

그러나 1950년대 통일 논의에서 단연 돋보이는 주장은 진보당의 평화통일론이다. 창당 초기(1956년 11월 10일) 진보당의 평화통일론은 유엔 감시 아래 남북총선거를 주장하는 다소 밋밋한 것이었다. 그러나 1957년 10월에 이르면 진보당의 논조는 괄목할 만하게 변화한다.

당시 진보당 통일문제연구위원회는 〈북한 당국의 평화공세에 대한 진보당의 선언문〉에서 "선거 준비와 실시 감독, 감시를 위해 국제감시위원회를 설치하되 그 성원은 인도, 스위스, 체코"로 하며 "선거의 준비와 실시를 위해 대한민국과 이북 당국에서 각각 선출한 대표로 구성되는 전한국위원회를 설치하자"고 주장했다. 현재의 시점에서 보면 별것 아니지만 당시 진보당의 주장은 이북이 주장하는 남북정당사회단체가 참가하는 전조선위원회 설치안과 흡사한 획기적인 것이었다.

진보당 당수 조봉암은 당 기관지 《중앙정치》(1957년 10월호)에 발표한 〈평화통일에의 길〉에서 "무력통일론은 동족상잔의 비극을 재현할 가능성이 있고, 이남은 미국과 상호방위조약을 맺고 있고, 이북은 소련과 조소방위협정을 맺고 있는 상황에서 곧 세계대전을 의미하는 것이니 국제 정세상 실현가능성이 없으며 게다가 현대 핵무기의 개발을 염두에 둘 때 무력통일론은 지극히 위험한 논리"라고 공박하고 "남한과 북한이 동등한 위치에서 동일한 시간에 총선거를 실시하는 방안이 타당하다"고 주장했다.

진보당이 주장한 평화통일론은 당시 민중들의 통일염원을 반영한 결과였다. 1956년 제3대 대통령 선거에 출마한 조봉암 후보는 금권과 관권이 난무하는 부정 속에서 216만 표를 획득하여 이승만의 장기집권을 저지할 유력한 정치 세력으로 등장하였다. 이에 위협을 느낀 이승만은 진보당을 해산하고 조봉암을 간첩으로 몰아 처형하고 말았다.

4월혁명과 통일운동

미완의 4월혁명

4월혁명은 이승만 정권에 대한 민주화와 통일의 요구가 분출한 일대 사건이다. 미국의 원조에 의탁하여 권력을 유지해오던 이승만 정권은 1950년대 후반 원조의 감소로 심각한 불황을 맞게 된다. 이러한 가운데 이승만 자유당 정권의 학정은 날로 심해졌고 이반된 민심은 1960년 3.15부정선거를 계기로 분출되었다. 3.15부정선거가 뇌관이 되어 폭발한 민중들의 분노는 12년간 온갖 학정으로 얼룩진 이승만 정권을 몰락시키기에 충분한 것이었다. 한마디로 말해 4월혁명은 분단 이후 만연된 한국 사회의 모순을 타파하기 위한 민중들의 저항인 동시에 민주화와 자주통일의 열망을 분출한 사건이었다.

민중들의 투쟁은 4월혁명의 전야라 할 수 있는 1950년대 후반부터 차츰 고조되고 있었다. 1958년 대구에서는 교원노조 결성운동이 일어났고 1959년 10월에는 전국노동조합협의회(전국노협)가 결성되었다. 1950년대 농민들의 투쟁은 토지쟁의가 주된 것이었다. 이 시기 선진적인 학생들은 한국 사회 변혁을 모색하는 독서회 활동을 전개했고 이들은 4월혁명의 공간에서 혁신운동을 주도하는 청년간부가 되었다. 4월혁명은 크게 세 시기로 구분할 수 있다.

첫 번째 시기는 2월 28일 대구시위부터 이승만 정권이 퇴진한 4월 26일까지의 반독재 투쟁기다. 이 시기에는 3.15부정선거를 계기로 민중들의 항쟁이 촉발되어 이승만을 퇴진시켰다.

두 번째 시기는 4월 26일 이후 허정 과도내각에 의한 7월 29일 민의원·참의원 선거까지 전개된 선거투쟁기다. 4월 26일 이승만 정권이 퇴진한 직후 혁신 세력들은 7.29선거에 상당한 기대를 갖고 있었다. 이에 반해 미국은 선거를 앞두고 민주당을 지원하여 혁신 세력의 진출을 가로막았다. 혁신 세력은 이러한 미국의 의도를 파악하지 못한 채 내부의 노선 차이로 분열했고 그 결과는 무참한 선거 패배였다.

세 번째 시기는 7.29선거 패배 이후 전개된 통일운동의 고양기다. 선거 패배 이후 분열되었던 혁신 세력은 통일운동에 주목하였다. 이때부터 혁신 세력은 민족자주통일중앙협의회(민자통)를 결성하고 본격적인 통일운동에 나서게 된다.

민자통의 결성과 통일운동

7.29선거에서 패배한 혁신 세력은 통일 없이는 사회 모순을 해결할 수 없다고 보았다. 이 같은 인식에서 혁신 세력은 1960년 9월 민자통을 발기하면서 '자주, 평화, 민주'를 통일원칙으로 발표했다. 민자통은 통일의 실천방안으로 ① 즉각적인 남북정치협상 ② 남북 민족대표들에 의한 민족통일 전국최고위원회 구성 ③ 외세 배격 ④ 통일 협의를 위한 남북대표자회담 개최 ⑤ 통일 후 중립국가 선포 등을 제시했다. 그 후 민자통은 1961년 1월 15일 준비위원회를 건설한 데 이어 2월 25일 결성을 선언했다.

이 과정에서 중립화 통일론을 주장하는 일부 인사들이 이탈하여 중립화조국통일총연맹(중통련)을 결성하기도 했다(1961년 2월 21일). 중통련의 주요정책은 "국제회의를 통한 국제적 보장 하에 영세중립화"를 위해 국민서명운동을 전개하는 것이었다.

혁신 세력이 민자통을 중심으로 통일운동을 전개하는 가운데 학생들 또한 통일운동 대열에 적극 참가하였다. 서울대 학생들이 민족통일연맹 발기대회를 갖고(1960년 11월 1일) 〈대정부 및 사회 건의문〉을 발표하면서 통일운동은 학생 사회로 퍼져갔다.

통일운동이 확대일로를 걷자 장면 총리는 담화를 통해 "유엔 감시 하에 남북을 통한 총선거로서 자유, 민주, 통일하는 것만 현하 한국 정부가 취할 수 있는 유일한 통일 방안"이라고 밝혔다. 장면 정부의 이러한 방안은 이승만 정권이 대외적으로 선전하던 '유엔 감시 하의 남북통일론'과 같은 맥락이었다.

민자통은 장면 내각의 주장을 반박하면서 남북정치회담과 남북 교류를 위한 시찰단 교환을 제안했다. 이와 함께 민자통은 1961년 2월 8일 미국의 강요로 체결된 '한미경제원조협정' 반대투쟁과 함께 장면 정부가 추진한 데모 규제법과 반공법을 저지하기 위한 2대 악법 반대투쟁을 전개해나갔다.

1961년 5월 3일 서울대 민족통일연맹이 남북학생회담을 제의하면서 학생들간의 교류와 체육대회 개최 문제가 대두되었다. 민족통일전국학생연맹은 이를 지지했고 민자통 또한 "남북학생회담은 시기상조라는 보수정객들은 평화도 통일도 원하지 않으며 사욕을 누리려는 자기의사의 표명"이라고 비판했다. 민자통은 5월 13일 '남북학생회담 환영 및 통일촉진궐기대회'를 동대문운동장에서 개최했다. 당시 집회 참가자들은 "가자 북으로! 오라 남으로! 만나자 판문점에서!"를 외치면서 중앙청까지 행진하였다.

이날을 시작으로 민자통은 궐기대회를 전국으로 확산시킬 계획이었다. 이 같은 상황에서 5.16쿠데타가 일어났다. 한마디로 말해 5.16쿠데타는 당시 통일운동에 가해진 재앙이었다. 쿠데타를 일으킨 군부 세력은 통일운동을 철저하게 탄압했다. 그 결과 4월혁명 직후의 통일운동은 여건과 동력을 상실한 채 종료되고 말았다.

4월혁명 직후 통일운동의 성과

4월혁명 직후의 통일운동은 역사 속에 뚜렷한 발자취를 남겼다. 이 시기 통일운동의 성과는 첫째, 이승만 정권이 추구한 북진통일론의 허구성을 폭로하고 민중들의 평화통일 의지를 분출시켰다. 둘째, 우리 민족의 살길은 오직 통일에 있으며 통일은 우리 민족이 자주적으로 수행해야 함을 제기하였다. 셋째, 무엇보다 이 시기 통일운동의 성과는 대중운동 차원에서 전개되어 한국전쟁 이후 단절되었던 대중운동을 복원했다. 넷째, 이 시기 전개된 대중적인 통일운동은 민자통이라는 통일전선체를 중심으로 전개되어 통일전선운동의 새로운 지평을 열었다.

그러나 통일운동을 주도한 혁신 세력은 우리 사회의 근본모순에 대해 과학적인 인식이 부족했다. 이 같은 한계는 4월혁명 직후 학생운동이 계몽운동으로 전환하는 등 혼선을 빚은 사례에서 찾아볼 수 있다. 또한 이 시기의 통일운동은 노동자, 농민 등 기층 민중에 기반하지 못했다. 이런 제약과 한계는 4월혁명 직후의 통일운동이 5.16쿠데타로 좌절하게 된 원인이기도 했다.

그 뒤 1960년대의 통일 논의는 개별적인 차원에서 제기되는 수준이었다. 5.16 직후인 1961년《국제신보》주필 이병주가 〈조국의 부재〉〈통일에 민족역량을 집결하라〉는 논설로 구속되었고, 1964년에는 문화방송 사장 황용주가 잡지《세대》에 〈강력한 통일정부에의 의지〉라는 글을 발표하여 구속되었다. 같은 해 《조선일보》 리영희 기자는 "정부가 남북한 유엔 동시가입 제안을 준비한다"는 기사를 작성하여 연행되기도 했다. 또한 1967년 4월 선거 유세에서 대중당 당수 서민호는 "국민에게 큰 부담이 되는 막대한 국방비를 절약하기 위해 남북 인구비례에 의한 감군을 할 수밖에 없다"고 주장하여 반공법 위반으로 구속되었다.

06 남과 북, 통일의 여정을 시작하다
- 7.4공동성명에서 1990년대 통일운동까지

7.4공동성명은 하나의 신기원이었다. 우리 민족은 1972년 7.4공동성명을 통해 비로소 민족 공동의 통일원칙을 수립하였다. 그러나 시련과 좌절 또한 없지 않았다. 7.4공동성명 이후 이남 사회는 유신독재와 광주학살, 그리고 전두환 독재 정권으로 이어지는 암흑기를 거쳐야 했다. 통일운동은 이 같은 암흑기를 거치면서 발전했다. 1980년대 6월항쟁과 청년학생들의 통일투쟁에 힘입어 1990년대 통일운동은 범민련과 범민족대회로 상징되는 3자연대운동으로 발전하였다. 이런 이유에서 이 시기는 통일원칙의 정립과 통일운동의 발전기로 분류할 수 있다.

7.4공동성명, 그 막전막후

7.4공동성명의 막전

5.16쿠데타 직후 군부 세력은 포고령 제18호를 통해 "반국가 단체를 조직하거나 그것에 가입하거나 또는 가입할 것을 권유한 자는 엄벌에 처한다"고 경고했다(1961년 5월 19일). 그리고 그 해 6월 중앙정보부 설치에 관한 법률을 제정한 데 이어 7월에는 반공법을 제정하여 일체의 통일 논의를 가로막았다.

반공을 국시로 하는 박정희 정권의 통일정책은 승공통일론과 멸공통일론이었다. 물론 필요에 따라 '유엔 감시 하의 남북한 총선거'를 대외적으로 표방하기도 했지만 실제로는 '선건설, 후통일론'으로 포장된 멸공통일론이었다. 이 같은 박정희 정권의 통일론은 미국이 추구하는 두 개의 한국정책에 기반하고 있었다.

1960년대가 저물어갈 무렵 미국은 베트남전쟁의 장기화에 따른 부담으로 곤경에 처하였다. 당시 안팎의 거센 반전운동과 1968년부터 본격화된 달러화 위기는 금태환체제의 붕괴로 이어졌고, 이러한 가운데 1969년 대통령에 취임한 닉슨은 베트남전쟁의 종결을 최우선 과제로 설정했다. 그리고 7월 25일 괌에서 해외 주둔 미군의 단계적 철수와 동맹국의 국방력 강화를 골자로 하는 닉슨독트린을 발표한다.

닉슨독트린에 따라 미국은 동북아시아에서 미군을 축소하고 간접개입으로 정책을 전환했다. 이에 따라 미국은 일본에게 경제적·군사적 부담을 떠넘기고 1969년에서 1971년 사이에 베트남에서 39만 명, 한국에서 2만 명(7사단)의 병력을 철수했다. 또한 중국을 반소 진영으로 포섭하기 위해 중국과의 수교를 의욕적으로 추진했다. 그런데 미국이 중국과 수교하기 위해서는 한반도의 긴장완화가 동반되어야 했다.

훗날 주한 미 대사를 역임한 포터는 미 의회에서 "미국으로서는 남북대화가 바람직하다고 생각하고 있음을 한국 정부에 전했다"고 증언하여 미국의 정책 변화를 입증해주었다. 또한 저우언라이 총리는 비밀리에 중국을 방문한 미 국무장관 키신저와 회담한 다음《뉴욕타임스》와의 회견에서 남북대화의 필요성을 역설했다. 이리하여 한반도에는 강요된 화해무드가 조성되기 시작했다. 그러나 분명하게 해둘 것은 당시의 화해무드가 미국이 평화를 원해서가 아니라 베트남 민중을 비롯한 국제적인 반전투쟁의 성과물이라는 점이다.

이즈음 박정희 정권은 3선 개헌안을 날치기로 통과시키면서 장기집권을 꾀하고 있었다. 당시 민중들은 1960년대부터 추진한 경제개발정책의 후과로 심각한 생존위협에 처해 있었다. 이런 절박한 생존위기 속에서 민중들은 민주화 투쟁에 불길을 지피기 시작했다. 1970년 11월 전태일 열사의 분신사건과 광주대단지 사건, 그리고 학생들의 교련반대 투쟁은 당시 민중들의 상황을 대변하였다.

7.4공동성명이 발표되다

민심이 등을 돌리자 박정희 정권은 1971년 12월 국가비상사태를 선포한다. 그러나 이런 방법으로 떠나간 민심을 되돌릴 수는 없었다. 따라서 새로운 돌파구를 찾기 시작했다. 때마침 미국의 남북대화 종용은 박정희 정권에게 하나의 호재였다. 그리하여 박정희 정권은 1970년 8월 15일 대북 협상을 제안한다. 북은 1970년 5차 당대회에서 '사회주의 공업화'와 '주체사상의 전면화'를 채택했다. 당시 이북은 동아시아의 역학 구도가 재편되는 상황에서 박정희 정권의 협상 제안을 전격 수용했다.

1972년 5월 2일 이후락 중앙정보부장이 '특수지역 출장에 관한 대통령 훈령'을 받고 평양을 방문한 데 이어 북의 박성철 부수상이 5월 29일부터 6월 1일까지 서울을 비밀리에 방문했다. 그리고 쌍방은 상호 방문에서 합의된 내용을 토대로 공동성명을 발표하기로 하고 6월 29일 이후락과 김영주가 합의문에 서명했다. 이런 과정을 거쳐 1972년 7월 4일 마침내 7.4공동성명이 발표된다.

7.4공동성명이 발표되자 남과 북은 상반된 태도를 보였다. 7.4공동성명에 대해 이북은 "조국의 자주적 평화통일을 실현하기 위한 투쟁에서 우리 민족 앞에 밝은 서광이 비치게 되었다"고 적극 환영했다. 반면 7월 5일 김종필 총리는 국회 보고에서 "남북대화에 대한 환상은 금물이다. 유엔은 외세가 아니다. 반공법, 국가보안법은 현존하는 그대로 가벌성이 있는 행위에 대해서는 적용할 것이다. 이북을 인정하는 것은 아니다"라고 발언

하여 성명의 기본정신을 부정하고 나섰다.

이 같은 대조적인 논평은 곧 현실로 나타났다. 박정희 대통령은 그 해 10월 17일 '대통령 특별선언'을 통해 국회를 해산하고 비상계엄령을 선포하여 유신체제라는 전대미문의 독재시대를 개막했다. 이어 1973년 박정희 대통령은 유엔 동시가입을 골자로 하는 6.23선언을 발표하여 7.4공동성명의 기본정신을 부정했다. 이리하여 1970년대 초반의 화해국면은 파탄이 났고 다시 지리한 공방과 대결 국면이 재개되었다.

이렇게 7.4공동성명은 박정희 정권에 의해 악용되는 운명을 맞았지만 우리 민족의 통일운동사에 신기원을 이뤘다. 무엇보다 7.4공동성명에서 합의된 자주, 평화통일, 민족대단결의 원칙은 민족공동의 통일원칙으로 자리매김되었다. 또한 7.4공동성명을 전후하여 남과 북은 여러 갈래의 회담을 진행하여 '대화 없는 분단시대'에서 '대화 있는 분단시대'를 열었다.

1971년 9월부터 시작된 남북적십자회담은 해를 넘긴 1972년 2월까지 19차에 걸친 예비회담을 진행했고 남북조절위원회와 남북체육회담은 민중들의 통일 열망을 촉발시켰다. 남북조절위원회는 1973년 6월까지 3차에 걸친 본회담을 진행하여 자주평화통일의 실현, 남북정당사회단체 및 개별인사의 교류, 긴장상태 완화와 군사충돌 방지 등의 문제를 협의하였다. 같은 시기 남북적십자회담은 7차에 걸쳐 본회담을 진행했다.

그러나 이때의 모든 회담에서 남과 북은 서로 다른 입장을 취하였다. 이북의 경우 정치군사 문제의 우선 해결을 주장한 반면에 이남은 경제문화 교류를 중심으로 한 단계적인 접근론을 내세웠다. 이때부터 드러난 이 같은 입장의 차이는 남북합의서와 6.15공동선언에도 투영되었고 현재까지도 지속되고 있다.

7.4공동성명 막후

7.4공동성명은 통일에 대한 국민적인 관심과 함께 활발한 통일 논의를 이끌어냈다. 재야를 대표하던 장준하는《민족주의자의 길》에서 "통일은 처음부터 끝까지 민중의 일이다. 통일은 감상적 갈망이기도 하지만 우리가 하루하루 사는 생활과 직결된 것이다. 통일 없이는 가난, 부자유 이 모든 현실적 고통은 결코 궁극적으로 해결되지 못함을 알고 알려야 한다. 그러므로 통일 문제는 민중 스스로가 관여하고 따지고 밀고나가야 한다"는 민중주체 통일론을 설파했다.

역사적인 견지에서 보면 7.4공동성명은 1950년대와 1960년대의 대결구도를 깨뜨리고 남과 북이 상호 인정하고 존중하는 합의를 이루었다는 점에서 큰 의의를 지닌다. 자주, 평화통일, 민족대단결의 3원칙은 전 민족적 통일의지를 옳게 반영함으로써 이후 통일 논의와 통일운동의 기초가 되었다.

그러나 박정희 정권에 의해 7.4공동성명이 부정되면서 1970년대의 남북관계는 '회의 형식'과 '절차와 대상'의 문제로 허송하였다. 이후 한반도 문제는 1975년 9월 22일 유엔 총회에서 미 국무장관 키신저가 '한반도 휴전당사자회의'를 제안한 것을 시작으로 하여, 한국과 미국은 남, 북, 미, 중이 참가하는 4자회담과 교차승인을 주장하고 북은 북미간의 양자회담을 주장하면서 1970년대가 저물었다.

1980년대 민족자주의식의 성장과 통일운동

광주항쟁과 민족자주의식의 성장

1980년 5월 광주항쟁은 미국에 대한 인식을 새롭게 하는 계기가 되었다. 민중들은 광주항쟁을 통해 미국이 우리나라를 분단시키고 독재정권을 지원하여 우리 사회의 민주화를 가로막아 왔다는 사실을 자각하게 되었다. 이 같은 자각에 따라 반미자주화 투쟁이 본격화되었다.

반미자주화 투쟁은 광주 미문화원 방화사건(1980년 12월)을 기점으로 하여 부산 미문화원 방화사건(1982년 3월), 레이건 방한반대투쟁(1983년 11월), 서울 미문화원 점거농성(1985년 5월), 김세진·이재호 학생의 분신(1986년 4월)과 반전반핵투쟁으로 이어졌다. 이 같은 투쟁에 힘입어 당시 민족민주운동은 한국 사회의 정치적 과제를 자주, 민주, 통일로 정립하고 자주를 중심으로 민주와 통일의 과제를 제기하였다.

1980년대 초중반의 통일 문제는 북이 선점한다. 북은 1980년 10월 조선노동당 6차 대회를 개최하고 기존의 과도적 연방제 방안을 수정하여 고려민주연방공화국 창립방안을 제시했다. 북의 새로운 통일 방안의 제기는 전두환 정권으로 하여금 어떠한 형태로든 답변을 요구했다. 이에 전두환 대통령은 1982년 1월 22일 국정연설에서 민족화합민주통일 방안을 발표한다.

이때 발표된 민족화합민주통일 방안은 민족통일협의회의를 구성하여 통일헌법을 기초하고, 국민투표를 통해 이를 확정 공포하며, 총선거를 실시하여 통일정부와 통일국회를 구성하자는 것이었다. 그리고 이를 위해 '남북한 기본관계에 관한 잠정협정'을 체결하자고 주장했다. 민족화합민주통일 방안은 과거의 그것에 비해 보다 체계적이고 상세했다. 하지만 그 이행 과정은 모호했고 국민투표와 총선거 실시는 북이 수용하기 어려운 것이었다. 이런 이유로 이 제안은 정치공세의 성격이 강했다.

그래서일까. 1980년대 초반 남북대화는 소강상태에 빠졌다. 이 같은 소강상태를 깬 것은 1984년 북이 남과 북, 미국이 참가하는 3자회담을 제안하면서부터다. 북의 3자회담에 대해 미국과 전두환 정권은 4자회담 개최를 들고 나왔다. 4자회담은 미국과 일본이 북과 수교하고 중국과 소련이 남과 수교하는 교차승인을 내포하고 있었다.

회담 제의가 오가는 가운데 1980년대 남북대화는 1984년 9월에 시작되었다. 이북 조선적십자사가 이남 대한적십자사를 통해 수해위문품을 제공할 의향을 밝히면서 대화가 재개된다. 회담이 중단된 지 12년 만인 1985년 5월 남북적십자회담이 재개되어 '남북이산가족 고향방문단 및 예술공연단 교환방문에 관한 합의서'를 채택하고 그 해 9월 20~23일 상호 교환방문을 실시했다. 당시의 교환방문은 분단 이후 최초의 인적 교류라는 점에서 주목을 끌기에 충분했다.

상호 교환방문과 함께 당국 사이에는 경제회담, 체육회담, 국회회담 등의 대화가 이어졌다. 남북체육회담의 경우 1985년 10월 1차 회담이 열려 제24회 서울올림픽 공동개최 문제가 논의되었다. 이때 논의된 올림픽 공동개최 문제는 향후 대중적인 통일운동의 현안으로 부각되었다.

이러한 가운데 1986년 10월 14일 신민당 유성환 의원은 국회 본회의에서 "국가의 이익을 거시적으로 볼 때 이 나라의 국시는 반공보다는 통일이어야 된다고 생각합니다. …… 통일 또는 민족이라는 용어는 한 이념으로까지 승화되어야 한다고 생각합니다. …… 그 소중한 가치를 생각하면 공산주의나 자본주의 그 위에 위치가 있어야 합니다"라고 발언하여 통일에 대한 국민적 관심사를 대변하였다. 당시 유성환 의원의 발언은 '국시논쟁'을 촉발시켜서 통일 논의가 확산되는 기폭제가 되었다. 이에 전두환 정권은 통일 논의의 확산을 두려워한 나머지 면책특권을 무시하고 유성환 의원을 전격 구속시켰다.

6월항쟁과 통일운동의 확산

1987년 6월항쟁과 7~9월 노동자대투쟁은 민중들의 각성과 진출을 이룬 사건이었다. 6월항쟁으로 열린 정치공간 속에서 촉발된 통일운동은 종래의 그것과는 사뭇 다른 양상을 보였다.

이때의 통일운동은 1988년 2월 9일 한국기독교교회협의회 KNCC가 발표한 〈민족의 통일과 평화에 대한 한국기독교회 선언)으로부터 시작되었다. 이 선언에서 한국기독교교회협의회는 자주, 평화통일, 민족대단결의 원칙에 '인도주의'와 '통일 논의의 민주화'를 추가한 통일 5원칙을 천명했다. 이들은 남북 당국에 분단 상처의 치유와 분단 극복에 국민들의 참여 보장, 민족대단결의 실현과 평화증진, 민족자주성의 실현을 건의하면서 1995년을 '평화와 통일의 희년'으로 선포했다. 이 제안에 대해 북의 조선기독교연맹은 1988년 3월 7일 담화를 발표하고 전폭적인 지지 의사를 밝혔다.

이어 3월 29일 서울대 총학생회장에 출마한 김중기 학생이 〈김일성대학 청년학생에게 드리는 공개서한〉을 통해 '남북한 청년학생 체육대회와 국토종단 순례대행진을 위한 남북청년학생회담'을 제안했다. 이에 대해 김일성종합대학 학생위원회는 답신에서 수락의사를 표명하여 회담의 성사 여부가 국민적인 관심사로 떠올랐다. 학생들이 4월 16일 연세대에서 '한반도 평화와 조국의 자주적 통일을 위한 국민대토론회'를 개최하면서 남북학생회담은 추진력을 더해 갔다.

청년학생들의 통일투쟁에 각계가 호응하여 공동올림픽 성사투쟁에 힘을 모았다. 7월 20일에는 '조국의 자주적 평화통일을 위한 민주단체협의회(조통협)'가 구성되는 등 남북 사회단체회담과 종교계의 교류사업이 추진되었다. 또한 당시 통일운동은 민족대단결 의식을 고취하기 위해 '북한 바로알기운동'을 전개하였다.

당시 노태우 정권은 정부 당국만의 창구단일화 논리로 학생회담을 원천봉쇄하면서 개량화 조치도 잊지 않았다. 노태우 대통령은 1988년 7월 7일 〈민족자존과 통일번영을 위한 특별선언〉을 통해 종래의 교차승인과 유엔 동시가입에 따른 두 개의 한국정책을 재확인하였다. 또한 노태우 대통령은 1989년 9월 국회연설에서 '한민족공동체통일방안'을 발표했다. 한민족공동체통일 방안은 남북교류와 남북연합 단계를 거쳐 총선거로 통일정부를 수립한다는 흡수통일 방안이었다.

통일운동의 새로운 국면은 1989년에 전개되었다. 그 해 3월 25일 문익환 목사는 평양을 방문하여 조국평화통일위원회와 공동성명을 채택했다(1989년 4월 2일). 그리고 같은 해 6월 30일 전대협 대표 임수경이 제13차 세계청년학생축전 참가를 위해 방북하여 국제평화대행진을 갖고 〈남북청년학생공동선언문〉을 발표했다.

이처럼 1980년대 말의 통일운동은 청년학생이 선도하고 여기에 각계각층이 가세하는 대중적인 운동이었다. 이 시기 통일운동은 국민들에게 통일이 먼 미래의 일이 아니라 현실에서 성취해야 할 당면 과제로 인식시켰다.

1990년대의 통일운동

범민족대회와 조국통일범민족연합

청년학생들의 선도적인 통일투쟁이 전개되는 가운데 1988년 8월 1일 남측의 각계인사 1014명은 〈한반도 평화통일을 위한 세계대회와 범민족대회에 대한 발기 취지문〉을 발표했다. 북의 조국평화통일위원회는 이 제안에 대해 12월 9일자로 지지를 표명하고 예비접촉을 제안해왔다. 이에 대해 전국민족민주운동연합(전민련)은 결성대회에서 북측의 제안을 수용하고 〈범민족대회를 위한 예비실무회담 제안서〉를 발표했다(1989년 1월).

제안서에서 전민련은 범민족대회의 의미를 ① 남과 북, 해외동포의 평화와 통일을 향한 의지의 결집 ② 기존의 통일 논의에 대한 평가와 대안 마련 ③ 냉전체제를 탈피하고 평화를 추구하는 세계적인 추세의 수용이라고 밝혔다.

범민족대회의 개최에 대해 노태우 정권은 실무회담을 원천 봉쇄하는 것으로 대응했다. 노태우 정권의 물리적인 봉쇄로 1989년 범민족대회는 성사되지 못한 채 다음해를 기약할 수밖에 없었다. 그 이듬해인 1990년 3월 전민련은 2차 대의원 대회에서 8.15범민족대회의 추진을 재차 결의했다. 그러나 당국의 불허로 남측 대표는 6월 2일 서베를린에서 개최된 1차 실무회담에 참가하지 못했고 7월 27일 개최된 2차 실무회담에는 북측 대표가 참석하지 못했다. 서울에서 열린 2차 회담에서는 1차 회담의 내용을 추인하고 3차 회담을 평양에서 개최하기로 했다.

8월 3일 고려대에서는 66개 정당사회단체가 참석하여 범민족대회 남측추진본부(범추본)를 결성한다. 범추본은 8월 13~14일 연세대에서 학술제와 문화제를 갖고 15일 범민족대회 본행사를 위해 판문점으로 대표단을 보냈으나 저지당했다. 당시 남북체육회담과 고위급회담의 개최로 국민들의 통일 열기가 높아지자 노태우 정권은 7.20선언을 발표하여 범민족대회를 허용할 것처럼 호도했으나 끝내는 불허하였다.

당국의 간섭과 방해에도 제1차 범민족대회는 북측과 해외 대표가 참여한 가운데 판문점에서 개최되었다. 범추본은 대표단을 파견할 수 없게 되자 연세대에서 결의대회를 개최했다. 이날 본행사가 열린 판문점과 남측 결의대회가 열린 서울에서는 결의문을 채택하고 통일 의지를 과시했다. 당시 범민족대회에는 수천 명의 통일선봉대(통선대)가 조직되어 국토순례 활동을 전개했다. 처음의 통선대 활동은 1988년 전대협이 제안한 국토순례대행진의 일환이었으나 범민족대회와 함께 연례화되었다.

8월 17일 범추본은 폐막식에서 "범민족대회의 성과에 기초하여 남·북·해외의 7000만 동포가 사상과 제도의 차이를 초월하여 대동단결할 수 있도록 범민족적인 통일운동체를 결성"할 것을 제기했다. 그리하여 11월 19~20일 '조국의 평화와 통일을 위한 범민족통일운동기구 결성 3자 실무회담'이 베를린에서 개최되었다. 실무회담에서는 조국통일범민족연합(범민련)을 결성하기로 하고 지역본부를 1991년 1월까지 설치하기로 했다.

이에 따라 12월 16일 해외본부(의장 윤이상)를 시작으로 하여

1991년 1월 23일에는 남측본부 준비위(위원장 문익환)가, 1월 25일에는 북측본부(의장 윤기복)가 결성되었다. 범민련의 결성에 뒤를 이어 전대협과 조선학생위원회, 해외의 청년학생단체들은 조국통일범민족청년학생연합(범청학련)을 결성했다(1992년 8월 15일). 그러나 범민련 남측본부는 공안당국의 극심한 탄압으로 파행적으로 운영될 수밖에 없었다.

이 시기 남북 사이에는 남북통일축구대회가 서울과 평양을 오가면서 열렸고 남북영화제와 통일송년음악회가 개최되었다. 특히 1991년 제41회 세계탁구선수권대회와 제6회 세계청소년축구대회에 남북단일팀이 참가하여 전 민족적인 통일의지를 과시하였다.

급변하는 정세와 남북합의서

1990년대 초반 세계 정세는 급변하고 있었다. 소련의 붕괴는 전쟁과 대결로 상징되었던 냉전시대의 종말을 의미했다. 그러나 냉전체제의 붕괴가 평화 정착을 의미하지는 않았다. 왜냐하면 냉전 해체 이후 국제 질서의 재편을 주도하는 나라가 미국이었기 때문이다.

1990년대 초반, 미국은 북을 붕괴시키기 위해 대북 압박정책을 추진했다. 미국은 1991년부터 북의 핵 문제를 본격적으로 제기하여 이를 매개로 한미일 군사동맹을 강화했다. 미국이 핵 문제를 제기하자 북은 이남에 배치한 주한미군의 핵무기 문제와 연계하였다. 북은 핵무기를 개발할 의사도 능력도 없다고 천명하면서 미국이 이남에 1000여 기의 핵무기를 배치하고 팀스피리트 훈련을 지속하는 상황에서 핵 문제는 해결될 수 없다고 단정지었다. 또한 미국이 이남에 배치해 놓은 1000여 기의 핵무기를 철수하지 않는 조건에서 핵안전협정 체결과 핵사찰에 응할 수 없다고 못 박았다.

이렇게 되자 관심의 초점은 북핵 문제에서 이남에 배치된 주한미군의 핵 문제로 옮겨졌다. 여기에 소련의 붕괴는 주한미군의 전술 핵무기 철수를 압박하는 또 다른 요인이었다. 그 결과 미국은 국제 여론에 떠밀려 이남에 배치한 핵무기의 철수를 선언하고(1991년 10월 9일) 팀스피리트 훈련을 중단했다.

이런 가운데 노태우 정권은 북방정책의 성과로 소련과 수교(1990년 9월)한 데 이어 중국과 관계를 정상화하였다(1992년 8월). 또한 노태우 정권은 유엔 가입을 적극 추진하였다. 중국과 소련이 한국의 유엔 가입을 반대하지 않게 되자 북(조선)은 1991년 5월 27일 외교부 성명에서 "남조선 당국자들이 기어이 유엔에 단독으로 가입하겠다고 하는 조건에서 이것을 그대로 방임해둔다면 유엔 무대에서 전 조선 민족의 이익과 관련된 중대한 문제들이 편견적으로 논의될 수 있다"는 발표와 함께 전격적으로 유엔 가입을 선언했다.

1990년대 초반 급변하는 정세 속에서 또 하나의 흐름은 남북 고위급회담이었다. 남북 총리를 단장으로 하는 고위급회담은 1990년 9월 5일 1차 회담이 시작되었다. 그리고 남북고위급회담은 시작한 지 1년 3개월 만인 5차 회담에서 〈남북 사이의 화해와 불가침 및 교류협력에 관한 합의서(남북합의서)〉를 채택한다 (1991년 12월 13일).

남북합의서가 채택되기까지 쌍방은 기존 외국과 체결한 군사조약을 두고 난항을 거듭하였다. 이때 남은 기존 협약의 존중을 주장했고 북은 폐기를 주장했다. 이 과정에서 쟁점 사안으로 주한미군 문제가 부각되었다. 이에 대해 쌍방은 합의에 이르지 못했고 미제로 남겨둠으로써 남북합의서는 처음부터 이행에 검은 그림자가 드리워졌다. 남북합의서가 채택되자 워싱턴 조야의 반응은 냉담했다. 미 정부는 북이 핵사찰을 받아들이지 않는 조건에서 남북대화 무용론을 주장했다. 노태우 정권은 이 같은 미국의 입장에 충실했고 결국 남북합의서는 한낱 휴지조각으로 전락하였다.

무산된 남북정상회담, 그리고 북미제네바합의서

1993~1994년 북미 공방은 절정에 달했다. 북은 1992년 5월을 시작으로 여섯 차례에 걸쳐 IAEA(국제원자력기구)의 사찰을 받았다. 사찰 후 IAEA는 북의 두 곳에 대해 추가적인 특별사찰을 요구했다. 특별사찰이란 일반사찰과 달리 불시에 IAEA가 요구하는 시설을 사찰하는 것이었다. 사실상 미국의 영향력 아래 있는 IAEA의 추가사찰 요구를 북이 받아들일 리 만무했다.

북이 추가사찰을 거부하자 IAEA는 비공개 이사회를 열고 CIA로부터 제공받은 사진 10장을 공개했다. 그리고 IAEA는 1993년 2월 25일 총회를 열고 대북 특별사찰 결의안을 통과시

컸다. IAEA가 대북 특별사찰을 결의한 이날 김영삼 대통령이 취임하였다. 취임사에서 김영삼 대통령은 "어느 동맹국도 민족보다 나을 수 없다"고 천명하고, 3월 11일 비전향 장기수 이인모 노인을 북으로 돌려보냈다.

이렇게 남북관계는 호전되는 듯했다. 그러나 정세의 뇌관은 남북관계가 아니라 북미관계에 있었다. IAEA 특별사찰 요구에 대해 북은 "만일 우리가 원자력 기구의 부당한 사찰을 그대로 받아들인다면 그것은 곧 우리의 교전 일방인 미국의 정탐행위를 합법화해주는 것으로 되며 우리의 모든 군사 대상에 대한 전면적 개방의 시초로 될 것"이라며 핵확산금지조약NPT의 탈퇴를 선언했다(1993년 3월 12일). 북의 NPT 탈퇴 선언은 3개월 후인 6월 12일 그 효력이 발생하게 되어 있었다.

북의 NPT 탈퇴 선언은 미국을 압박하여 북미 접촉을 이끌어냈다. 뉴욕에서 개최된 강석주 제1부부장과 갈루치 차관보의 회담(1993년 6월 2~11일)에서 북과 미국은 공동성명을 발표한다. 당시 미국은 북에 대해 자주권을 인정하고 무력 불사용을 확약했다. 북은 미국의 약속을 전제로 NPT 탈퇴 선언의 효력을 일시 중지시켰다.

비록 핵 문제의 봉합이긴 했으나 북미공동성명은 북미관계에 새로운 기류를 조성했다. 이처럼 변화의 기류가 조성되자 김영삼 정권은 제동을 걸기 시작했다. 그 해 11월 미국에서 열린 한미정상회담에서 김영삼 대통령은 북핵 문제에 대해 "철저하고 근본적인" 사찰을 요구했다. 그러나 김영삼 대통령의 이 같은 제기는 사리에 맞지 않았다. 왜냐하면 정전협정 체제 아래에서 한반도의 정치군사적 권한은 이남이 아니라 미국에게 있었기 때문이다.

그리고 해가 바뀐 1994년 핵 시설에 대한 사찰 범위를 두고 북과 IAEA의 대립은 다시 첨예해졌다. IAEA를 내세워 미국이 압박해오자 북은 그 해 5월 봉인된 핵연료봉을 추출하기 시작했다. 이제 상황은 미국에게 더 이상 물러설 곳 없는 전쟁 아니면 대화의 양자택일을 압박했다. 이 같은 상황에서 미 국방부는 한반도 전쟁시 예상되는 종합적인 상황을 클린턴 대통령에게 보고했다(1994년 5월 18일). 미 국방부는 이 보고서에서 전쟁이 개전된 3개월 동안 미군 5만여 명과 한국군 49만여 명이 사망하고 610억 달러의 전쟁 비용이 소요될 것이라고 예상했다.

이제 전쟁은 시간문제인 것처럼 보였다. 전쟁의 초침이 숨가쁘게 돌아가던 그 순간 미국의 전 대통령 카터가 평양을 방문하면서 상황은 극적으로 반전했다(6월 15~18일). 평양을 방문한 카터는 김일성 주석과의 회담에서 영변 핵시설을 동결하고 북미협상을 재개하는 것에 합의했다. 또한 김일성 주석은 "언제 어디서나 조건 없이 만나고 싶다"는 의사와 함께 남북정상회담을 제안했고 이 제안을 김영삼 대통령이 수용하면서 정세는 급반전되었다.

6월 28일 남북은 판문점에서 예비접촉을 갖고 7월 25일부터 27일까지 평양에서 정상회담을 개최하기로 합의했다. 그러나 열흘 뒤인 7월 8일 김일성 주석이 서거하면서 상황은 다시 반전되었다. 김일성 주석이 서거하자 김영삼 정권은 군경계령을 내리고 일체의 조문행위를 엄벌에 처하였다. 이리하여 남북관계는 1998년 김대중 정권이 수립되기까지 완전히 얼어붙고 말았다.

그러나 남북관계가 냉각된 상황에서도 북미협상은 지속되었고 1994년 10월 21일 제네바합의서가 발표되었다. 한마디로 말해 북미제네바합의서는 북이 미국을 상대로 거둔 외교전의 승리였다. 그러나 이 과정에서 우리 민족은 전쟁 일보 직전까지 가는 초긴장 상태에 직면하는 등 값비싼 대가를 치러야 했다.

분열을 딛고 새롭게 전진하는 통일운동

1990년대 3자연대운동이 활성화되자 당국은 완강하고 지속적으로 탄압했다. 범민련과 범민족대회로 상징되는 1990년대의 통일운동은 언제나 구속, 이적단체, 원천봉쇄 따위의 말들과 함께했다. 공안당국의 극심한 탄압은 통일운동의 분열에 절대적인 영향을 미쳤다. 이 때문에 범민련 남측본부는 결성 때부터 명맥 유지에 급급했고 이 같은 비정상적인 상황은 범민련 해체론의 직접적인 구실이 되었다.

1993년 2월 김영삼 정권이 수립되고 얼마 지나지 않아 범민련 해체론이 제기되기 시작했다. 당시 범민련 해체론은 첫째, 그릇된 정세 인식에 따른 것으로 미국의 클린턴 정부와 김영삼 정권에 대한 기대와 환상이 내재되어 있었다. 둘째, 소련을 비롯한 동구 사회주의권이 붕괴한 이후 이북도 머지않아 붕괴할 것이라는 인식이 또 다른 이유였다. 셋째, 1980년대 이래 통일운동 진영 내에서 합의된 연방제 통일 방안을 국가연합으로 대체하면서 논쟁이 파행적으로 전개되었다. 넷째, 정부 당국의 극심한 탄압은 3자연대 통일운동이 과도하기 때문이므로 사안별 연대로 후퇴해야 한다는 인식 또한 내재하고 있었다.

범민련 해체론을 처음 조직적으로 제기한 것은 한국민주청년단체협의회(한청협)였다. 1993년 8월 한청협은 "범민련의 조직적 기반이 취약하고 통일운동의 대중화가 절실히 요구"된다는 판단에서 범민련을 해체하고 새로운 통일운동체를 건설하자고 전국연합에 제기했다. 이 제안을 시작으로 전국연합은 범민련 해체를 전제로 새로운 통일운동체를 건설한다는 방침을 결정했다. 그리고 자주평화통일민족회의(민족회의)가 창립되면서(1994년 7월 2일) 통일운동의 분열은 고착되어 갔다.

통일운동의 분열은 제5차 범민족대회(1994년)의 파행과 1995년 해방 50주년을 기념하는 민족공동행사의 개최를 두고 민족회의가 제6차 범민족대회를 반대하면서 증폭되었다. 제5차 범민족대회의 경우 범민련이 주도한 범민족회의와 전국연합이 중심이 된 범민족회의로 분열되었다. 이때 가장 큰 쟁점은 남, 북, 해외 3자 공동의 결의문 채택 여부를 두고 형성되었다. 그 결과 범민련이 개최한 범민족회의에서는 3자 공동결의문을, 범민족대회 추진본부(범추본)의 회의에서는 남측만의 결의문을 채택했다. 그러나 기층 대중은 통일운동 상층의 분열을 용납하지 않았다. 대중들은 1995년 해방 50주년 민족공동행사와 범민족대회에 모두 참가함으로써 범민련과 범민족대회에 대한 지지를 표하였다.

대중들의 열기 속에 제6차 범민족대회가 성사되자 이번에는 가공할 만한 공안탄압이 기다리고 있었다. 1995년 11월 29일 보안수사대는 범민련 남측본부 의장단을 비롯하여 30명의 간부를 구속했다. 이때 구속된 대부분의 인사들은 60~70대의 고령 통일운동가들이었다.

범민련과 범민족대회에 대한 김영삼 정권의 탄압은 여기서 그치지 않았다. 1996년 8월 6일 한총련이 이북으로 방북대표를 파견하자 김영삼 정권은 범민족대회가 예정된 연세대에 대한 압수수색 영장을 발부하고 원천봉쇄 방침을 밝혔다. 그리고 8월 12일 제7차 범민족대회와 제6차 청년학생통일축전이 개막되자 김영삼 정부는 강경탄압 방침을 재천명했다. 이리하여 8월 12일부터 20일까지 연대항쟁이 전개되었다.

연세대에 고립된 학생들은 김영삼 정권의 공안탄압에 극렬하게 저항했다. 그러나 학생들이 헬기까지 동원한 수만 명의 경찰 병력을 상대하기에는 역부족이었다. 8월 20일 김영삼 정권은 연세대에 대한 입체적인 진압 작전을 단행하여 수천 명의 학생들을 연행하고 구속했다. 1996년 8월 27일 국회 내무위에서 경찰청장 박일룡은 연대항쟁 기간 중 총 5899명을 연행하여 465명을 구속하고, 384명을 즉심에 회부하는 한편 1711명을 훈방했다고 밝혔다. 범민족대회와 범민련에 대한 김영삼 정권의 공안탄압은 해가 바뀐 1997년에도 계속되었다. 공안탄압으로 인해 1997년 제8차 범민족대회는 광주 조선대에서 약식으로 치러질 수밖에 없었다.

1990년대 후반 통일운동에서 하나의 전환점은 김대중 정부가 출범한 1998년이었다. 당시 북은 정당단체연합회의를 열고 8.15를 기해 '민족의 화해와 단합, 통일을 위한 대축전(통일대축전)'을 개최하자고 남측의 각계 단체와 인사들에게 제안했다. 그러나 당시 남측 통일운동단체들의 분열은 통일대축전을 원만하게 추진할 수 있는 태세를 갖추고 있지 못했다. 결국 이때의 통일대축전은 정부의 지원을 받은 민족회의 등의 단체들이 범민련과 한총련의 배제를 주장하면서 무산되고 말았다.

    통일운동의 분열이 수습된 것은 해가 바뀐 1999년이었다. 그해 8.15에 '99통일대축전 10차 범민족대회(범민족통일대축전)'가 개최되면서 1990년대를 관통한 통일운동의 분열은 가까스로 수습되었다. 평양에서 개최된 범민족통일대축전은 10차에 걸쳐서 진행된 범민족대회를 결산하는 의미를 지녔다. 남북해외 공동준비위원회의 집계에 따르면 범민족통일대축전에는 남측 대표 6명(범민련 남측본부 2명, 한총련 대표 1명, 전국연합 대표 3명)과 해외의 24개 단체 대표 325명, 해외동포 414명, 북측의 45개 정당과 단체 대표 2185명이 참가했다. 또한 북의 조선직업총동맹(직총)과 남의 전국민주노동조합총연맹(민주노총)은 평양에서 남북노동자축구대회를 개최하고(1999년 8월 12~13일) 통일의 주역으로 노동자가 나서고 있음을 선포하였다.

07 '우리 민족끼리' 통일을 노래하자
- 6.15시대의 개막과 통일운동

남 북정상회담과 6.15공동선언은 새로운 차원의 통일운동을 예고했다. 6.15공동선언 이후 통일운동은 이전 시대와는 비교할 수 없는 양적 확대와 질적 비약을 불러일으켰다. 말 그대로 남북정상회담과 6.15공동선언은 우리 민족이 분단의 역사를 마감하고 통일시대로의 진입을 선언한 대사변이었다. "분단시대의 마감과 통일시대로의 진입" — 이 말은 오늘 6.15시대를 규정하는 명제다. 6.15시대는 '우리 민족끼리' 이념에 기초하여 남과 북이 통일의 단계로 진입하는 것을 목표로 한다.

남북정상회담이 합의되기까지

2000년 남북정상회담은 이남 사회의 민주화와 북미간의 관계 진전을 배경으로 했다. 무원칙과 반북 대결로 시간을 허비한 김영삼 정권의 퇴임은 그 자체로 남북관계의 청신호였다. 여기에 1997년 대선에서 김대중 후보가 당선되면서 남북간에는 새로운 기류가 조성되기 시작했다.

소련을 비롯한 사회주의권의 붕괴와 김일성 주석의 서거로 곤경에 처했던 북은 1997년 하반기부터 상황을 반전시켰다. 북은 김일성 주석의 3년상을 마치면서 미국에 반격을 준비하고 있었다. 그리고 1998년 최고인민회의가 개최되기 직전인 8월 31일 인공위성을 발사했다. 인공위성 발사는 북이 '고난의 행군'을 마감하고 있음을 보여준 상징적인 사건이었다.

북의 공세에 대해 미국은 '5027-98'이라는 전쟁계획을 흘리면서 북을 압박했다. 미국의 전쟁 위협에 북의 대응 또한 공세적이었다. 당시 조선인민군 대변인은 선제공격권이 미국에게만 있지 않다고 선언했다. 상황이 첨예하게 전개되고 있던 1998년 하반기 금창리 문제가 새롭게 부각되었다. 그리고 해가 바뀐 1999년 5월 금창리 지하시설이 '텅 빈 동굴'로 확인되면서 상황은 반전되었다.

이보다 앞서 미국은 전 국방장관 페리를 대북조정관으로 임명하고(1998년 11월 23일) 대화를 통한 대북관계 개선을 시도했다. 대북조정관 페리는 1998년 12월과 1999년 3월 두 차례에 걸쳐 한국, 중국, 일본을 순방한 데 이어 1999년 5월에는 평양을 방문했다. 방북 후 페리는 미 의회에 보고서를 제출했다(1999년 9월 15일). 이것이 바로 〈페리보고서〉다. 페리는 이 보고서에서 미국이 연착륙정책을 포기하고 시급히 북과 정치협상에 착수해야 한다고 제안했다.

북미 사이가 급진전하는 가운데 남북대화 또한 재개되었다. 김대중 정부가 수립된 1998년 4월 베이징에서는 남북차관급회담이 개최되었다. 회담에서 남측은 상호주의에 입각하여 이산가족 상봉을 수용하면 비료를 지원하겠다는 입장이었는데 그 결과 회담은 결렬되고 말았다.

그 뒤 1999년 2월 3일 개최된 북의 정부정당단체연합회의(연합회의)는 남북관계에 새로운 계기를 만들었다. 연합회의에서 북은 남측 당국에게 외세와의 공조파기, 범민련·한총련 이적규정 철회, 통일 논의 보장, 국가보안법 철폐를 전제로 하여 "선행 실천사항들이 해결된 기초 위에서 올해 하반년에 북남고위급정치회담을 열 것을 남조선 당국에 제안" 했다.

북의 이 같은 제안에 김대중 정부는 미국과 대북정책을 조율하였다. 당시 통일부장관 임동원은 페리 조정관과 1999년 한 해에만 여섯 차례에 걸친 접촉을 통해 대북정책을 조율했다. 그리고 2000년 3월 9일 김대중 대통령은 유럽순방 기간 중 독일 베를린에서 대북선언을 발표한다. 이 선언에서 김대중 대통령은 북에 대해 도로, 항만, 철도, 전력, 통신 등 사회간접자본SOC 확충을 위한 지원과 당국간의 투자보장협정 및 이중과세방지협정 체결, 농업구조 개선을 위한 지원 사업을 제안했다.

남북간의 대화 제의가 오가는 사이 미 행정부는 페리 조정관에 상응하는 북의 고위급인사의 미국 방문을 추진했다. 미국의 이 같은 구상은 1999년 11월과 2000년 1월에 걸쳐 진행된 북미 접촉을 통해 제기되었다. 그런데 당시 미국은 대북관계 개선에 적극적이었던데 반해 북은 남측과의 관계 개선에 우선순위를 두고 있었다. 이런 차이로 핵과 미사일 문제를 해결하기 위한 북측 고위급 인사의 미국 방문은 잠정 유보될 수밖에 없었다.

북미관계가 유보되었던 이 시기 남과 북은 싱가포르에서 정상회담 개최를 위한 비밀 접촉을 가졌다. 국가정보원과 북의 아시아태평양평화위원회는 정상회담에 대한 의견 접근을 이루었다. 그리고 김대중 정부는 합의의 공식성을 부여하기 위해 박지원 장관을 서명 당사자로 내세웠다.

1년 가까이 유보되어 있던 북미간의 고위급협상은 2000년 하반기에 가서야 재개되었다. 당시 회담 상대는 조명록 차수와 올브라이트 미 국무부장관이었다. 북미협상은 최종적으로 김정일 위원장과 클린턴 대통령의 정상회담을 상정하고 있었다. 북은 2000년 10월 외무성 관리가 아닌 군부의 조명록 차수를 미국에 파견하였다. 북이 군인을 파견한 것은 선군정치의 단면을 보여준 것으로 정전협정 체제를 총결산하고 새로운 평화체제를 수립하겠다는 의중을 강력하게 드러낸 것이다.

2박 3일 간의 만남, 6.15시대를 열다

2000년 4월 10일 오전 10시, 남과 북은 2000년 6월 12일부터 14일까지 평양에서 남북정상회담(북남최고위급회담)을 개최한다고 발표했다. 북은 회담 직전 보안상의 이유로 김대중 대통령의 평양 방문을 하루 연기하자고 요청했다. 이에 따라 남북 정상의 평양 상봉은 6월 13일부터 15일까지 이루어졌다.

2000년 6월 13일 오전 10시 35분 평양 순안공항. 대한민국 공군 1호기의 트랩을 내려온 김대중 대통령과 마중 나온 김정일 국방위원장이 서로 다가가 두 손을 맞잡았다. 전 민족이 숨을 죽이고 이 역사적인 만남을 지켜보고 있었다. 이렇게 2박 3일 간의 역사적인 평양 상봉이 시작되었다.

평양 방문 기간 김대중 대통령은 김정일 국방위원장과 두 차례에 걸친 공식회담과 여러 형태의 대화를 가졌다. 2박 3일 간의 일정에서 가장 중요한 논의는 6월 14일 오후 3시부터 6시 50분까지 백화원 초대소에서 진행된 김대중 대통령과 김정일 국방위원장 사이의 4시간 15분에 걸친 단독대좌였다. 남북 정상은 이 회담에서 역사적인 〈6.15남북공동선언〉에 합의를 보았다. 그리고 밤 11시 20분 남북 정상은 선언문에 서명하였고, 그로부터 1시간이 흐른 6월 15일 새벽 0시 20분경 이 선언문은 온 민족 앞에 발표되었다. 역사는 이렇게 새로운 국면으로 진입하고 있었다.

6.15공동선언은 전문과 5개항의 합의문, 그리고 김정일 국방위원장의 서울 방문 약속을 내용으로 하고 있다. 1항에는 우리

민족끼리 자주적으로 통일을 이루어나간다는 통일의 이념이 제시되고 있다. 2항에는 남측의 연합제안과 북측의 낮은 단계 연방제안의 공통성에 기초하여 통일을 실현해 나간다는 통일 방안이 합의되어 있다. 3항에는 이산가족의 상봉과 장기수 송환을, 4항에는 남북의 협력과 교류의 활성화를, 그리고 마지막 5항에는 공동선언을 이행하기 위한 후속 대화를 명문화하고 있다.

이 같은 내용을 합의한 정상회담의 파장은 컸다. 정상회담으로 인해 그동안 이남 사회를 지배해온 반북 대결의 논리가 약화되면서 민족화해의 기운이 고조되기 시작했다. 정상회담 직후 개최된 장관급회담과 적십자회담의 합의로 2000년 8.15를 기해 이산가족 상봉이 시작되었다. 또한 1990년대 남북해외 통일운동의 결집체였던 범민족대회가 중단되고 6.15와 8.15를 기해 민족공동의 통일대축전이 개최되기 시작했다. 이리하여 6.15공동선언 이후 남북관계와 통일운동은 그 양과 질에서 이전 시대와는 비교할 수 없이 비약과 발전의 길에 들어섰다.

6.15공동선언, 양과 질에서 통일운동을 비약시키다

6.15공동선언 이후 전개된 통일운동은 양적, 질적으로 비약했다. 6.15공동선언 이후 민간교류는 높은 기대감 속에서 '분단 역사상 처음'이라는 수식어와 함께 첫발을 내딛었다. 또한 남북 쌍방의 장관급회담을 중심으로 경제회담과 장성급회담, 그리고 적십

자회담 등 여러 갈래의 회담이 전개되었다. 6.15공동선언 이후 남북간의 공동행사는 6.15와 8.15를 중심으로 3.1절과 개천절 등의 기념행사, 노동자·농민·청년학생·여성 행사 등이 다채롭게 진행되었다. 여기에 2002년 부산 아시안게임, 2003년 대구 유니버시아드대회와 제주 평화축전 등 통일행사가 진행되었다.

시기별로 구분해 보면 6.15공동선언 이후 통일운동은 2000년부터 2004년까지의 시기와 2005년 이후의 시기로 나눌 수 있다. 이 같은 구분은 2005년이 6.15공동선언을 이행하는 데서 하나의 분수령을 이룬 해였음을 의미한다. 2005년에 이르면 그동안 불안정했던 남북해외의 공동기구가 상설적인 6.15민족공동위원회로 발전하면서 조직 대열을 정비한다. 또한 2005년 들어 평양과 서울에서 개최된 6.15민족통일대축전과 8.15민족대축전에 정부 당국까지 참여하면서 통일운동이 새로운 도약기를 맞았다.

1단계 '감격시대'(2000~2001년)

발전된 정세 아래 민간 통일운동은 일정한 탐색 시간이 필요했다. 이 시기 민족화해의 공간은 남북 당국에 의해 마련되었다. 남북장관급회담을 축으로 군사·경제·인도적 분야의 접촉과 회담, 이산가족 상봉과 비전향 장기수 송환 등이 이 시기에 시작되었다.

이 시기 특기할 만한 것은 1990년대에 지속적으로 개최되었던 8.15범민족대회의 중단이다. 그동안 10차에 걸쳐 개최되었던 범민족대회 대신 2000년 8월 15일에는 '남북공동선언 관철과 민족의 자주와 대단결을 위한 2000년 통일대축전'이 개최되었다.

2000년 하반기에 전개된 남북 교류사업을 살펴보면 언론사 사장단 방북(8월 5~12일), 북측 조선국립교향악단 서울합동공연(8월 18~24일), 시드니 올림픽 남북선수단 공동입장(9월 15일), 백두산관광단 방북(9월 22~28일), 영화인 11명 방북(11월 11~19일) 등이다. 특기할 만한 것은 10월 9일부터 14일까지 조선노동당 창건 55주년 기념행사의 참관을 위해 남측 민간 참관단이 평양을 방문한 사실이다. 다분히 정치적인 행사에 남측 민간 참관단이 방북한 것은 본격적인 교류와 공동사업을 예고하였다.

그리고 본격적인 민족공동행사는 2001년에 시작된다. 북측은 1월 10일 2001년을 '우리 민족끼리 통일의 문을 여는 해'로 설정하고 6월 15일~8월 15일을 '민족통일촉진운동기간'으로 선포했다.

2001년 들어 남측에서는 민족공동사업을 위해 통일운동단체들이 새롭게 조직을 정비하였다. 종단측과 정부측에서는 2000년 3월 1일 결성된 7대종단의 온겨레손잡기운동본부와 김대중 정부의 지원으로 1998년 결성된 민족화해협력범국민협의회(민화협)에 의해 이루어졌다.

전통적인 통일운동 단체들의 조직 정비는 2001년 3월 15일 '6.15남북공동선언 실현과 한반도 평화를 위한 통일연대(통일연대)'의 결성으로 이루어졌다. 통일연대에는 전국연합과 범민련 남측본부, 민주노총, 한국노총, 한총련, 한청 등 50여 개 단체가 참가하였다. 통일연대는 결성과 함께 북측 민족화해협의회에

2001년 6월 15일을 기해 '6.15남북공동선언 실현과 한반도 평화를 위한 민족대토론회'를 개최하자고 제안했다. 그러나 통일연대의 대북 접촉은 불허되었고 새로운 진로 모색이 불가피해졌다.

5월 23일 7대종단과 민화협은 천도교 수운회관에서 '6.15공동선언 실천을 위한 2001 민족공동행사 추진본부'를 결성하였다. 추진본부는 6.15공동선언 1주년 기념행사를 남북이 공동으로 진행할 것을 북측에 제안했다. 이러한 가운데 통일연대는 5월 22일 대표자 회의에서 격론 끝에 추진본부에 참여키로 한다. 그러나 일부 소속단체들이 "정부나 민화협과는 함께 할 수 없다"고 주장하면서 통일연대는 결정은 했지만 추진본부 결성식에는 참가하지 않았다.

2001년 민족공동의 통일행사는 5.1절 남북노동자통일대회가 금강산에서 열린 것을 필두로 하여 6.15민족통일대토론회와 7월 18일 남북농민통일대회로 이어졌다. 그리고 8.15에는 사상 처음으로 민족통일대축전이 평양에서 개최되었다. 그러나 8.15민족통일대축전은 3대 헌장기념탑에서 개최된 개폐막식 참가 문제와 만경대 방명록 사건 등으로 이남 사회에서 반북소동이 벌어지는 계기가 되었다. 그 여파로 대표단 가운데 7명이 구속되고 임동원 통일부장관이 사퇴하면서 통일운동은 일시적인 소강기를 맞았다.

2단계 '토대다지기'(2002~2004년)

2001년 8.15대축전은 남북 모두에게 재점검을 요구했다.

8.15대축전 이후 정부는 방북 심사를 까다롭게 했고 금강산에서 예정된 2002년 남북새해맞이 공동모임에 46명이 불허되는 사태가 발생했다. 참가자 대부분이 불허되자 통일연대는 불참을 통보했고 그 결과 민간공동행사가 처음으로 무산되었다.

그 뒤 남북관계의 복원은 2002년 4월 대통령 특사로 임동원 전 장관이 방북해 김정일 위원장을 면담하면서 이루어졌다. 2002년 금강산에서 6.15통일대축전을 개최한 데 이어 서울에서 열린 8.15민족통일대축전 참가를 위해 처음으로 북측 대표단 116명이 방남했다. 그리고 부산 아시아경기대회에 북이 대규모 선수단과 응원단을 파견하여 국민적인 관심을 불러일으켰다. 또한 2002년에는 청년학생과 여성 부문의 통일대회가 개최되었으며 10월 3일 개천절에는 민족공동행사가 평양 단군릉에서 처음 열렸다.

2003년에는 3.1절 민족공동행사가 서울에서 개최되어 북측 대표단 105명이 방남하였다. 그러나 2003년 민족공동행사는 사스SARS 때문에 중단되었다. 그 뒤 8.15민족대회가 평양에서 열렸고 대구 유니버시아드대회에서 북측 선수단과 응원단이 참가하였다. 이 밖에도 류경정주영체육관 개관식에 1000명이 넘는 대규모 참관단이 육로로 방북했고 제주 평화축전에 북측 대표단이 참가했다.

2004년 1월에는 문익환 목사 10주기 추모행사에 북측 대표단 7명이 참석한 데 이어 중국 심양에서 열린 문 목사 방북 15주기 기념식에도 남북이 함께 했다. 3월에는 남북대학생이 '금강산

통일 새내기 배움터'를 개최하여 남측 대학생 800여 명과 북측 대학생 100여 명이 참가했다. 이 해 평북 용천역에서 대규모 폭발사고가 발생했는데(4월 22일) 범국민적인 용천동포돕기운동이 벌어졌다.

또한 남북 노동자 5.1절 통일대회가 평양에서 열렸고 6.15남북공동선언 4주년 기념 우리민족대회가 북측 대표단이 참석한 가운데 인천에서 열렸다. 그러나 7월 초 김일성 주석 10주기 조문단 방북을 정부가 불허하면서 남북관계는 다시 얼어붙었다. 그 후 탈북자 대량 입국과 군사적 긴장으로 남북관계는 6.15공동선언 이후 그 어느 때보다 나빠졌고 8.15행사를 비롯한 하반기의 모든 행사가 취소되었다.

제2의 6.15시대가 개막되다

남북관계가 경색된 가운데 2005년 3월 4일 남북해외 대표들은 금강산에서 '6.15공동선언 실천을 위한 남북해외 공동행사 준비위원회(6.15공동위원회)'를 결성하였다(공동위원장 곽동의, 문동환, 백낙청, 안경호). 이렇게 결성된 6.15공동위원회는 2005년 12월 9~10일 중국 심양에서 회의를 열고 명칭을 '6.15공동선언실천민족공동위원회'로 개정했다. 6.15공동위원회의 결성은 그동안 각기 별개로 활동하였던 남북해외의 통일운동 역량이 조직적으로 결속되었음을 의미했다.

2004년 7월 이래 냉각된 남북관계는 '6.15공동선언 5주년기념 민족통일대축전'을 계기로 복원되었다. 남북관계가 냉각되고 6자회담이 교착 국면에 빠진 당시 상황에서 6.15민족통일대축전은 국면을 반전시킨 촉매제였다. 평양에서 개최된 6.15민족통일대축전에는 남과 북이 장관급을 단장으로 하는 당국 대표단을 파견하여 새로운 전기를 만들었다.

6월 17일 김정일 국방위원장은 특사 자격으로 방북한 정동영 통일부장관과 면담하면서 남북관계는 또 다른 비약을 일으켰다. 6.15통일대축전과 특사 면담은 정체된 남북관계를 일거에 반전시키고 한 차원 높은 제2의 6.15시대를 열었다. 이를 시작으로 봇물처럼 터져 나온 15차 장관급회담과 10차 경제협력위원회, 8.15민족대축전, 그리고 6자회담에서 발표된 9.19공동성명 등은 제2의 6.15시대가 되돌릴 수 없는 대세임을 입증해 주었다.

특히 서울에서 열린 8.15민족대축전에 참가한 북측 대표단은 역사상 처음으로 국립현충원을 참배했다. 단 10초 간의 짧은 묵념이었지만 남북 사이에 드리워진 냉전의 두터운 유물이 녹아 내리는 역사적인 순간이었다. 8.15대축전에 참가한 북측 대표단은 노무현 대통령과의 면담, 김대중 전 대통령의 병문안, 국회 방문 등 공식적인 행보를 계속했고, 서대문형무소, 행주산성, 경주 등 역사적 의미가 서린 장소들을 방문했다.

6.15민족통일대축전과 특사면담, 그리고 8.15민족대축전과 북측 대표단의 현충원 참배는 6.15시대가 새로운 단계로 진입하고 있음을 보여주었다. 이리하여 2005년은 제2의 6.15시대가 열린 전환의 해로 기억되고 있다.

쉬어가는 페이지

2000년 6월 13일 오전 10시 38분…

《한겨레》, 2000년 6월 14일, 5면

◇ 오전 10시 25분 평양 순안공항. 평양의 하늘은 맑았다. 김대중 대통령이 탑승한 공군 1호기가 매끄럽게 활주로에 내려앉았다. '대한민국'이 선명하게 새겨진 전용기는 북쪽 선도차를 앞세운 채 29분 행사장에 멈췄다.

10시 32분 전용기 앞문이 열리고 잠시, 순안공항은 1000여 명의 환영 인파의 환호성과 함께 김정일 국방위원장이 행사장에 나타났다. 양복 차림의 남성들과 한복 차림의 여성들이 붉은 꽃을 들고 일제히 "만세" "김정일"을 외쳐댔다. 항상 그렇듯 김정일 국방위원장은 남북 정상의 상봉 순간에도 인민복 차림으로, 굽이 높은 구두에 옅은 빛깔의 색안경을 쓰고 있었다.

◇ 김정일 국방위원장은 당당한 걸음으로 36분 전용기 트랩 앞에 도착했다. 김영남 최고인민회의 상임위원장, 조명록 국방위원회 제1부위원장, 김용순 조선아시아태평양평화위원장 등 이북 권력의 핵심인물이 김 국방위원장의 뒤를 따랐다.

10시 37분 김 대통령이 부인 이희호 씨와 함께 전용기 트랩 위로 모습을 드러냈다. 만감이 교차해서였을까. 김 대통령은 한참 멀리 공항 근교의 산하를 둘러봤다. 김 국방위원장은 트랩 아래서 환영의 박수를 보냈고, 김 대통령도 박수로 화답했다.

김 대통령은 느린 걸음으로 트랩을 내려왔다. 10시 38분 김 대통령은 평양 땅을 밟았다. 김 대통령이 10여 걸음 내디뎌 김 국방위원장에게 다가가자 김 국방위원장도 서너 걸음 앞으로 나섰고, 두 사람은 뜨겁고 감격적으로 악수했다. 분단 55년 만에 남북 정상이 만나는 기념비적인 순간이었다. 김 국방위원장은 뒤따르던 엷은 분홍색 원피스 차림의 이희호 씨를 보자 먼저 다가가 "반갑습니다"라고 환영했다.

◇ 두 정상은 이어 나란히 의장대를 사열했다. 혁명음악대 책임자인 북쪽의 대좌는 조선인민군 총사령관 등 김 위원장의 직함을 열거하면서 "김대중 대통령을 마중하기 위해 나왔습니다"라고 큰 소리로 인사했다.

김 위원장은 도열해 있는 노동당 간부와 평양시당위원장, 보건상 등 10여 명을 소개했다. 그는 소개를 끝낸 뒤 김 대통령과 함께 걸으며 "날씨가 매우 좋다"고 말을 건넸으며, 김 대통령도 "회담을 하기 좋을 것 같다"고 잠시 날씨를 화제로 얘기를 나눴다.

10시 41분 두 명의 소녀가 김 대통령과 이희호 씨에게 꽃다발을 건넸고, 대통령 부부는 꽃동이들을 가볍게 껴안으며 입을 맞추었다.

◇ 김 대통령과 김 국방위원장은 2분 정도 의장대의 분열을 지켜보며 오른손을 흔들어 의장대에 답례했다. 이어 환영 인파가 10분 가량 "김정일" "김대중"을 번갈아 연호하며 꽃을 흔들자 두 정상의 공항 만남은 절정으로 달아올랐다. 김 대통령은 환영이 고조에 달하자 잠시 의전 카펫을 벗어나 시민들에게 다가가 두 명의 시민들과 악수하며 "반갑습니다"라고 인사했다.

1000여 환영 인파는 행사장 앞에 놓인 카펫 길을 따라 두 정상이 걸어가는 동안 내내 환호성을 그치지 않았다.(생략)

◇ 49분쯤 김 국방위원장은 환영 인파 끝에 미리 대기 중인 검은색 링컨리무진 승용차의 뒷자리 오른쪽 상석을 김 대통령에게 권했다. 그리고 자신은 왼쪽 문으로 승용차에 오르는 또 한 번의 파격을 선보였다. 그는 차량까지 김 대통령을 안내하면서 이희호 씨의 위치까지 살피는 세심함도 보였다.

남쪽의 한 수행원은 "사실상 승용차 안에서 남북 첫 정상 간 대화가 시작됐다고 볼 수 있다"고 말했다. 북쪽의 한 안내원은 "경애하는 장군님이 조국통일을 바라고 한민족이라는 마음으로 나오셨다. 원래 잘 안 나오신다. 무더운 날씨를 마다하지 않고 나오셨다"며 김 위원장의 공항 마중이 이례적인 일임을 강조했다.

10시 50분 리무진은 백화원 영빈관으로 향했고, 무장한 북쪽 경호원 4명이 뛰어가며 승용차를 경호했다. 순안공항에는 "김대중" "김정일"의 연호가 길게 메아리쳤다.

| 참 | 고 | 문 | 헌 |

김남식,《남로당 연구》, 돌베개, 1984년.
김삼웅 편저,《통일론 수난사》, 한겨레신문사, 1994년.
노중선,《민족과 통일》, 사계절, 1985년.
———,《남북한 통일정책과 통일운동 50년》, 사계절, 1996년.
민경우,《민경우가 쓴 통일운동사》, 통일뉴스, 2006년.
심지연,《남북한 통일 방안의 전개와 수렴》, 돌베개, 20001년.
박세길,《다시 쓰는 한국현대사 1, 2, 3》, 돌베개, 1988~1992년.
역사학연구소,《강좌 한국근현대사》, 풀빛, 1995년.
임영태,《북한 50년사 1, 2》, 들녘, 1999년.
통일노력60년 발간위원회 편,《하늘길 땅길 바닷길 열어 통일로》, 다해, 2005년.
통일뉴스(www.tongilnews.com)
———, 〈창간 5주년 기념 특집기사〉, 2005년 10~11월.
———, 〈2005년 송년특집기사〉, 2005년 12월.
통일문제연구소 엮음,《자료로 보는 분단과 통일의 역사》, 민족통일, 1990년.
한국역사연구회《한국현대사 1, 2, 3, 4》, 풀빛, 1991년.
한호석,《평양회담과 연방제 통일의 길》, 민, 2000년.

■ 통일, 우리 민족의 마지막 블루오션

08   이북의 혁명노선과 통일정책
09   남북연석회의와 1950년대 평화통일안
10   과도적 연방제안과 조국통일 5대 강령
11   고려민주연방공화국 창립방안과 전민족대단결 10대 강령
12   선군정치와 6.15공동선언

제3장

이북의 통일정책, 어떻게 변화되어 왔나

08 이북의 혁명노선과 통일정책

이북의 통일정책은 혁명노선(혁명전략)에 기초하고 있다. 북은 해방 직후 혁명전략인 반제반봉건민주주의혁명론에 기초한 민주기지노선(혁명기지노선)을 책정했다. 북이 해방공간에서 제시한 통일 방안은 중립국 감시 아래 남북총선거안으로서 이는 민주기지노선에 입각한 것이었다.

그 후 1960년대 중반에 이르러 북은 민주기지노선을 지역혁명노선으로 전환한다. 1964년 2월에 개최된 조선노동당 제4기 8차 전원회의에서 북은 지역혁명노선을 채택했다. 이렇게 채택된 지역혁명노선은 1966년 10월 조선노동당 대표자회의와 1970년 11월 제5차 대회에서 재차 확인되었다. 혁명노선의 변화와 통일 방안의 변화는 밀접하게 결부되었다.

1960년 8월 14일 김일성 주석은 8.15해방 15돌 기념식 연설에서 과도적 연방제안을 주장하기 시작했다. 이렇게 시작된 북의 과도적 연방제안은 1973년 6월 천명된 조국통일 5대 강령을 통해 보다 구체화되었다. 그리고 1980년 10월 조선노동당 제6차 대회에서 천명된 고려민주연방공화국 창립방안을 통해 완성된 연방제안으로 전환되었다.

그 뒤 고려민주연방공화국 창립방안은 1990년대 들어 느슨한 연방제안으로 변모하였고 6.15공동선언에서는 낮은 단계 연방제안으로 정식화되었다. 북이 느슨한 연방제안과 낮은 단계 연방제안을 제안한 것은 고려민주연방공화국 창립방안을 폐기해서가 아니라 그것을 완성하기 위한 전술적 조치라는 점에 주목할 필요가 있다.

민주기지노선과 통일 방안

민주기지노선은 1945년 10월 10~13일 개최된 조선공산당 북조선 분국 건설을 위한 서북5도 대회에서 책정되었다. 북은 민주기지노선에 대해 "혁명이 진행 중인 나라에 있어서 다른 지역보다 먼저 혁명이 성공하고, 혁명 정권이 수립되어 민주 개혁이 이루어지고, 장차 전국적으로 혁명의 과제를 수행할 수 있기 위한 근거지가 되는 지역"이라고 설명한다.

북이 민주기지노선을 채택한 것은 38선으로 남북이 단절된 현실에서 비롯된 것이다. 한마디로 말해 민주기지노선은 이북에서 정치·경제·군사역량을 강화하여 전체 조선혁명을 승리로 이끌겠다는 의도를 담고 있었다.

북은 민주기지노선에 기초하여 건당建黨, 건국建國, 건군建軍의 과제를 설정한다. 북은 먼저 당을 결성한 다음(1945년 10월 10일), 인민정권인 북조선 임시인민위원회를 건설했다(1946년 2월 8일). 이렇게 결성된 북조선 임시인민위원회는 반제반봉건민주주의 혁명을 수행하기 위해 토지개혁과 중요산업의 국유화, 노동법과 남녀평등법령 반포 등 민주개혁 조치를 추진해 나갔다. 또한 북은 '성취한 혁명의 전취물을 보위하고 전 조선혁명을 위해 인민군을 창설'했다(1948년 2월 8일). 이 같은 정지작업에 기초하여 1948년 9월 9일 조선민주주의인민공화국이 수립되었다. 그리고 혁명기지인 조선민주주의인민공화국의 강화 발전을 위해 정치·경제·군사역량 강화에 총력을 기울였다.

이 시기 북의 통일 방안은 중립국 감시 하의 남북 총선거안이었다. 이는 유엔의 결정에 따라 이남에서 5.10단독선거가 추진되는 것을 막기 위해서였다. 이렇게 시작된 중립국 감시 하의 남북 총선거안은 1950년대까지 북의 공식적인 통일 방안이었다. 그러나 1950년대 북의 가장 커다란 관심사는 평화 정착이었다. 왜냐하면 전후 복구건설이 시급한 상황에서 무엇보다 중요한 것은 평화적인 환경을 조성하는 것이었기 때문이다.

한국전쟁 이후 북은 전후 복구건설 사업을 추진하면서 민주기지노선에 입각하여 평화통일안을 제안했다. "혁명의 원천지인 공화국 북반부의 민주기지를 정치·경제·군사적으로 더욱 강화 발전시킴으로써 그것을 우리나라의 통일독립을 쟁취하기 위한 결정적 역량으로 전변"시킨다는 조선노동당 중앙위원회 (1955년 4월)의 결정은 민주기지노선에 따른 것이다.

또한 북은 1956년 4월에 개최된 조선노동당 제3차 대회에서 "우리는 전체 조선인민을 옳게 영도하여 조국의 민주주의적 통일독립의 위업을 달성하여야 하며 공화국 북반부의 혁명적 민주기지를 더욱 강화하기 위하여 사회주의 기초건설 사업을 승리적으로 추진"하는 것이 "현 단계에 있어서 우리 당의 기본임무"임을 명확히 했다.

지역혁명노선과 통일 방안

1960년대 들어 북은 과도적 연방제안을 제안하기 시작한다. 민주기지노선은 조선노동당 제4차 대회(1961년)까지도 변함없이 견지되었다. 그러나 제4차 대회에 제출된 정세 인식에는 민주기지노선에 대한 변화의 조짐을 읽을 수 있다. "북조선에서의 사회주의 건설의 위대한 성과는 조선에서 혁명과 반혁명간의 역량관계를 결정적으로 유리하게 전변시켰다. 북반부 혁명기지의 강력한 영향 하에 남조선에서는 미 제국주의를 반대하며 조국의 평화적 통일을 요구하는 인민들의 투쟁이 강화되고 있다"(제4차 대회에서 채택된 〈조국의 평화적 통일을 위하여〉)는 인식은 이 같은 변화를 감지케 한다.

　1960년대 중반 북은 남과 북에 조성된 혁명의 성격이 달라졌다는 인식에서 지역혁명노선을 채택한다. 북이 민주기지노선을 지역혁명노선으로 전환하게 된 주된 원인을 두 가지로 정리해 볼 수 있다. 먼저 북은 1958년을 경계로 반봉건혁명을 완수하고 사회주의 혁명단계로 진입하면서 남북에는 서로 다른 혁명 과제가 제출된다고 보았다. 다음으로는 1960년 4월혁명을 경험하면서 이남에서 자체적인 혁명역량 구축이 가능하다고 평가하기 시작했다.

　지역혁명노선의 핵심은 이남의 민중역량이 혁명 정부를 수립한 후 북의 혁명역량과 합작하여 조국통일을 실현한다는 것이다. 이 같은 인식에 따라 북은 1960년대 중반부터 남조선혁명이라는 지역혁명과 함께 "조국의 통일과 혁명의 전국적 승리"를 위해 3대 혁명역량 강화를 전략적 방침으로 제출하였다. 그리고 1964년 2월 개최된 조선노동당 제4기 8차 중앙위원회에서는 조국통일을 위해 '북조선 혁명역량' '남조선 혁명역량' '국제 혁명역량' 등 3대 혁명역량의 강화를 결정하였다.

　3대 혁명역량 강화에 대한 북의 설명은 다음과 같다. "첫째로 공화국 북반부에서 사회주의 건설을 잘하여 우리의 혁명기지를 정치·경제·군사적으로 더욱 강화하는 것이며, 둘째로 남조선 인민들을 정치적으로 각성시키고 굳게 결속함으로써 남조선의 혁명역량을 강화하는 것이며, 셋째로 조선 인민과 국제 혁명역량과의 단결을 강화하는 것이다."

북의 혁명노선 변화는 곧 혁명전략의 변화를 의미했다. 북은 1966년 10월 개최된 당대표자회의에서 반제반봉건민주주의혁명론을 민족해방민주주의혁명으로 수정했다. 그리고 1970년 11월 개최된 조선노동당 제5차 대회에서 민족해방인민민주주의혁명론으로 정식화한다. 이렇게 채택된 민족해방인민민주주의혁명론은 1980년 10월 개최된 조선노동당 제6차 대회에서 재차 확인된다.

09 남북연석회의와 1950년대 평화통일안

소련군은 1945년 8월 11일 웅기에 상륙한 것을 시작으로 8월 25일 평양에 입성하고 8월 말에 이르면 이북 전 지역을 장악한다. 이북에 진주한 소련군 사령부는 1945년 8월 20일 치스차코프 대장 명의로 포고문을 발포하였다.

> 조선 인민들이여!
> 붉은 군대와 동맹국 군대들은 조선에서 일본 약탈자들을 구축하였다. 조선은 자유국이 되었다.(중략) 조선 사람들이여! 기억하라! 행복은 당신들의 수중에 있다. 당신들은 자유와 독립을 찾았다. 이제는 모든 것이 죄다 당신들에게 달렸다.(중략) 조선의 노동자들이여! 노력에서의 영웅심과 창작적 노력을 발휘하라! 조선 사람의 훌륭한 민족성 중 하나인 노력에 대한

애착심을 발휘하라! 진정한 사업으로써 조선의 경제적 및 문화적 발전에 대하여 고려하는 자라야만 모국 조선의 애국자가 되며 충실한 조선 사람이 된다.
해방된 조선 인민 만세!

소련군의 첫 일성은 미군의 그것과는 사뭇 달랐다. 소련군이 이북에서 단행한 조치들도 미군이 이남에서 단행한 조치들과 대조적이었다. 무엇보다 북에 진주한 소련군은 미 군정과 같은 군사 정부를 만들지 않았고 인민위원회로 대표되는 국내 정치 세력을 인정한 것부터 차이가 있었다.

소련군은 인민위원회를 인정하는 것은 물론 인민위원회가 행정권을 행사할 수 있도록 권한을 이양하였다. 해방 직후 이북의 주요 정치 세력은 공산주의자들이었고 이들의 활동은 소련의 의중에 부합하였다. 당시 북에 대한 소련군의 우호적인 정책은 1945년 9월 20일자로 하달된 스탈린의 지시문에서도 엿볼 수 있다.

3. 붉은 군대가 점령한 조선지역에서 반일적인 민주단체와 민주정당의 결성을 방해하지 않으며 그 활동을 원조할 것.
4. 현지 주민에게 아래의 사실을 설명할 것.
   ㄱ. 붉은 군대는 일본 정복자를 분쇄하기 위하여 이북에 들어온 것이며, 조선에 소비에트식의 체제를 도입하려거나 또는 조선의 영토를 획득하려고 하는 목적을 추구하지 않는다.

ㄴ. 이북 주민의 사유재산과 공유재산은 소련 당국의 보호 하에 있다.
5. 현지 주민에게 평화적 노동을 계속하고, 공업과 상업기업 그리고 그 사업들의 정상적인 작업을 확보하고, 소련군 당국의 요구와 명령을 이행하며, 공공질서 유지에 관하여 군 당국을 돕도록 호소할 것.
6. 이북에 있는 군대에게 규율을 엄격히 지키고, 주민들에게 피해를 주지 않으며, 예의 바르게 행동하도록 지시할 것.
7. 종교의식과 예배를 방해하지 말고, 성당 기타 종교시설에 손을 대지 말 것.

총선거안과 남북연석회의

해방과 함께 38선 이북지역에서도 건준 지부와 자치대, 치안유지위원회 등 다양한 조직들이 만들어졌다. 8월 17일 평양에서는 조만식을 중심으로 평남건국준비위원회가 결성되어 치안유지 활동을 시작했다.

해방 직후 이북 각 지역에 결성된 건국준비위원회(또는 인민위원회) 활동에 기초하여 10월 8일에는 북조선 5도인민위원회 대표자회의가 개최된 데 이어 11월에는 5도행정국이 설치되었다. 그리고 그 연장선에서 1946년 2월 8일 북조선 임시인민위원회(위원장 김일성)가 결성된다.

북조선 임시인민위원회는 1946년 초부터 일제잔재 청산과 토지개혁, 중요산업 국유화, 노동법과 남녀평등법령 반포 등 일련의 민주 개혁을 단행했다. 북조선 임시인민위원회는 소련군으로부터 중앙행정권을 인수받아 내부 안정을 꾀하면서 국경경비대를 창설했다(1946년 8월). 그리고 10월 3일에는 지방선거를 실시하여 최고인민회의를 구성했다. 이처럼 북조선 임시인민위원회는 이북에서 반제반봉건민주주의혁명을 수행하는 중앙정부였다.

해방 직후 이북에는 국내파 공산주의자들과 김일성 항일유격대 세력, 그리고 중국 연안의 독립동맹이 귀국하여 주요한 정치 세력을 이루었다. 그러나 이들은 서로 다른 경험과 노선 차이로 단결하는 것이 결코 간단치 않았다. 그럼에도 이들은 혁명을 완수하기 위해 단결해야 한다는 사실에 공감하고 있었다. 이 같은 공감대에서 이북 공산주의자들은 1945년 10월 10일부터 13일까지 '조선공산당 서북5도 대표자 및 열성자대회(서북 5도대회)'를 개최한다. 이 대회에서 이들은 조선공산당 북조선분국 건설을 결정하고 민주기지노선을 혁명노선으로 책정했다.

이들이 조선공산당 북조선분국을 건설하게 된 이유는 다음과 같이 정리해볼 수 있다. 이미 서울에서 박헌영을 중심으로 조선공산당이 창당된(1945년 9월 11일) 조건에서 별도의 당 조직을 건설하는 것은 일국일당 원칙에 위배되었다. 그럼에도 북조선분국이 필요했던 것은 38선으로 남과 북이 단절된 조건에서 이북 지역만의 독자적인 활동도 요구되었기 때문이다. 이렇게 결성된 북조선분국은 형식상으로는 조선공산당의 하부조직이었지

만 실질적으로 독자적인 당 조직이었다.[2)]

1945년 12월 북조선분국은 제3차 확대회의를 개최하고 민주기지노선을 확인하면서 통일적 민주주의 정권의 수립을 강조한다. 김일성 주석은 당시 회의에서 "현 단계에 있어서 우리 당의 정치노선은 모든 민주주의적 정당사회단체들의 연합의 기초 위에서 우리나라의 통일적 민주주의 정권을 수립하여 북조선을 통일된 민주주의적 독립국가 건설을 위한 강력한 민주기지로 변화시키는 것"이라고 역설했다.

민주기지노선에 기초하여 북조선분국은 모스크바 3상회의의 결정을 적극 지지하였다. 그러나 1946년 개최된 미소공동위원회가 아무런 합의 없이 결렬되자 북조선노동당은 2차 대회를 개최하여(1946년 9월) "외세의 비호 밑에 조직되는 매국적 반동 괴뢰 정부를 어떠한 환경, 어떠한 조건에서도 인정할 수 없음"을 선언하고, 미군 철수를 전제로 중립국 감시 아래 남북총선거안을 제시했다.

그리고 이북은 미소공동위 재개운동을 전개했다. 그 성과로 미소공동위는 1947년 5월 재개되었으나 전망은 여전히 불투명했다. 재개된 지 두 달 만인 1947년 7월 미소공동위는 사실상 중단되었고 10월에 이르러 공식 결렬이 선언되었다.

미소공동위가 결렬되자 통일정부는 요원해지고 분단은 기정사실로 받아들여졌다. 이렇게 되자 북은 재차 외국군 철수를 전제로 자주적인 남북총선거안을 제안한다. 또한 북은 단독정부에 반대하는 남북지도자간 정치협상을 적극 추진한다. 그 결과로 1948년 4월 18일 평양 모란봉 극장에서 남북제정당사회단체 연석회의가 개최되었던 것이다.

남북연석회의에도 불구하고 분단으로 치닫는 파국적인 상황은 돌이킬 수 없었다. 결국 민중들의 격렬한 반대 속에 5.10단독선거가 치러지고 1948년 8월 15일 대한민국 정부가 수립되었다. 이렇게 되자 북에서도 1948년 9월 9일 조선민주주의인민공화국이 수립되었다. 그리고 다음날 개최된 최고인민회의에서 북은 소련군과 미군의 동시철수를 촉구했다. 북의 이 같은 요구에 호응하여 1948년 12월 25일 소련군이 철수한다. 소련군의 철수로 주둔 명분이 약화되자 주한미군 또한 1949년 6월 29일 군사 고문단 500명을 남기고 철수하였다.

이즈음 세계 정세는 미국에 의한 대소 봉쇄정책이 강화되면서 본격적인 냉전시대가 개막되었다. 그리고 이남 사회는 1948년 2.7구국투쟁과 4.3항쟁, 여순사건을 거치면서 격렬한 내전의 소용돌이로 빠져들고 있었다.

전후 복구건설과 1950년대 평화통일안

전쟁이 끝나고 정전협정이 체결되자 북은 미국을 상대로 전쟁에서 승리했다고 평가했다. 그리고 1954년 4월 개최된 제네바정치회담을 통일 문제의 평화적 해결을 위한 논의 테이블로 인식하였다. 반면 미국의 생각은 달랐다. 미국은 이 회담을 무산시켜 정전협정에 명시된 군비 축소와 외국군 철수에 관한 규정에서 벗어나고자 했다. 결국 제네바정치회담은 미국이 의도한 대로 아무런 성과 없이 결렬되고 말았다.

회담의 결렬은 정전협정에 명시된 군비 축소와 평화협정 체결이라는 후속 조치의 불이행을 의미했다. 회담이 결렬되자 미국은 각종 무기를 이남에 배치하고 한국군의 증강을 도왔다. 이렇게 되자 이북은 미군 철수, 무기반입 중지, 원자 및 신형무기 철거, 남북 각기 10만 명 이하로 감군, 무력 불사용 선언을 제안했다.

한편 북은 전쟁이 일단락되자 1953년 8월 조선노동당 제6차 중앙위원회 전원회의를 개최했다. 이날 회의에서 북은 전후 복구건설 노선을 채택한다. 전후 복구건설 노선은 '중공업의 우선적 성장'과 '경공업과 농업을 동시에 발전'시키면서 생산관계를 사회주의적으로 개조하는 데 역점을 두었다.

1950년대 이북이 전개한 전후 복구건설 사업은 의욕적인 것이었다. 그러나 그 과정은 순탄하지 않았다. 전후 복구건설 사업이 한창이던 1956년 8월 박창옥, 최창익 등에 의한 '8월종파사건'이 발생하였다. 북은 반종파투쟁을 거치면서 김일성 주석을 중심으로 하는 지도체제를 강화하였다. 또한 반종파투쟁을 전개하면서 교조주의를 퇴치하고 주체를 확립하기 위한 사상사업을 강조했다.

전후 복구건설 사업을 추진하는 북에게 무엇보다 절실했던 것은 평화 정착이었다. 북에게는 정전협정을 평화협정으로 전환하여 전쟁을 매듭짓고 평화를 정착하는 것이 시급한 과제였다. 북이 1950년대 주장한 평화통일론은 1956년 4월 조선노동당 제3차 대회에서 채택된 〈조국의 평화적 통일을 위하여〉라는 호소문에 집약되어 있다.

1. 조선 문제의 종국적인 해결은 조선 인민 자체의 민주주의적 의사에 기초하여 실현되어야 하며 조선의 통일정부는 전체 조선 인민의 총선거에 의하여 수립되어야 한다.
2. 조국의 평화적 통일을 가져오기 위하여서는 조선에서 달성된 정전의 성과를 공고한 평화에로 전환시켜야 한다. 미국 군대와 중국 인민지원군을 포함한 일체 외국 군대는 조선에서 철거하여야 하며 조선 내정에 대한 일체 외국인들의 간섭을 허용하지 말아야 한다.
3. 조국의 평화적 통일을 위한 투쟁에 광범한 인민 대중이 참가하며 그들의 애국적 열성과 적극성이 유감없이 발휘되도록 하기 위하여서는 남조선의 전반적 사회, 정치 생활에서 민주주의 제원칙이 실현되어야 하며 인민 대중의 생활이 안정 개선되어야 한다.
4. 조국의 평화적 통일을 촉진시키기 위하여 현존하는 남북조선간의 부자연한 장벽이 제거되어야 하며 남북조선 인민간의 호상 접촉과 협상이 이루어져야 한다.
5. 조국통일 독립의 위업을 촉진시키기 위하여 미 제국주의를 반대하는 전 민족적 통일 단결을 강화하며 남북조선의 전체 애국적 역량을 단합하여 평화적 통일의 적을 반대하는 공동투쟁을 강화하여야 한다.
6. 조선에서의 평화 유지와 조선 문제의 평화적 해결을 위한 국제적 협정이 달성되어야 한다.

1950년대 후반기에 이르면 북의 평화공세는 더욱 적극성을 띤다. 북은 1956년 5월부터 8월까지 인민군 8만 명의 일방적인 감축을 선언한다. 1958년 2월 5일에는 '조국의 평화적 통일을 위한 제안'을 통해 "조선에서의 긴장 상태를 완화하고 조선 문제를 평화적으로 해결하기 위하여 미국과 중국 인민지원군을 포함한 기타 모든 외국 군대가 남북조선으로부터 동시에 철수"할 것을 촉구했다. 이에 중국이 호응하여 1958년 10월 26일 인민지원군을 북에서 완전히 철수시켰다.

이북에게 1958년은 하나의 전환점이 된 해였다. 1958년 북은 복구건설 사업의 성과로 생산관계의 사회주의적 개조가 완료되었음을 선언했다. 이는 반봉건혁명을 완료하고 사회주의혁명으로 진입하는 것을 의미했다.

1950년대 북이 주장한 평화통일안을 요약하면 '정전협정의 평화협정으로 전환' '외국 군대의 철수' '중립국 감시 하의 남북 총선거안'이다. 두말할 나위 없이 1950년대 이북의 통일정책은 혁명적 민주기지를 강화하는 것에 기초하였다. 북은 1950년대에만 60여 차례에 이르는 각종 평화통일 제안을 내놓았는데 그만큼 전후 복구건설을 위한 평화 정착이 절실했던 것이다.

10 과도적 연방제안과 조국통일 5대 강령

19 60년대 초반 한반도 주변은 긴장되고 있었다. 이남에서는 5.16쿠데타가 발생하여 고조된 4월혁명 정세를 일거에 뒤집었다. 국제적으로는 미국이 쿠바를 봉쇄하고(1962년) 베트남전쟁에 개입하면서(1964년) 긴장이 고조되어 갔다.

여기에 1950년대 후반부터 시작된 중국과 소련의 대립은 국제 정세를 한층 복잡하게 만들었다. 중국과 소련의 분쟁은 이념 논쟁에서 시작되었다. 1956년 소련공산당 제20차 대회에서 서기장 흐루시초프는 스탈린을 비판하면서 계급투쟁 없는 평화적인 공산주의를 역설하였다. 또한 흐루시초프는 미국과 평화공존정책을 천명하였다. 중국은 이에 대해 소련을 수정주의라고 비판했고, 소련은 중국을 교조주의라고 비난했다.

1960년대 초반까지만 해도 북은 중국과 소련에 대해 중립적인 관계를 유지하고 있었다. 1961년 북은 소련과 '통상 경제협조를 가일층 발전시킬 데 대한 협정'과 '조소우호협조 및 호상원조에 관한 조약'을 체결했고(1961년 7월 6일), 중국과는 '조중우호협조 및 호상원조에 관한 조약'을 체결했다(1961년 7월 11일).

소련, 중국과의 원조조약 체결은 조중소라는 북방 군사동맹체제의 공고화를 의미했다. 이는 한미상호방위조약 체결로 구축된 한미군사동맹에 대응하기 위한 조치였다. 이남은 1965년 미국의 강권으로 일본과 수교하면서 한미일이라는 남방 군사동맹체제 또한 공고해졌다.

북이 소련과 중국을 비판하기 시작한 것은 1962년부터다. 그해 10월 미국의 쿠바봉쇄에 소련이 무기력하게 대응하자 북은 이를 비판하였다. 소련에 대한 북의 비판은 1964년 평양에서 개최된 제2회 아시아경제세미나에서 〈자력갱생에 의한 자립적 민족경제 건설에 대하여(평양선언)〉를 채택하면서 절정에 달하였다. 중국에 대한 북의 비판은 베트남전쟁에 대한 공동대응 문제로 표면화되었다. 1965년 소련은 베트남전쟁에 대한 사회주의 진영의 공동대응을 중국에 제안했다. 그러나 중국은 이 제안을 냉담하게 뿌리쳤다. 이를 두고 북은 중국을 공개적으로 비판하였다.

조중관계는 1966년에 접어들어 더욱 나빠졌다. 1966년 8월 12일자 《노동신문》에는 중국을 비판하는 논설을 실었다. 〈자주성을 옹호하자〉는 제하의 논설에서 북은 교조주의와 대국주의를 퇴치하고 자주성을 옹호하기 위해 미국에 대한 반제투쟁을 강조했다. 이것은 곧 베트남전쟁에서 반제 공동전선에 소극적인 중국을 염두에 둔 것이다. 또한 북은 중국의 문화대혁명에 대해서도 좌파기회주의로 규정하고 이를 비판했다. 이리하여 조중관계는 최악으로 나빠졌다.

과도적 연방제안을 제안하다

1960년대에 이르러 북은 통일 방안으로 과도적 연방제안을 제안하였다. 과도적 연방제안의 제기는 4월혁명을 계기로 '남조선 인민'에 의한 '남조선 혁명'의 독자성이라는 지역혁명노선에 입각한 것이었다. 다른 한편으로 북의 과도적 연방제안은 1950년대 전후 복구건설 사업의 성과에 따른 자신감의 표현이기도 했다.

1960년 8월 14일 김일성 주석은 '8.15 해방 15주년 경축대회' 연설에서 "아직 남조선 당국이 자유로운 남북총선거를 받아들일 수 없다면 과도적 조치로서 남북조선의 연방제"를 실시하자고 주장했다. 이날 연설에서 김일성 주석은 과도적 연방제안과 함께 '주한미군 철수' '남북 각기 10만 명 이하로 감군' '당국과 정당, 사회단체, 개별인사가 참여'하는 정치협상을 제안했다.

과도적 연방제안을 제기한 이후 북은 민주기지노선을 지역혁명노선으로 전환한다. 1964년 2월 개최된 조선노동당 제4기

8차 중앙위원회 전원회의에서 북은 지역혁명노선을 채택했다. 지역혁명노선은 민주기지노선에 비해 이남 혁명역량의 강화를 중요하게 생각한 결과였다. 지역혁명노선에 따르면 조국통일의 실현은 이남에서 이남 혁명 세력이 정권을 장악한 후 이북 사회주의 역량과 합작으로 통일을 이룬다는 것이다.

1960년대 중반 들어 북의 혁명전략과 통일정책이 변화하게 된 이유는 두 가지로 정리할 수 있다. 하나는 북이 4월혁명으로 촉발된 이남 민중역량에 주목했기 때문이고 다른 하나는 민족분단이 20년 넘게 지속되면서 남과 북에 상반된 제도와 체제가 확립된 현실을 반영한 결과였다.

이에 대해 북은 다음과 같이 설명한다. "해방 직후 혁명 발전의 첫 단계에서는 북과 남의 두 지역에서 같은 성격의 혁명 임무를 내걸고 다만 지역적 특성에 고유한 투쟁 형식으로 혁명을 전개"하였으나 "북반부에서 혁명이 계속 추진되고 남조선의 식민지화 과정이 심화됨에 따라 남과 북은 발전 단계에서 날이 갈수록 격차가 커지게 되었으며 통일적인 전 조선혁명에 복종하는 두 지역의 혁명은 마침내 성격상의 차이를 낳게" 되었다는 것이다.

지역혁명노선에 따라 북은 "조국의 통일과 혁명의 전국적 승리를 위해서 3대 혁명역량" 강화에 역점을 두었다. 북이 3대 혁명역량을 강조한 이유는 당시 국제 정세와 무관하지 않다. 3대 혁명역량의 강화는 제3세계에 대한 미국의 반혁명전략과 한반도에서의 긴장고조에 대한 대응책이었다.

3대 혁명역량 강화론은 항일무장투쟁 전통에 기초한 것으로 제국주의 세력에 대한 혁명무력 사용의 불가피성을 설명하는 근거가 되었다. 이에 따라 북은 군사력을 동반한 공세적인 정책을 수행하였다. 예컨대 푸에블로 호 나포사건(1968년), EC-121기 격추사건(1969년), 그리고 울진삼척 침투사건 등은 3대 혁명역량 강화론과 무관하지 않았다.

조국통일 5대 강령

1970년대 들어 이북은 '사회주의 완전승리'를 전면에 내걸었다. 1970년 11월 개최된 조선노동당 제5차 대회에서는 사회주의 완전승리를 당면 과제로 하여 '수령―당―대중'이라는 유일지도체제를 확립하였다. 또한 제5차 대회에서는 "사회주의 경제건설 분야에서 공업화의 성과를 공고히 발전시키며, 기술혁명을 새로운 높은 단계에로 전진시켜 사회주의의 물질적·기술적 토대를 더욱 튼튼히 하며, 인민경제의 모든 부문에서 근로자들을 힘든 노동에서 해방"하기 위한 6개년 계획을 수립하였다(1971~1976년).

이 대회에서는 '남조선혁명'과 '조선혁명'의 성격을 민족해방인민민주주의혁명론으로 정식화하였다. 민족해방인민민주주의혁명론의 정식화는 1960년대 중반 제출된 지역혁명노선의 기초가 되는 혁명전략의 재정립을 의미하였다.

5차 대회 이후 북은 1972년 12월 제5기 1차 최고인민회의를 개최한다. 당시 최고인민회의에서는 새로운 사회주의 헌법을 제정했다. 새로이 제정된 사회주의 헌법은 주석을 중심으로 권력구조를 재편하는 것에 역점을 두고 있었다. 북이 주석제를 도입한 것은 5차 대회에서 채택한 유일지도체제를 국가적으로 확립하기 위한 조치였다.

이러한 가운데 1970년대 초반 동아시아에는 평화무드가 조성되고 있었다. 베트남전쟁에서 패배한 미국은 동아시아에서 제한적이나마 긴장완화정책을 추진하지 않을 수 없었다. 미국의 정책 선회에 따라 박정희 정권은 대북 협상을 제안했고 남북 사이에는 대화국면이 조성되었다. 그리고 7.4공동성명은 그 결과였다. 이렇게 탄생한 7.4공동성명은 1970년대 초반 대화국면에서 북의 평화통일정책이 관철되었음을 의미하였다.

북은 7.4공동성명에서 천명된 통일원칙 가운데 자주의 원칙을 가장 중요하게 생각한다. 자주의 원칙에 대해 북은 "외세의 간섭과 사대주의를 배격하는 통일의 근본입장이며 평화통일과 민족대단결의 원칙을 실현하는 결정적인 조건이자 확고한 담보"라고 강조한다.

그러나 1970년대 초반의 대화국면은 오래가지 못했다. 7.4공동성명으로 상징되는 대화국면은 유신체제의 등장과 함께 종료되었다. 그리고 유엔 동시가입을 골자로 하는 박정희 대통령의 6.23선언(1973년)은 1970년대 초반의 대화국면에 마침표에 해당한다. 박정희 대통령이 6.23선언에서 제안한 유엔 동시가입을 북은 '두 개의 조선 책동'으로 규정하고 비판했다.

한편 김일성 주석은 1973년 6월 23일 체코슬로바키아 공산당 구스타프 후사크 총비서 일행을 환영하는 평양시 군중대회에서 조국통일 5대 강령을 천명한다.

> 첫째, 오늘 조선의 북과 남 사이의 관계를 개선하고 조국의 평화적 통일을 촉진시키기 위해서는 무엇보다 먼저 북과 남 사이의 군사적 대치 상태를 해소하고 긴장 상태를 가셔야 합니다.
> 둘째, 북남관계를 개선하고 나라의 통일을 촉진시키기 위하여서는 북과 남 사이에 정치, 군사, 외교, 경제, 문화의 여러 분야에 걸쳐 다방면적인 합작과 교류를 실현하여야 합니다.
> 셋째, 나라의 통일 문제를 우리 인민의 의사와 요구에 맞게 해결하기 위하여서는 북과 남의 광범한 각계각층 인민들이 조국통일을 위한 거족적인 애국 사업에 참여할 수 있도록 하는 것이 필요합니다.
> 넷째, 오늘 나라의 통일을 앞당기는 데서 중요한 의의를 가지는 것은 단일 국호에 의한 북남연방제를 실시하는 것입니다.
> 다섯째, 우리는 분열이 고착되어 우리나라가 두 개의 조선으로 영원히 갈라지는 것을 막아야 하며 대외관계 분야에서도 북과 남이 공동으로 나아가야 한다고 인정합니다.

조국통일 5대 강령은 조선노동당 제5차 대회에서 채택된 "조국통일 위업을 실현하기 위하여서는 우리 조국의 통일을 가로막는 기본 장애들인 미제 침략자들을 남조선에서 몰아내고 그 식민지 통치를 청산하며, 현 군사파쇼 독재를 뒤집어엎고 혁명의 승리를 이룩하여야 한다. 그리하여 남조선에서 참다운 인민의 정권이 서면 공화국 북반부의 사회주의 역량과 남조선의 애국적 민주역량의 단합된 힘에 의하여 우리 조국의 통일은 순조롭게 실현될 것"이라는 지역혁명노선에 따른 것이었다. 이북은 조국통일 5대 강령에 대해 "나라의 분열을 막고 북과 남 사이의 연계와 합작을 전면적으로 실현하며 완전한 통일을 앞당기는 결정적 국면"을 열 것이라고 밝혔다.

조국통일 5대 강령에서 밝힌 고려연방공화국 방안은 남과 북의 이질화된 차이를 반영하고 있었다. 특히 고려연방제안은 '고려'라는 국호를 사용하여 1960년대의 그것에 비해 보다 체계화된 것이었다.

북은 해가 바뀐 1974년 3월 제5기 3차 최고인민회의에서 미국과의 평화협정 체결을 주장하였다. 북미간 평화협정 체결 주장은 주한미군 철수를 전제로 남북이 평화협정을 체결하자는 종래의 주장과는 다른 것이었다. 북의 이 같은 정책 선회는 미국과 정치군사 문제를 직접적으로 풀겠다는 의도에서 비롯되었다.

북이 미국과의 평화협정 체결을 주장하게 된 이유는 7.4공동성명의 파기와 무관치 않다. 박정희 정권에 의해 7.4공동성명이 휴지조각으로 전락하자 북은 "이제는 남조선 당국자들과 군사적 대치상태의 해소와 평화협정 체결 문제를 아무리 논의해도 의의"가 없다고 못 박았다. 그리고 "정전협정을 평화협정으로 바꾸기 위해서는 그것을 확실히 담보할 만한 실권을 가진 당사자끼리 문제를 해결"하자고 주장했다.

그 뒤 북은 미국이 두 개의 코리아 정책을 지속하자 이에 대해 "두 개의 조선 조작 책동은 미국의 남조선정책의 기본이며 교차승인이란 영구분열의 환경을 조성하기 위한 책동"(1978년 2월 《노동신문》 논설)이라고 비난하였다. 그리고 1979년 북은 미국이 제안한 3자 회담에 대해 북미간의 직접협상과 여기에 이남이 옵서버로 참여하는 방안을 제안했으나 성사되지 못했다.

11 고려민주연방공화국 창립방안과 전민족대단결 10대 강령

북은 1970년대 사회주의 건설을 총화하고 1980년대 기본 노선을 수립하기 위해 조선노동당 제6차 대회를 개최했다(1980년 10월 10~14일). 대회에서는 '온 사회의 주체사상화'가 제시되었다. '온 사회의 주체사상화'가 처음으로 선포된 것은 1974년 2월의 일이다. 부연하자면 '온 사회의 주체사상화'란 김일성 주석의 혁명사상을 지도지침으로 혁명을 전진시키며, 주체사상에 맞추어 사람과 사회와 자연을 개조하며, 인민대중의 자주성이 완전히 실현된 사회를 건설한다는 것이다.

6차 대회 이후 북은 주체사상의 체계화에 박차를 가했다. 김정일 비서는 1982년 개최된 '김일성 주석 탄생 70주년 기념 전국주체사상토론회'에 보낸 〈주체사상에 대하여〉라는 논문을 통해 주체사상을 사상, 이론, 방법으로 체계화하였다.

1980년대 북의 경제건설 목표는 "완전히 승리한 사회주의에 맞는 물질·기술적 토대를 마련하여 인민의 물질문화 생활을 높이는 것"이었다. 이를 위해 북은 사회주의 경제건설의 10대 전망 목표를 내놓았다. 이때 제출된 사회주의 경제건설 10대 전망 목표에는 전력, 석탄, 강철, 유색금속, 시멘트, 화학비료, 알곡 생산량을 크게 늘리는 것을 포함하고 있었다.

또한 경제건설을 촉진하기 위해 '80년대 속도 창조운동'을 벌였다. 김정일 비서가 앞장선 이 운동은 경제건설의 목표를 실현하는 '혁명적 진군운동'으로 규정되었다. '80년대 속도 창조운동'은 1982년 7월 김책제철소의 노동자 궐기대회를 계기로 모든 공장과 기업소, 협동농장으로 퍼져나갔다.

고려민주연방공화국 창립방안

조선노동당 제6차 대회에서 김일성 주석은 "세계 여러 나라들 사이의 이해관계가 복잡하게 얽히고 열강들 사이의 군사적 대결이 날로 격화되고 있는 때에 우리나라가 통일을 이루지 못하고 계속 북과 남으로 갈라진 상태에 있게 된다면 우리 민족은 또다시 외세의 희생물로 식민지 노예로 될 수 있다"며 통일의 절박성을 강조했다. 그리고 남과 북의 서로 다른 제도와 체제를 인정한 조건 속에서 고려민주연방공화국을 창립하자고 제안하였다.

고려민주연방공화국 창립방안의 제기는 이남에서 변혁이 지연되고 있는 현실 타개책이기도 했다. 북은 고려민주연방공화국 창립방안을 주장하면서 "우리는 우리의 사상과 제도를 남조선에 강요하지 않을 것이며 오직 민족의 단합과 조국통일을 위하여 모든 것을 복종시킬 것"이라고 강조했다.

고려민주연방공화국 창립방안은 크게 세 가지 내용으로 구성된다. 그 내용은 '자주적 평화통일을 위한 선결 조건'과 '연방정부 형태 및 운영원칙' 그리고 '연방정부 10대 시정방침'이다.

북은 고려민주연방공화국 창립방안의 선결조건으로 반공법과 국가보안법의 폐지, 폭압기구 해체와 민주인사 석방을 내세웠다. 이는 "유신체제를 청산한 기초 위에서 군사파쇼 정권을 광범한 인민대중의 의사와 이익을 옹호하며 대변하는 민주주의적인 정권으로 교체"하는 것을 의미했다.

또한 북은 미국과의 평화협정 체결을 주장했다. 북은 "미국 당국자들이 우리의 이 제의를 어떻게 받아들이는가 하는 것은 전쟁이냐 평화냐 하는 문제에 대한 그들의 명백한 대답"이라고 못 박았다. 이와 함께 북은 주한미군 철수, 두 개의 조선정책 폐기, 내정 간섭 중단을 요구했다.

고려민주연방공화국 창립방안은 연방정부의 기능과 역할에 강조점을 두고 10대 시정방침을 통해 통일국가의 상을 구체화하였다. 10대 시정방침은 정치, 군사, 경제, 외교 등 다방면에 걸친 연방정부의 기능과 역할을 명시한 것이었다.

고려민주연방공화국 창립방안의 특징은 무엇보다 종전의 과도적 연방제안과 달리 완성된 연방제안이라는 데 있다. 또한 고려민주연방공화국 창립방안을 제기하면서 북은 민족통일 정치협상의 주체를 기존의 남과 북에서, 남·북·해외의 3자로 확대시켰다. 1990년대 범민족대회와 범민련으로 상징된 3자연대운동의 논리적 근거가 이때부터 등장하였다.

1980년대 중후반의 평화군축안

1970년대 이후 미국이 본격적으로 추진한 '두 개의 코리아 정책'은 유엔 동시가입과 남북 교차승인으로 집약된다. 1980년대 중후반 북의 주된 관심사는 한반도에서 평화군축을 실현하는 문제였다.

북이 평화군축을 절박하게 주장한 배경에는 1980년대 중후반 소련을 비롯한 사회주의권이 몰락하는 상황과 깊은 관련이 있다. 소련을 비롯한 사회주의권의 몰락은 침략과 전쟁을 앞세운 미국 중심의 일극체제로의 재편을 의미했다. 때문에 북은 그 어느 때보다도 평화군축이 절실했다.

1984년 북은 평화체제 구축을 위해 남, 북, 미가 참가하는 3자회담을 제안한다. 북은 1984년 1월 중앙인민위원회와 최고인민회의 상설회의를 개최하고 한반도에서 "핵전쟁 위험이 현실적으로 존재하며, 그것이 세계적 범위로 확대될 가능성이 있다는 사실"을 지적하면서 3자회담을 제안하였다.

북은 3자회담을 통해 "정전협정을 대신할 평화협정" 체결과 "북과 남 사이에 불가침선언"을 논의하자고 주장했다. 북은 3자회담에서 "우리와 미국 사이의 평화협정에는 주로 미군과 핵무기를 비롯한 군사 장비를 철수시키고 공고한 평화를 보장"하기 위한 방안을 마련하고 "북과 남 사이의 불가침선언에는 남북이 서로 상대방을 반대하여 무력행사를 하지 말며 군비를 축소"하기 위한 방안을 마련하자고 주장했다.

　3자회담 제안을 통해 북은 이남 당국을 정치군사 문제해결의 한 당사자로 인정하기 시작했다. 이는 1974년 제안된 북미평화협정 체결안과 비교하여 정책상의 변화를 의미한다. 그뿐 아니라 북이 제안한 3자회담에는 북미평화협정을 중심으로 남북불가침선언이 결합되는 형태로 평화체제를 구축하겠다는 의도가 반영되어 있었다.

　그러나 3자회담에 대한 미국의 대답은 무응답이었다. 그 후 1980년대 중반 냉각된 대화국면을 연 것은 남북 사이의 비밀 접촉이었다. 1985년 전두환 정권이 비밀리에 정상회담을 추진하면서 남과 북의 대화가 재개되었으나 얼마가지 않아 중단되고 말았다.

　그 뒤 북은 1987년 7월 '한반도에서 단계별 군축 실현을 위한 남북과 미국간의 다국적 군축협상(다국적 군축협상)' 제안을 내놓았다. 북이 제안한 다국적 군축협상은 남과 북, 미국이 당사자로 참가하고 중립국감독위원회가 옵서버로 참관하는 방식이었다. 이렇게 볼 때, 다국적 군축협상은 3자회담의 연장선에 있었다. 북은 다국적 군축협상에서 남북 각기 10만 명 이하로의 병력 감축, 주한미군의 단계적 철수, 이남에 배치된 핵무기 철거, 군사기지 철폐, 비무장지대를 비핵평화지대화 하는 문제를 논의하자고 했다.

해가 바뀐 1988년 11월 7일 북은 중앙인민위원회, 최고인민회의 상설회의, 정무원 연합회의를 개최하고 평화군축안의 완결편이라 할 수 있는 '평화보장 4원칙'과 '포괄적 평화안'을 내놓았다. '통일 지향' '외국군 철수' '북남 군축' '당사자 협상'이라는 평화보장 4원칙에 기초한 포괄적 평화안의 골자는 다음과 같다.

1. 조선 반도의 공고한 평화를 실현하기 위한 단계적인 미군 무력의 철수와 북남 사이의 군축 방안
   ① 미군 무력의 단계적 철수 – 핵무기는 1990년 말까지 2단계로 나누어 철수하고, 미군 병력을 1991년까지 3단계로 나누어 철수하며, 철수와 함께 미군은 이남에 새로운 무력을 투입하거나 군장비의 제공과 이양을 하지 않는다.
   ② 북남 무력의 단계적 감축 – 북남 병력을 1991년까지 3단계 감축(1989년 말 40만 수준, 1990년 말 25만 수준, 1991년 말 10만 이하 수준), 병력 감축과 함께 군장비의 단계적 감축, 핵무기와 화학무기를 비롯한 특수무기는 1단계에서 폐기, 무력 감축 시작부터 6개월 내에 민간군사 조직을 해체한다.
   ③ 미군 철수, 북남 무력 감축에 대한 통보와 검증 – 미군 철수를 북측에 통지, 북남 무력 감축을 상호통지하고 공

개하며, 중립국감독위원회의 권능을 확대하여 미군 철수와 북남 무력 감축을 검증케 한다.

④ 북·미·남간의 3자 회담 - 책임 있는 당사자들의 3자 회담과 그 범위 내에서 북미, 북남간의 쌍무회담도 할 수 있으며, 3자 회담에서 중립국 권능확대 문제를 토의하기 위해 폴란드, 체코슬로바키아, 스위스, 스웨덴 대표도 참가(방청)하며, 3자 회담에서 북미간 평화협정 체결과 북남 사이의 불가침 선언으로 확인하고 고착시킨다.

2. 북과 남 사이에 당면한 정치군사적 대결 상태를 완화하기 위한 방안

① 정치적 대결 상태의 완화 - 북과 남은 상호 비방 중상을 중지하며, 상대방을 비난하고 대결을 고취하는 정치행사 중지, 다방면에서 합작과 교류를 실현한다.

② 군사적 대결 상태의 완화 - 군사분계선 비무장지대를 평화지대로 만들며, 북남은 대규모 군사훈련과 군사분계선 일대의 지상과 해상 및 공중에서 무력충돌을 일으킬 수 있는 일체의 군사행동을 중지하며, 우발적인 충돌이 확대되는 것을 막기 위해 고위 군당국자 사이에 직통 전화를 개설한다.

③ 북남 사이의 고위급 정치군사회담 - 북남 고위급 정치군사회담에 실권을 가진 쌍방의 고위급 정치군사 대표가 참가하며, 이 회담에서 고위급 정치회담과 군사회담을 별도로 진행할 수 있다.

북은 이 같은 포괄적 평화안을 협의하기 위한 '북남고위급 정치군사회담'과 '남북미 3자 외교부장회담'을 제안하였다. 이

제안에 대해 미국은 무응답으로 일축했고 노태우 정권은 북을 고립하기 위한 북방정책으로 답변했다. 이리하여 북이 절박하게 요구한 평화군축협상은 실현되지 못했다. 다만 이때의 포괄적 평화안은 이후 남북고위급회담으로 넘겨진 미결의 과제가 되었다.

반면 이 시기 통일 문제는 당국 사이보다는 민간 차원의 통일운동이 활성화되면서 활기를 띠었다. 1988년 전대협이 중심이 된 청년학생들의 통일운동은 대중적인 지지와 관심 속에 폭발력을 더해 갔다. 북은 이에 호응하여 전면개방, 자유왕래를 촉구하면서 다방면적인 접촉과 협상을 추진하였다.

조국통일 5대 방침과 느슨한 연방제

1990년대 초반 세계 정세는 이북에게 매우 불리하게 형성되고 있었다. 북은 불리한 정세를 돌파하기 위한 일환으로 최고인민회의 제9기 1차 회의에서 '조국통일 5대 방침'을 발표한다(1990년 5월 24일).

첫째로, 조선 반도에서 긴장 상태를 완화하고 조국통일을 위한 평화적 환경을 마련해야 한다.
둘째로, 분단의 장벽을 허물고 북과 남 사이에 자유왕래와 전면개방을 실현하여야 한다.
셋째로, 북과 남은 조국의 자주적 평화통일에 유리한 국제적 환경을 마련하는 원칙적 대외관계를 발전시켜 나가야 한다.

넷째로, 조국통일을 위한 대화를 발전시켜야 한다.

다섯째로, 조국통일을 위한 전 민족적인 통일전선을 형성하여야 한다.

조국통일 5대 방침은 소련을 비롯한 사회주의권 붕괴라는 미증유의 사태에 직면하여 북이 내놓은 1990년대 초반의 통일 방침이었다. 조국통일 5대 방침이 담고 있는 핵심은 고립과 압박을 타파하는 것이었다. 특히 북은 이남 통일운동 세력과 연대하여 노태우 정권의 북방정책을 파탄내고자 했다. 그뿐 아니라 북은 1990년 9월 28일 '조일관계에 관한 자민·사회·조선노동당의 공동선언'을 통해 불리한 국제적 역학관계를 반전시키고자 했다. 조일 3당은 공동선언에서 "조선은 하나이며 북과 남이 대화를 통해 평화적으로 통일을 이룩하는 것이 조선 인민의 민족적 이익에 부합된다"면서 '하나의 조선 원칙'에 합의하였다.

그러나 북의 상황 반전은 거기까지였다. 탈냉전의 상황에서 한국(이남)의 유엔 가입은 기정사실로 받아들여졌다. 이렇게 되자 북은 1991년 5월 27일 외교부 성명을 발표한다. "남조선 당국자들이 기어이 유엔에 단독으로 가입하겠다고 하는 조건에서 이것을 그대로 방임해둔다면 유엔 무대에서 전 조선 민족의 이익과 관련된 중대한 문제들이 편견적으로 논의될 수 있고 그로부터 엄중한 후과가 초래될 수 있다"고 선언했다. 그리고 그 해 9월 남과 북은 유엔에 동시가입하게 된다.

유엔 동시가입은 국제 사회에서 남과 북이 분단국가로 공인

받는 것을 의미했다. 그럼에도 북은 '하나의 조선 원칙'을 일관되게 견지했다. 그 결과로 남북관계는 "나라와 나라 사이의 관계가 아닌 통일을 지향하는 과정에서 잠정적으로 형성되는 특수한 관계라는" 남북기본합의서의 규정을 탄생시킬 수 있었다.

1990년대 초반 급변하는 정세 속에서 북은 느슨한 연방제안을 제기하기 시작했다. 김일성 주석은 1991년 신년사에서 "고려민주연방공화국 창립방안에 대한 민족적 합의를 보다 쉽게 이루기" 위해 느슨한 연방제안을 제안했다.

> "우리는 고려민주연방공화국 창립방안이 민족적 합의의 기초로 될 수 있는 공명정대한 민족 공동의 통일 방안으로 된다고 믿고 있습니다. 그러나 우리는 고려민주연방공화국 창립방안에 대한 민족적 합의를 보다 쉽게 이루기 위하여 잠정적으로 연방공화국의 지역자치정부에 보다 더 많은 권한을 부여하며, 장차로는 중앙정부의 기능을 더욱더 높여 나가는 방향에서 연방제 통일을 점차적으로 완성하는 문제도 협의할 용의가 있습니다."

북이 제안한 느슨한 연방제안은 1989년 4월 2일 문익환 목사와 조국평화통일위원회가 합의한 공동성명과 일맥상통했다. 그 뒤 1991년 5월 3일 윤기복 최고인민회의 통일정책위원장은 느슨한 연방제안에 대해 "연방제 하의 북남 지역정부가 일정한 한도 내에서 잠정적으로 외교·군사권을 보유할 수 있다"고 부연했다. 또한 조평통 부위원장 한시해는 느슨한 연방제안에 대해

"외교, 국방에서 두 체제가 권한을 자치적으로 행사하는 등 연방정부의 기능을 처음에는 느슨하게 했다가 점차 강력한 연방정부를 거쳐 통일에 이르는 방안"이라고 설명하였다.

탈냉전이라는 세계사적 변화 속에서 북이 느슨한 연방제안을 제안하게 된 배경에는 남북 분단이 국제적으로 공인되는 것을 거부하고 반세기 넘게 지속된 분단 상태를 청산해야 한다는 절박함이 반영되어 있었다.

전민족대단결 10대 강령

1991년부터 시작된 북핵 문제는 1990년대를 관통하는 조미 대결의 핵심 쟁점이었다. 미국은 국제원자력기구IAEA를 내세워 북에 대한 무조건적인 사찰을 요구했다. 이에 북은 "군사적으로 위협하고 경제적으로 압력을 가하면서 냉전시대의 일변도 정책에 계속 매달리는 것은 시대의 흐름을 역행"하는 것이라고 맞섰다. 미국의 핵 공세에 북은 주한미군이 이남에 배치하고 있는 핵무기 철수와 팀스피리트 훈련 중단이라는 역공세를 취했다.

1993년 2월 25일 IAEA가 대북 특별사찰을 결의한 그날은 김영삼 대통령이 취임한 날이었다. 김영삼 대통령은 취임사에서 "어느 동맹국도 민족보다 나을 수 없다"는 화해의 메시지를 북에 보냈다. 이렇게 남북관계는 호전되는 듯했다. 그러나 정세의 뇌관은 남북관계가 아니라 북미관계에 있었다. 북은 IAEA 특별사찰 요구에 대해 핵확산금지조약NPT 탈퇴를 선언하면서 정세는 아연 긴장되었다.

정세가 긴장된 상황에서 북은 절박하게 민족대단결을 호소하였다. 1993년 4월 7일 최고인민회의 제9기 5차 회의에서 김일성 주석은 '조국통일을 위한 전민족대단결 10대 강령'을 천명하였다.

1. 전 민족의 대단결로 자주적이고 평화적이며 중립적인 통일국가를 창립하여야 한다.
2. 민족애와 민족자주 정신에 기초하여 단결하여야 한다.
3. 공존, 공영, 공리를 도모하고 조국통일 위업에 모든 것을 복종시키는 원칙에서 단결하여야 한다.
4. 동족 사이에 분열과 대결을 조장시키는 일체의 정쟁을 중지하고 단결하여야 한다.
5. 북침과 남침, 승공과 적화의 위구를 다 같이 가시고 서로 신뢰하고 단합하여야 한다.
6. 민주주의를 귀중히 여기며 주의주장이 다르다고 하여 배척하지 말고 조국통일의 길에서 함께 손잡고 나가야 한다.
7. 개인과 단체가 소유한 물질적·정신적 재부를 보호하여야 하며 그것을 민족대단결을 도모하는 데 이롭게 이용하는 것을 장려하여야 한다.
8. 접촉, 내왕, 대화를 통하여 전 민족이 서로 이해하고 신뢰하며 단합하여야 한다.
9. 조국통일을 위한 길에서 북과 남, 해외의 전 민족이 서로 연대성을 강화하여야 한다.
10. 민족대단결과 조국통일 위업에 공헌한 사람들을 높이 평가하여야 한다.

전민족대단결 10대 강령은 민족의 단합된 힘으로 평화체제를 구축하고 조국통일을 실현하는 것에 그 목적을 두고 있었다. 10대 강령은 김영삼 정권이 민족공조의 길로 들어서기를 바라는 이북의 기대 또한 반영된 것이다.

그러나 김영삼 정권의 대북정책은 얼마가지 않아 그 본모습을 드러냈다. 1993년 5월 25일 "통일 문제 해결을 위하여 쌍방 정상들이 만나는 문제와 북남 사이의 현안 문제들을 타결"하기 위한 통일 부총리급 특사교환 제의를 김영삼 정권은 간단하게 거부했다. 이리하여 집권 5년 내내 김영삼 정권은 무원칙한 갈지자 행보로 남북관계에 장애를 조성하고 북미관계를 교란하였다.

잠정협정과 새로운 평화체제

1990년대 불리한 정세 속에서도 북은 정전협정을 평화협정으로 대체하기 위한 일련의 제안들을 내놓는다. 북의 이 같은 공세에는 미국이 제공한 계기가 발단이 되었다. 1991년 미국은 정전위원회 유엔군 수석대표를 한국군 장성 황원탁으로 교체하였다. 미국의 이 같은 조처는 명백한 정전협정 위반이었다.

북은 1994년 4월 28일 외교부 성명에서 "오늘 조선 반도에서 핵 문제를 비롯한 일련의 복잡하고 첨예한 문제가 제기되는 것은 정전협정의 실제 당사자들인 우리와 미국을 적대 쌍방으로 규정하고 있는 정전체제" 때문이라며 "현 정전기구를 대신하는 평화보장체계"를 수립할 것을 제안했다.

그리고 북은 정전체제를 해체하기 위한 실력 행사에 들어갔다. 먼저 북은 군사정전위 북측 대표부를 철수하고 조선인민군 판문점 대표부를 설치했다. 또한 북은 군사정전위원회 중국 대표부(1994년 9월 1일)와 중립국감독위원회의 공산측 국가인 체코(1993년 4월)와 폴란드(1995년 2월) 대표부를 철수시켰다. 이리하여 정전협정의 집행감독기관인 군사정전위원회와 중립국감독위원회의 기능은 정지되었다.

북은 1996년 2월 22일 "미국의 대조선정책과 현 조미관계의 수준을 고려하여 우리는 조선반도에서 무장충돌과 전쟁을 막기 위한 최소한의 제도적 장치라도 시급히 마련"하기 위해 평화협정의 선행단계로 잠정협정을 체결하자고 주장한다. 이때 북이 제안한 내용은 '조미간의 잠정협정 체결' '잠정협정을 이행 감독할 조미군사공동위원회 설치' 그리고 '잠정협정을 위한 해당급 정치협상'이었다.

정전협정을 평화협정으로 전환하려는 북의 조처는 집요하고도 공세적이었다. 1996년 4월 4일 조선인민군은 담화를 통해 "정전협정에 규정된 군사분계선과 비무장지대의 유지 및 관리와 관련된 임무를 포기"한다고 밝혔다. 그리고 다음날 "식별 표지를 착용하지 않은" 무장병력을 비무장지대에 투입하였다. 이같은 조처는 일촉즉발의 전운이 감돌게 하는 공세적인 군사행동이었다. 그럼에도 북의 제안과 실력 행사는 소기의 목적을 달성하는 데 실패했다. 당시 북이 처한 상황은 미국에게 평화협정 체결을 강제하기에는 아무래도 역부족이었다.

　1990년대 후반 평화체제 구축은 미국과 이남 정부가 제안한 4자회담 테이블로 옮겨졌다. 그러나 4자회담에서 미국은 평화협정 체결 요구를 끝내 외면했고, 그 결과 4자회담은 생산적인 논의 테이블의 역할을 하지 못했다. 4자회담은 1997년 12월 1차 회담을 시작으로 1999년 8월 6차 회담까지 공회전의 연속이었다. 마지막 회담이 된 6차 회담에서 북은 조미평화협정 체결과 주한미군 철수를 주장하면서 이에 대해 논의하지 않는다면 회담에 참가하지 않겠다고 선언했다. 그리고 그것으로 4자회담은 역사의 뒤안길로 사라졌다.

　북이 1990년대 주장한 잠정협정은 느슨한 연방제안과 불가분의 관계에 있었다. 잠정협정과 느슨한 연방제안의 제기는 불리한 정세 속에서 평화체제를 구축하고 연방제를 실현하기 위한 북의 변화된 정책 구사였다.

12 선군정치와 6.15공동선언

19 94년 7월 8일 김일성 주석의 서거는 이북 인민들에게 엄청난 충격이었다. 김일성 주석이 급서하자 미국은 이북을 붕괴하기 위한 절호의 기회로 인식했다. 그 해 10월 제네바합의에도 불구하고 미국은 북을 붕괴시키기 위한 고립압박 정책에 강도를 더해 갔다.

고립압박과 자연재해, 그리고 식량난이 겹치면서 1990년대 중후반 북은 체제를 수호하고 경제난을 타결해야 하는 총체적인 위기로 내몰렸다. 이때를 북은 그 모든 연대들 가운데서 가장 잊을 수 없는 '고난의 행군' 시기로 규정한다. 이북 인민들에게 고난의 행군은 "사면팔방에서 달려드는 제국주의 떼무리들과 단독으로 맞서 사회주의 보루를 수호해야 하는 고군분투에 그 전날에는 상상도 못했던 식량난과 몇 해째 계속되는 자연재해"가 삼각파도처럼 덮친 엄혹한 시기였다.

고난의 행군은 이북에게 체제와 존엄을 지키기 위해서는 자연재해와 경제적 고립, 그리고 미국과의 정치군사적 대결을 승리로 이끌어야 하는 절박한 과제를 던지고 있었다. 이 같은 총체적 난국을 극복하기 위해 북이 선택한 대책은 바로 선군정치였다. 선군정치는 1995년 1월 1일 김정일 국방위원장의 다박솔 초소 방문이 계기가 되었다고 한다. 선군정치는 고난의 행군을 극복하는 과정에서 제출된 이북 특유의 통치방식으로 군대를 혁명의 주력군으로 하는 정치다.

1990년대 중반 북에게는 미국의 군사적 위협을 억지할 수 있는 군사력이 절실했다. 김정일 국방위원장은 훗날 "군사를 홀시하고 군대를 강화하지 않았더라면 혁명과 건설은 고사하고 우리는 벌써 망한 지 오래였을 것"이라고 회고한 바 있다. 북은 선군정치를 통해 군대를 사회 발전의 강력한 동력으로 활용하고 군민일치를 실현하여 고난의 행군을 극복해내었다.

민족대단결 5대 방침

고난의 행군 속에서도 북은 일관되게 민족대단합에 기초한 연방제 통일과 평화체제 구축을 추진하였다. 북은 1997년 신년 공동사설에서 김일성 주석의 조국통일 유훈을 3대 헌장으로 정식화한다. 조국통일 3대 헌장이란 7.4공동성명에서 천명된 자주, 평화통일, 민족대단결의 통일 3원칙과 고려민주연방공화국 창립방안, 그리고 전민족대단결 10대 강령을 말한다.

조국통일 3대 헌장에 대해 김정일 국방위원장은 1997년 8월 4일 발표한 〈위대한 수령 김일성 동지의 조국통일 유훈을 철저히 관철하자〉라는 글에서 다음과 같이 강조한다.

"조국통일 3대 헌장은 통일을 염원하는 우리 민족 모두가 받들고 나가야 할 강령적 지침이다. 조국통일을 위한 투쟁에서 정세의 변화에 따라 구체적인 방법은 달라질 수 있어도 조국통일의 근본원칙과 입장에서는 변화가 있을 수 없다. 우리는 앞으로 정세가 어떻게 변하고 환경이 어떻게 달라지든 조국통일 3대 헌장에 기초하여 조국통일 위업을 실현하여야 한다."

이처럼 조국통일 3대 헌장은 김정일 국방위원장이 구사하는 통일정책의 기초였다. 김정일 국방위원장의 통일정책은 1998년 4월 18일 〈온 민족이 대단결하여 조국의 자주적 평화통일을 이룩하자〉라는 서한을 통해 그 윤곽을 드러내기 시작한다. '역사적인 남북조선 정당사회단체대표자연석회의의 50돌 기념 중앙연구토론회'에 보낸 이 서한에서 김정일 국방위원장은 '민족의 대단결을 위한 5대 방침'(민족대단결 5대 방침)을 천명하였다. 민족대단결 5대 방침은 '김정일 시대'의 통일정책이 어떻게 전개될 것인가를 예고해 준다.

1. 민족의 대단결은 철저히 민족자주의 원칙에 기초하여야 합니다.
2. 애국애족의 기치, 조국통일의 기치 밑에 온 민족이 단결하여야 합니다.
3. 우리 민족의 대단결을 이룩하자면 북과 남 사이의 관계를 개선하여야 합니다.
4. 우리 민족의 대단결을 위하여서는 외세의 지배와 간섭을 반대하고 외세와 결탁한 민족 반역자들, 반통일 세력을 반대하여 투쟁하여야 합니다.
5. 민족의 대단결을 이룩하기 위하여서는 북과 남, 해외의 온 민족이 서로 내왕하고 접촉하며 대화를 발전시키고 연대연합을 강화하여야 합니다.

민족대단결 5대 방침은 북이 고난의 행군에서 강행군으로 전환하는 시기에 발표되었다. 민족대단결 5대 방침에서 주목해야 할 부분은 3항과 5항이다. 3항에서 제기한 남북관계 개선이란 당국 사이의 관계 개선을 의미한다. 1994년 김영삼 정권의 조문 파동 이후 단절된 남북관계를 개선하는 것은 민족의 화해와 단합을 실현하는 데 무엇보다 중요했다. 따라서 5항에서 강조하고 있는 내왕과 접촉, 대화의 발전을 통한 연대연합의 강화는 3항에서 제시한 남북관계 개선에 기초한 것이다.

5대 방침 이후 북은 8.15를 기해 '민족의 화해와 단합, 통일을 위한 대축전'을 남측의 정당단체들에게 제안한다(1998년 6월 10일). 그리고 북은 대남통일 사업을 담당할 새로운 창구로 민족화해협의회(민화협)를 출범시켰다(1998년 6월 8일). 통일대축전의 제안과 민화협의 출범은 북이 그동안 범민족대회와 범민련으로 형성된 3자연대운동을 확대 다변화하겠다는 의도를 표현하고 있다. 그리고 그 연장선에서 그 해 11월 금강산을 남측 관광객에게 개방하였다. 금강산 관광을 시작으로 금단의 땅으로만 여겨졌던 북녘 땅에 남쪽 동포들이 자유로이 드나들 수 있는 시대가 개막된 것이다.

6.15공동선언과 낮은 단계 연방제안

김일성 주석이 급서하자 북은 1994년 7월 11일 김용순 최고인민회의 통일정책위원장 명의로 "우리 측의 유고로 예정된 북남최고위급회담을 연기하지 않을 수 없게 되었음을 위임에 의하여 통지한다"는 전화통지문을 남측에 보냈다.

이북에게 남북정상회담은 1994년 실현되지 못한 김일성 주석의 통일유업의 실현이었다. 앞서 살펴보았지만 북의 입장에서 남북정상회담의 합의는 김정일 총비서의 민족대단결 5대 방침에 따른 것이다. 이런 견지에서 김정일 총비서의 민족대단결 5대 방침은 남북관계의 획기적 비약을 예고하였다.

북은 민족대단결 5대 방침을 해설하면서 "남조선 당국자들이 정책 전환을 하여 반북대결정책을 연북화해정책으로 바꾼다면 북남관계가 신뢰와 화해의 관계로 발전하게 될 것이며 민족적 단합과 조국통일을 실현하는 데서 새로운 국면이 열리게 될 것"

이라고 강조하였다.

북은 이 같은 연남화해정책의 일환으로 정상회담에 응하였다. 그리하여 분단 55년의 역사를 뛰어넘어 2000년 6월 13일부터 15일까지 평양에서 남북정상회담이 개최되었다. 남북 정상은 2박 3일 동안 공식·비공식 대화를 통해 마침내 6.15공동선언에 합의하였다.

1. 남과 북은 나라의 통일 문제를 그 주인인 우리 민족끼리 서로 힘을 합쳐 자주적으로 해결해 나가기로 하였다.
2. 남과 북은 나라의 통일을 위한 남측의 연합제안과 북측의 낮은 단계의 연방제안이 서로 공통점이 있다고 인정하고 앞으로 이 방향에서 통일을 지향시켜 나가기로 하였다.
3. 남과 북은 올해 8.15에 즈음하여 흩어진 가족, 친척 방문단을 교환하며 비전향 장기수 문제를 해결하는 등 인도적 문제를 조속히 풀어나가기로 하였다.
4. 남과 북은 경제협력을 통하여 민족경제를 균형적으로 발전시키며 사회, 문화, 체육, 보건, 환경 등 제반 분야의 협력과 교류를 활성화하여 서로의 신뢰를 다져나가기로 하였다.
5. 남과 북은 이상과 같은 합의사항을 조속히 실천에 옮기기 위하여 빠른 시일 안에 당국 사이의 대화를 개최하기로 하였다.

북은 6.15공동선언에 대해 통일의 강령이며 이정표라고 규정한다. 북의 입장에서 6.15공동선언은 조국통일 3원칙과 전민족 대단결 10대 강령, 연방제 통일 방안의 정신이 관철되고 있는 조국통일 3대 헌장의 구현인 셈이다. 이 같은 견지에서 최고인민회의 양형섭 부위원장은 '6.15공동선언 발표 1주년 기념 평양시 보고대회'(2001년 6월 14일)에서 "역사적인 평양 상봉과 수뇌회담에서 탄생된 6.15공동선언은 경애하는 장군님의 민족자주통일의 웅지와 애국애족의 넓은 포용력과 높은 정치실력이 낳은 조국통일의 위대한 이정표"라고 강조한 바 있다.

정상회담과 6.15공동선언은 북이 추진하는 대남 사업의 변화를 내포하였다. 그동안 북의 주된 연대와 단합의 대상은 주로 남측의 민간단체와 개별인사들이었다. 이것의 원형은 1948년 개최된 남북연석회의다. 그러나 정상회담을 계기로 북은 당국 사이의 연대와 협력 사업에 비중을 높이고, 정당단체들과의 연대를 다변화하는 방향으로 사업하고 있다. 이는 제정당사회단체들의 단합을 통해 이남 정부 당국을 고립 포위하던 종래의 방식과는 다른 전술상의 변화다.

6.15공동선언의 의의는 무엇보다 남과 북의 정상이 만나 우리 민족끼리 자주적으로 통일하기로 합의하였다는 점에 있다. 또한 6.15공동선언의 의의는 "남측의 연합제안과 북측의 낮은 단계 연방제안이 서로 공통점"이 있다고 인정함으로써 쌍방 당국이 통일 방안에 대해 공통성을 인정하였다는 점이다. 6.15공동선언의 이 같은 의의는 그동안 이남은 이남대로, 이북은 이북대로 쌍방 당국이 전개해온 통일 방안이 하나의 공통성을 형성하였다는 점에서 괄목할 만하다.

조미공동코뮈니케와 불가침조약

1998년 하반기 미국은 북이 평양 서북방 금창리에 핵 시설을 건설하고 있다고 주장하면서 또 다시 긴장이 고조되었다. 금창리 문제가 쟁점으로 떠오르는 가운데 북은 1998년 8월 31일 인공위성을 발사하여 미국을 압박했다. 북의 공세에 대해 미국은 작전계획 '5027-98'[3]의 공개로 역공세를 펼쳤다. 이에 대한 북의 대응 또한 공세적이었다. 1998년 12월 조선인민군 대변인은 "인민 군대의 타격에는 한계가 없다"고 강경하게 맞섰다.

북미간의 긴박한 상황이 반전된 것은 1999년 5월 금창리 지하시설이 텅 빈 동굴로 확인되면서다. 금창리 문제의 타결과 함께 평양을 방문하고 돌아온 대북조정관 페리는 대북 협상에 착수할 것을 미국 정부에 제안했다. 이리하여 북미 양국은 관계 정상화를 위한 본격적인 협상에 착수했다. 미국은 대북조정관 페리에 상응하는 고위급인사의 방미를 이북에 요청했다. 그러나 북은 미국보다는 남측과의 정상회담에 공을 들였다.

그 뒤 북미고위급 대화는 2000년 하반기에 이루어졌다. 2000년 10월 조명록 차수가 미국을 방문하여 국무장관 올브라이트와 국방장관 코언과 회담하고 조미공동코뮈니케(북미공동코뮈니케)를 발표하면서 새로운 국면이 예고되는 듯했다(2000년 10월 12일).

"조선민주주의인민공화국과 미합중국은 역사적인 북남최고위급 상봉에 의하여 조선반도에 환경이 변화되었다는 것을 인정하면서 아시아태평양지역의 평화와 안전을 강화하는 데 이롭게 두 나라 사이의 쌍무관계를 근본적으로 개선하는 조치들을 취하기로 결정하였다.
이와 관련하여 쌍방은 조선반도에서 긴장 상태를 완화하고 1953년의 정전협정을 공고한 평화보장체계로 바꾸어 조선전쟁을 공식 종식시키는 데서 4자회담 등 여러 가지 방도들이 있다는 데 대하여 견해를 같이 하였다."

공동코뮈니케에서 북과 미국은 정전협정을 공고한 평화보장체계로 바꾸는 데 동의하고 쌍방의 자주권 존중과 내정불간섭, 경제협력과 교류 등을 약속했다. 그리고 미 국무장관 올브라이트가 평양을 방문하면서 클린턴 대통령의 방북이 거론되기 시작했다. 그러나 미국 대선에서 공화당 부시 후보가 당선되면서 북미관계는 또 다시 냉각되었다. 2001년 1월 출범한 부시 행정부는 클린턴 정부가 추진한 대북정책에 비판적이었다. 부시 행정부의 대북정책 기조는 조미제네바합의(북미제네바합의)와 조미공동코뮈니케를 파기하는 데 맞춰져 있었다.

부시 취임 이후 격화일로를 걷던 북미관계는 2002년 1월 부시가 북을 '악의 축'으로 규정하면서 파국으로 치달았다. 그리고 2002년 10월 대통령 특사 켈리는 평양을 방문하고 돌아와 북이 핵을 개발하고 있다고 밝히면서 제네바합의는 공식적으로 파기되었다. 미국의 파기 선언에 대해 북은 2002년 10월 25일 외무성 대변인 담화를 통해 북미불가침조약을 체결하자고 주장한다. 외무성 대변인은 미국의 '핵 선포기' 요구에 대해 "미국이 첫째로 우리의 자주권을 인정하고 둘째로 불가침을 확약하며 셋째로 우리의 경제 발전에 장애를 조성하지 않는 조건에서 이 문제를 협상을 통해 해결할 용의"가 있다고 밝혔다.

북의 불가침조약 제의는 종래의 평화협정과 잠정협정의 연속선상에 있었다. 그러나 불가침조약은 1996년 제의한 잠정협정에 비해 보다 적극성을 띠었다. 잠정협정이 무장충돌과 돌발사건 해결에 초점이 맞춰져 있었다면 불가침조약은 상대방에 대해 무력 공격을 하지 않는다는 것에 맞춰져 있기 때문이다.

불가침조약 제안과 함께 북의 대미 공세는 단계를 더하면서 수위를 높였다. 2003년 1월 10일 북은 NPT 탈퇴를 선언하고 핵시설의 봉인을 제거했다고 발표했다. 이 같은 고강도 대미압박 조치에 밀려 결국 미국은 대화의 테이블로 나오지 않을 수 없었다. 그리하여 2003년 4월 북, 미국, 중국간의 3자회담이 개최된데 이어 8월 27일 제1차 6자회담이 베이징에서 개최되었다.

이렇게 시작된 6자회담은 파행과 재개를 거듭했다. 2005년 2월 10일 북은 핵무장을 공공연하게 선언했고, 그 해 9월 속개된 4차 6자회담에서 공동성명(9.19성명)이 발표되었다. 그러나 9.19성명은 문제의 완결이 아니라 논의가 새롭게 시작됨을 의미하였다.

쉬어가는 페이지

북한이 지정한 '선군8경'

〈북한소식〉(《연합뉴스》, 2005년 6월 11일)

　평양방송은 22일 "선군시대에 군, 민이 8경을 새로 명명했다"며 '선군8경先軍八景'을 처음으로 소개했다. 북한이 지정한 선군팔경은 백두산 해돋이, 다박솔초소 설경, 철령 진달래, 장자산 불야성, 울림폭포 메아리, 한드레벌 지평선, 대홍단 감자꽃바다, 범안리 선경 등이다. 북한은 김일성 주석 사망(1994년 7월) 이듬해인 1995년 정초부터 '선군정치'가 시작됐다고 주장하고 있으며 21세기를 선군시대로 규정하고 있다. 선군8경은 김정일 국방위원장의 선군정치와 우상화 등과 연결된 것이 특징이다.

1 백두산 해돋이(백두일출)

　북한에서 민족의 성산聖山이자 항일무장혁명의 발원지, 김정일 혁명사적지로 추앙받고 있는 백두산과 이곳에서 태어났다는 김정일 국방위원장을 뜻하는 태양의 결합은 상징적 의미가 크다. 백두산 해돋이는 "백두산의 웅장함과 어울려 황홀하고도 신비한 노을빛으로 절경의 세계를 펼쳐놓는 장관"으로 불리며 각종 문학, 예술작품의 단골 소재로 등장한다.

2 다박솔초소 설경(송초설경)

선군정치는 1995년 새해 첫날 김정일 국방위원장이 김일성 주석의 시신이 안치된 금수산기념궁전에서 참배를 마치고 '다박솔초소'를 시찰하면서 시작됐다고 밝히고 있다. 북한의 언론은 "1995년 1월 1일 장군님(김 위원장)이 다박솔초소를 찾은 날은 이 땅 위에 선군정치의 첫 포성이 울린 역사의 날"이라고 선전하고 있다. 하지만 이 부대의 구체적인 위치와 부대 성격은 구체적으로 알려지지 않고 있으며 포병중대로만 알려졌다.

③ 철령 진달래(철령척촉)

철령鐵嶺은 강원도 고산군 구읍리와 회양군 금철리 경계에 있는 해발 677미터의 고개로, 김 위원장이 1996년 3월 이후 10여 차례 이 고개를 넘어 최전방을 시찰한 것을 계기로 '고난극복' '승리' 등을 뜻하는 상징으로 통한다. 북한 언론은 "김정일 국방위원장이 넘고 넘은 '철령의 눈보라길'과 '오성산의 칼벼랑'이 있어 조선반도의 평화가 보장됐다"는 식으로 보도하고 있다. 문학작품 소재로 자주 등장함은 물론이다.

④ 장자산 불야성(장자야경)

자강도 강계시 장자동에 위치한 장자산에는 장자산 혁명사적지가 조성돼 있다. 김 위원장이 1950년 10월 2~24일, 6.25전쟁 당시 이곳의 한 농가에 피신해 있었기 때문이다. 혁명사적지에는 김 위원장이 심었다는 두 그루의 잣나무를 비롯해 학습터, 노래보급터, 군사놀이터, 사격연습터 등이 있다.

5 울림폭포 메아리(울림폭향)

높이 75미터, 폭 20미터의 울림폭포는 강원도 법동군 룡포 혁명사적지 인근에 위치해 있으며 지난 2001년 8월 군인들에 의해 개발됐다. 북한은 폭포 주변에 주차장과 다리를 만들고 물웅덩이에는 칠색송어를 풀어 놓는 등 '문화휴식터'를 조성했다. 한편

폭포에서 200미터 정도 떨어진 곳에 위치한 '울림 제1샘물'과 '울림 제2샘물'은 칼슘과 마그네슘 함량이 적고 수소이온 농도가 높아 소화기계통 치료에 효능이 있는 것으로 알려졌다.

6 한드레벌 지평선(표야지평)

평안북도 태천군에 자리잡은 한드레벌은 북한의 대표적인 토지정리 사업장. 지난 2000년 완료된 경지정리 사업을 통해 1만 3130여 개의 뙈기밭이 3250여 개의 규격화된 포전圃田으로 변모했다. 김 위원장은 현지 시찰을 나온 자리에서 "남조선(남한) 사람들이 한드레벌에 와보면 깜짝 놀라며 대단히 부러워할 것"이라고 만족해하기도 했다.

7 대홍단 감자꽃바다(홍단저해)

량강도 대홍단군은 북한 최대의 감자 생산지다. 김 위원장이 1998년 10월 대홍단군을 방문, "감자는 고산지대의 흰쌀"이라며 감자 생산의 중요성을 역설한 이후 활발한 품종연구와 증산 정책이 진행되고 있다. 북한은 이곳에 감자연구소를 설립하는 한편 종합농장에 제대 군인과 과학자, 기술자를 파견해 감자 증산과 연구를 독려하고 있다.

8 범안리 선경(범안선경)

황해북도 서흥군 범안리에 위치한 범안협동농장은 현대화된

생산시설과 새로이 조성된 농촌마을로 유명한 곳이다. 이곳에는 '흐름식' 생산공정을 갖춘 범안양어장과 8번째 수력발전소인 범안발전소, '선군시대의 무릉도원'으로 불리는 문화주택 마을이 들어서 있다.

| 참 | 고 | 문 | 헌 |

김남식, 〈북한의 통일전략과 통일방안〉, 《사회와 사상》(1988년 9월호), 한길사.
──────, 〈북한의 NPT 탈퇴와 북미관계의 전망〉, 통일뉴스, 2003년 1월 16일.
──────, 《21세기 우리 민족 이야기》, 통일뉴스, 2004년.
노중선, 《민족과 통일》, 사계절, 1985년.
──────, 《남북한 통일정책과 통일운동 50년》, 사계절, 1996년.
민경우, 《민경우가 쓴 통일운동사》, 통일뉴스, 2006년 1월.
《민족21》, 2003년 3월호.
심지연, 《남북한 통일 방안의 전개와 수렴》, 돌베개, 2001년.
이종석, 《분단시대의 통일학》, 한울, 1998년.
이 한, 《북한의 통일정책변천사 상·하권》, 온누리, 1989년.
임영태, 《북한 50년사 1, 2》, 들녘, 1999년.
통일문제연구소 엮음, 《자료로 보는 분단과 통일의 역사》, 민족통일, 1990년.
한국역사연구회, 《한국현대사 1, 2, 3, 4》, 풀빛, 1991년.
한호석, 《평양회담과 연방제 통일의 길》, 민, 2000년.

| 주 | 석 |

2) 북은 조선노동당 창당일을 서북 5도대회가 개최된 1945년 10월 10일로 지정하고 이날을 기념하고 있다. 북조선분국이 결성된 배경에는 박헌영을 중심으로 하는 조선공산당 지도부의 노선과 통치방식의 차이가 작용하였다. 북조선분국은 결성된 이후 북조선공산당(1946년 4~8월)과 북조선노동당(1946년 8월~1949년 6월)을 거친 다음 남조선노동당을 흡수통합하여(1949년 6월 30일) 현재의 조선노동당이 탄생하였다.

3) 작전계획 5027은 미국이 1974년부터 작성해온 한반도의 전쟁수행 계획이다. 보통 2년 단위로 개정된다. 미군의 신속억제전력 배치(1단계), 이북 전략목표 파괴(2단계), 북진 및 대규모 상륙작전(3단계), 점령지 군사통제 확립(4단계), 이남 정부 주도의 한반도 통일(5단계)로 이루어진다. 5027은 애초 북의 남침에 대응한 방어전략에 초점이 맞춰졌으나 1998년 작성된 5027-98에는 북의 도발징후 포착 때 '선제타격전략'을 채택했다. 또한 2002년 작성한 5027-02에는 미국의 새 안보 독트린에 따라 한국과 상의 없이 북을 폭격할 수 있다는 내용이 포함된 것으로 알려진다.

■ 통일, 우리 민족의 마지막 블루오션

13 남북대화, 그 흐름과 접근방식의 차이
14 7.4공동성명-통일 3원칙을 정립하다
15 남북합의서-남북은 통일을 지향하는 관계
16 6.15공동선언, '우리 민족끼리 서로 힘을 합쳐'
17 남북체육회담과 체육교류의 성과-단일기, KOREA, 아리랑

제4장

남과 북의 통일 약속

7.4공동성명, 남북합의서
그리고 6.15공동선언

13 남북대화, 그 흐름과 접근방식의 차이

대한민국과 조선민주주의인민공화국이 수립된 이후 남북대화가 이루어지기까지는 긴 시간이 필요했다. 1971년 8월 20일 판문점에서 남북적십자 파견원의 접촉이 있기까지 남북 사이의 공식적이고 공개적인 대화는 단절되어 있었다. 말 그대로 1950~1960년대 남북관계란 대화 없는 극심한 대결, 그 자체였다.

굳이 이 시기 대화의 사례를 찾는다면 1954년 제네바정치회담과 1963년 남북 체육관계자들의 세 차례의 접촉 정도다. 이미 살펴보았듯이 제네바정치회담은 한국전쟁 참전국들간의 정치회담으로 남북대화의 범주에 포함하기 어렵다. 도쿄 올림픽을 앞두고 성사된 남북 체육관계자들의 접촉도 스위스 로잔과 홍콩에서 세 차례의 만남을 가졌지만 본격적인 대화국면을 열지는 못했다. 그러므로 진정한 의미에서 남북대화의 시작은 7.4공동성명이 발표된 1970년대 초반부터다. 1971년 8월 12일 대한적십자사 총재가 조선적십자사 총재에게 회담을 제의하면서 시작된 대화국면은 1973년 8월까지 지속되었다.

1970년대 중후반 중단되었던 남북대화는 1980년 들어 잠시 재개의 조짐을 보였다. 1980년 1월 12일 북의 정무원 총리 이종옥은 남의 국무총리 신현확에게 고위당국자회담을 갖자고 제안하였다. 그러나 그 해 찾아온 민주화의 봄은 너무 짧았고 남북 사이의 대화 제안은 봄날의 신기루처럼 스러졌다.

1980년대 전두환 정권 시기 남북대화는 안기부장 장세동과 조평통 위원장 허담이 서울과 평양을 비밀리에 방문하면서 이루어졌다. 당시 전두환 대통령은 정상회담에 상당한 의욕을 보였다. 그러나 1980년대 중반의 정세는 엄혹했고 광주학살로 집권한 전두환 정권의 결여된 정당성은 정상회담을 추진하는 데 결정적인 장애요소였다.

이렇게 무산된 대화국면은 1990년 남북고위급회담을 통해 재개되었다. 1987년 1월 북측은 부총리를 단장으로 하는 '북남고위급정치군사회담'을 제의하였다. 그리고 1988년 11월 북은 '조선의 자주적 평화통일을 촉진하기 위한 포괄적인 평화 방안'을 논의하기 위한 '북남고위급정치군사회담'을 재차 제의하였다. 이에 남측은 남북고위당국자간 회담을 개최하자고 수정 제의했고 1990년 7월 26일 마침내 남북고위급회담이 합의되었다.

남북고위급회담은 1990년 9월 5일 서울에서 1차 회담이 개막된 것을 시작으로 하여 1992년 9월 평양에서 개최된 8차 회담까지 만 2년 동안 지속되었다. 남북은 5차 회담(1991년 12월 13일)에서 '남북 사이의 화해와 불가침 및 교류협력에 관한 합의서(남북합의서)'를 발표하는 개가를 올렸다. 그러나 1993년 팀스피리트 훈련이 재개되면서 남북고위급회담은 8차 회담을 마지막으로 역사 속으로 사라졌다.

　고위급회담이 중단된 후 북은 1993년 5월 특사 방문을 제의한다. 이러한 대화 제의는 1994년 남북정상회담의 합의로 이어졌다. 1994년 6월 28일 판문점에서 열린 '남북정상회담을 위한 부총리급 예비 접촉'에서 그 해 7월 25일부터 27일까지 남북정상회담을 평양에서 개최하기로 합의했다. 그러나 7월 8일 김일성 주석이 서거하면서 정상회담은 무산되고 만다. 당시 북측은 "우리측의 유고로 최고위급회담을 연기할 수밖에 없다"는 김용순 최고인민회의 통일정책위원장 명의의 전화통지문을 보냈다.

　이렇게 무산된 정상회담이 다시 합의된 것은 2000년의 일이다. 남과 북은 1999년 하반기부터 정상회담을 위한 비밀 접촉을 시작했다. 그 결과로 2000년 4월 8일 '남북정상회담을 위한 특사 접촉 합의서'에 서명하고 이틀 뒤인 4월 10일 오전 10시 서울과 평양에서 이를 동시에 발표하였다. 그리고 2000년 6월 13일부터 15일까지 평양에서 역사적인 정상회담이 개최되어 6.15공동선언이 발표된 것이다.

대화에 임하는 남과 북의 차이

그동안 전개된 대화의 과정을 추적해보면 대화에 임하는 남과 북의 태도가 확연하게 다름을 알 수 있다. 1970년대 초반 대화의 테이블에서 남측 당국은 경제문화 교류를 중심으로 하는 기능주의적인 접근론을 내세웠다. 반면 이북은 정치군사 문제 해결을 우선시하는 접근방식이었다.

이러한 차이는 7.4공동성명을 바라보는 시각에도 그대로 투영되어 나타난다. 7.4공동성명에 대해 북은 "조국의 자주적 평화통일을 실현하기 위한 투쟁에서 우리 민족 앞에 밝은 서광이 비치게 되었다"고 적극 반겼다. 반면 남측의 태도는 달랐다. 공동성명 발표 다음날인 7월 5일 국무총리 김종필은 국회 보고에서 "남북대화에 대한 환상은 금물이다. 유엔은 외세가 아니다. 반공법, 국가보안법은 현존하는 그대로 가벌성이 있는 행위에 대해서는 적용할 것이다. 이북을 인정하는 것은 아니다"라고 말했다. 이 같은 발언은 7.4공동성명의 합의 정신을 원천적으로 부정하는 것이었다.

남과 북의 시각차는 남북합의서가 채택되는 과정에서도 재연되었다. 남북고위급회담에서 북은 정치군사 문제 해결에 중심을 둔 반면 남은 비정치 분야에서 신뢰관계 구축을 강조했다.

정치군사 문제를 중심으로 하는 북의 접근법과 경제협력과 문화교류를 앞세우는 남의 접근법은 6.15공동선언이 탄생하는 과정에서도 반복되었다. 정상회담에서 김대중 대통령은 경제 분야의 교류협력과 이산가족 상봉, 문화교류 등 교류협력 사업에 관심을 표하였다. 반면 김정일 국방위원장의 주된 관심사는 통일의 근본 문제와 통일 방안에 맞춰져 있었다.

대화에 임하는 남과 북의 이 같은 차이는 통일에 대한 근본적인 시각의 차이 때문이다. 북의 통일정책 기조는 '하나의 조선' 원칙에 입각하여 정치군사 문제를 우선으로 해결하는 것이다. 반면 남의 통일정책은 교류협력 사업을 통한 신뢰관계 구축에 우선순위를 두고 있다.

남과 북의 관점 차이는 협상 태도와 방식의 차이로 이어진다. 남북대화에서 남측은 협상의 전제나 원칙보다는 구체적인 성과와 공개적이고 점진적인 방식을 선호한다. 반면 북측은 근본원칙에 입각한 정치군사 문제를 중시하고 전격적인 정치협상 방식에 능란하다.

그럼에도 남과 북이 합의에 이르는 과정은 쟁점에 대해 일괄 타결하는 방식이었다. 그동안 발표된 남북 사이의 합의문을 보면 북측이 주장한 기본원칙에 관한 내용은 1항과 2항에 관철되었고 남측의 주장은 나머지 항목으로 수용되는 모습이었다.

14 7.4공동성명 – 통일 3원칙을 정립하다

19 71년 8월 12일 대한적십자사 총재 최두선은 북측의 조선적십자사 총재에게 적십자회담을 제의한다. 이렇게 시작된 대화국면은 1973년 8월 28일 북측이 대화 중단을 선언하기까지 만 2년에 걸쳐 지속되었다. 이 기간 남과 북은 밀사의 상호 방문, 남북적십자회담, 남북조절위원회 등 여러 갈래의 회담을 개최하였다.

당시 남북은 1971년 11월 20일부터 다음해 7월 1일까지 무려 24차례에 이르는 실무자간 비밀 접촉을 가졌다. 실무 접촉과 함께 남측의 이후락 중앙정보부장과 북측의 박성철 부수상이 평양과 서울을 비밀리에 방문하였다. 그리고 그 결과로 1972년 7월 4일 오전 10시 서울과 평양에서 남북공동성명이 발표되었다.

공동성명 발표 이후 남북은 1972년 7월 16일부터 10월 6일까지 네 차례의 실무 접촉을 갖고 남북공동위원장회의 개최를 합의하였다. 그리고 그 해 10월과 11월 세 차례에 걸친 남북공동위원장회의에서는 남북조절위원회 구성에 합의한다.

간사회의와 5개 분과위원회, 공동사무국으로 구성된 남북조절위원회는 1차 회의(1972년 11월 30일~12월 1일, 서울), 2차 회의(1973년 3월 14~15일, 평양), 3차 회의(1973년 6월 12일~13일, 서울)를 개최하였다. 남북조절위원회가 열리는 가운데 박정희 정권은 10월 유신(1972년 10월 17일)을 선포하여 지배체제를 강화하는 데 남북 문제를 악용했다. 그리고 1973년 8월에는 김대중 납치사건을 일으켰다. 이리하여 1970년대 초반의 대화국면은 경색되어 갔고 북측이 김대중 납치사건을 이유로 대화 중단을 선언하면서 대화 없는 대결국면이 재개되었다.

7.4공동성명, 어떤 의미로 살아있나

1970년대 초반의 대화국면은 남북대화의 시작이라는 점에서 그 1차적인 의미가 있다. 7.4공동성명으로 상징되는 이 시기의 남북대화는 전쟁과 대결로 얼룩졌던 1950~1960년대를 뒤로 하고 대화의 물꼬를 텄다는 점에서 분단과 통일의 역사에 하나의 분수령을 이룬다. 그러나 7.4공동성명이 갖는 가장 커다란 의미는 남과 북이 자주, 평화통일, 민족대단결의 조국통일 3대 원칙에 합의하였다는 점에 있다.

> 쌍방은 다음과 같은 조국통일 원칙들에 합의를 보았다.
> 첫째, 통일은 외세에 의존하거나 외세의 간섭을 받음이 없이 자주적으로 해결하여야 한다.
> 둘째, 통일은 서로 상대방을 반대하는 무력행사에 의거하지 않고 평화적 방법으로 실현해야 한다.
> 셋째, 사상과 이념, 제도의 차이를 초월하여 우선 하나의 민족으로서 민족적 대단결을 도모하여야 한다.

7.4공동성명은 조국통일 3대 원칙을 통해 남과 북은 외세의 간섭을 배격하고 우리 민족의 힘으로 통일해야 함을 전 민족에게 각인시켰고, 지난날 전쟁과 대결의 역사를 벗어나 평화통일의 역사를 열어야 함을 우리 민족에게 제기하였다.

7.4공동성명이 던진 이러한 의미와 과제는 이후 통일운동이 성장하고 발전하는 동력이 되었다. 1970년대 촉발된 통일 논의와 1980년대 민중주체의 통일운동, 그리고 1990년대 3자연대운동을 거쳐 6.15공동선언에 이르기까지 그 밑바탕에는 언제나 7.4공동성명이 자리 잡고 있었다.

'조국통일 3대 원칙'이란 무엇인가

7.4공동성명이 발표된 때부터 오늘에 이르기까지 조국통일

3대 원칙에 대한 우리 사회의 논란은 불식되지 않고 있다. 그럼에도 남북 사이에 채택된 합의문에는 조국통일 3대 원칙이 매번 재확인된다.

1991년 채택된 남북합의서 전문에는 "7.4남북공동성명에서 천명된 조국통일 3대 원칙을 재확인"하면서 세부내용에 합의하고 있다. 정상회담을 약속한 '남북정상회담을 위한 특사 접촉 합의서'에도 "역사적인 7.4남북공동성명에서 천명된 조국통일 3대 원칙을 재확인"하는 것을 전제하고 있다. 6.15공동선언 또한 제1항에서 "통일 문제를 그 주인인 우리 민족끼리 서로 힘을 합쳐 자주적으로 해결"한다고 명시하여 조국통일 3대 원칙과 무관하지 않다는 것을 보여준다.

이처럼 남과 북이 채택한 합의문에는 조국통일 3대 원칙이 어김없이 등장한다. 그럼에도 남측 당국은 조국통일 3대 원칙을 의도적으로 왜곡하고 심지어는 부인하기까지 한다. 이런 현실에서 조국통일 3대 원칙을 올바르게 이해하는 것은 통일을 실현해나가는 첫걸음이 될 것이다.

자주의 원칙

7.4공동성명에서 남과 북은 "통일은 외세에 의존하거나 외세의 간섭을 받음이 없이 자주적으로 해결하여야 한다"고 합의하였다. 북은 자주의 원칙을 반외세 자주화라는 적극적인 개념으로 해석한다. 반면 남은 자주의 원칙을 민족자결에 기초한 남북 당사자 간의 자주라는 소극적 개념으로 인식한다. 남측 당국의

이 같은 인식은 1992년 7차 남북고위급회담에서 밝힌 정원식 총리의 기조발언과 6.15공동선언 발표 직후 박준영 공보수석의 발언이 대표적으로 보여준다.

> "자주의 원칙은 남북간에 존재하는 모든 민족 문제를 민족자결 정신에 따라 당사자인 남북간에 직접 해결하자는 것으로서, 이 원칙에 충실하기 위해서는 상호 법질서를 존중하는 데서부터 출발해야 한다."
>
> 7차 남북고위급회담(1992년 5월 서울)에서
> 남측 정원식 총리의 기조발언 중

> "남북 문제는 당사자가 해결하는 것이 바람직하다는 입장을 발표한 것이다. 용어에 차이가 있지만 결국은 같은 얘기다."
>
> 6.15공동선언 1항에 대한 박준영 청와대 공보수석의 설명 중

과연 자주의 원칙은 남북 당사자간의 해결을 의미하는 민족자결과 같은 의미인가. 사전적 의미에서 민족자주란 외세에 의존하거나 간섭 없이 우리 민족이 스스로의 힘으로 통일하는 것을 말한다. 따라서 남측 당국의 "남북 문제는 당사자가 해결한다"는 식의 해석은 자주의 원칙을 훼손하고 있다.

자주가 제1의 통일원칙인 것은 우리 민족의 분단이 미국을 비롯한 외세에 의해 조장되었기 때문이다. 해방 후 미국은 38선 이남을 대소 봉쇄를 위한 전진기지로 활용하기 위해 한반도를 인위적으로 분단시켰다. 그리고 오늘에 이르기까지 미국은 우리 민족의 분단을 고착시키는 데 결정적인 역할을 하고 있다.

이 때문에 통일은 '외세에 의존하거나 간섭 없이' 우리 민족끼리 자주적으로 실현해야 하는 문제다. 만약 통일이 우리 민족의 자주적인 힘으로 성취되지 못한다면 그것은 또 다른 예속을 불러올 수밖에 없다.

그런 의미에서 민족자주는 통일의 원칙인 동시에 본질이기도 하다. 왜냐하면 민족이 자주적으로 통일하는 것은 우리 민족이 정치, 경제, 군사, 문화 등 사회 전반 분야에서 자주권을 확립하는 것을 의미하기 때문이다.

평화통일의 원칙

통일원칙으로서 평화에 대한 남북간의 시각 차이는 결코 적지 않다. 평화통일 원칙에 대해 남측은 '평화'로, 북측은 '평화통일'로 명명하고 있다. 남과 북의 이 같은 용어 차이는 '분단과 평화' '평화와 통일'의 상관관계에 대한 인식 차이에서 비롯된다.

예컨대 지난 2000년 남북정상회담에 임하는 김대중 대통령의 기본 입장은 평화 정착에 있었다. 평양으로 출발하기 직전 김대중 대통령은 "전 국민과 세계가 평화협력의 성과를 기대하고 있다"고 발언하여 통일보다는 평화 정착에 우선하고 있음을 밝힌 바 있다.

남측 당국의 이 같은 인식은 미국이 추구하고 있는 투 코리아 정책과 무관하지 않다. 전통적으로 남측 당국은 미국의 투 코리아 정책에 입각하여 통일보다는 평화 정착에 우선순위를 두었다. 2000년 3월 발간된 《통일백서》에서 통일부는 "한반도에서 가장 시급하고 중요한 과제는 무엇보다도 평화를 유지하는 것"이라고 밝히고 있다. 이처럼 남측 당국이 말하는 평화는 통일 실현보다는 분단 상태에서 평화 정착에 무게중심을 두고 있다. 논자들은 남측 당국의 이 같은 정책을 두고 '분단의 평화적 관리'라고 부른다.

반면 북이 말하는 평화의 개념은 통일과 밀접하게 연관되어 있다. 북에게서 평화란 통일과 연관되어 있는 하나의 과정일 뿐이다. 이 때문에 북은 통일원칙으로 '평화'를 쓰지 않고 '평화통일'을 사용한다.

우리 민족의 통일은 전쟁이나 무력에 의해서가 아니라 평화적으로 이루어져야 한다. 한반도에서 전쟁은 어느 일방이 이기고 지는 문제가 아니라 우리 민족의 공멸을 의미한다. 전 국토가 초토화되고 민족이 공멸한 상태에서 평화나 통일은 있을 수 없다. 이 때문에 평화통일의 원칙은 동족 사이의 유혈을 피하고 조국 강토를 온전히 보존한 상태에서 통일하려는 민족애의 반영이다.

우리 민족이 평화적으로 통일하려면 남과 북은 서로의 제도를 강요하지 말아야 한다. 분단 60년이 넘는 기간을 서로 다른 제도와 체제 속에서 살아온 현실을 감안하지 않고 서로의 체제를 강요할 경우 그것은 반드시 대결을 동반할 수밖에 없다. 따라서 통일은 평화적인 방법으로 이루어져야 하며 평화적인 통일은 평화체제의 구축을 통해 실현된다.

민족대단결의 원칙

통일원칙에 대한 남과 북의 견해 차이는 민족대단결 원칙에 대한 해석을 두고 극명하게 엇갈린다. 남측 당국은 민족대단결의 원칙 그 자체를 부인하는 대신 민주를 통일원칙으로 내세운다. 정원식 총리의 다음과 같은 발언은 남측 당국이 민족대단결의 원칙을 어떻게 해석하고 있는지 잘 보여준다.

> "민족대단결의 원칙은 민족적 화해를 바탕으로 단합을 이룩해야 한다는 것으로서 남에서나 북에서나 민족 구성원 개개인의 창의가 존중되고 복수 의견이 허용되는 가운데 기본 인권과 자유가 보장되어야만 이루어질 수 있다는 것이다."
>
> 7차 남북고위급회담(1992년 5월 서울)에서
> 남측 정원식 총리 기조발언 중

정원식 총리의 발언에서 알 수 있듯이 남측이 주장하는 민주의 원칙이란 북에 대한 흡수통일을 그 기조로 한다. 따지고 보면 남측 당국이 주장하는 민주의 원칙이란 미국이 거론하는 이른바 북한인권 문제와 상통하는 개념이다. 북의 입장에서 보면 민주의 원칙은 수용할 수 없는 적대적인 개념이다. 남측 당국이 말하는 민주란 7.4공동성명에서 밝힌 "사상과 이념 제도의 차이를 초월하여" 단결한다는 정신과는 완전히 상반되는 개념이다.

우리 민족이 통일하기 위해서는 서로의 차이점을 문제 삼을 것이 아니라 그것을 뛰어 넘어 공존과 공영을 도모해야 한다. 또한 우리 민족이 통일하기 위해서는 특정 계급계층만이 아니라 민족 전체의 이익을 도모하는 관점을 가져야 한다. 이런 이유에서 일찍이 김구 선생은 민족적 단결을 다음과 같이 강조한 바 있다.

"삼천만 자매 형제여!
한국(조선-인용자)이 있고야 한국 사람이 있고, 한국 사람이 있고야 민주주의도 공산주의도 또 무슨 단체도 있을 수 있는 것이다. 그러면 우리가 자주독립적 통일정부를 수립하려는 이때에 있어서 어찌 개인이나 자기의 집단의 사리사욕에 탐하여 국가 민족의 백년대계를 그르칠 자가 있으랴?"
〈삼천만 동포에게 읍고함〉 중

민족대단결을 실현하기 위해서는 남북을 아우르는 전국적인 관점을 갖고 민족 내부에 자리잡고 있는 적대와 대결 의식을 버려야 한다. 또한 민족의 대단결을 실현하려면 분열을 조장하는 국가보안법을 비롯한 제반의 반통일 악법을 폐지하고 온 겨레가 통일의 대열로 나서게 해야 한다.

15 남북합의서 - 남북은 통일을 지향하는 관계

남북합의서는 서울에서 열린 제5차 남북고위급회담에서 채택된 뒤(1991년 12월 13일), 평양에서 개최된 6차 고위급 회담을 통해 발효되었다(1992년 2월 19일). 남북합의서는 1990년 9월 남북고위급회담이 개막된 이래 1년 3개월이라는 결코 짧지 않은 논의의 결과물이다. 그 뿐 아니라 남북합의서는 7.4공동성명으로부터 20년 만의 일이며, 고위급회담을 위해 남북이 예비 접촉을 시작한 지 3년 만의 일이요, 1991년 9월 남북이 유엔에 동시 가입한 지 3개월 뒤에 이루어진 합의다.

남북합의서는 총 4장 25조로 이루어진 기본합의서와 그 부속합의서로 구성된다. 기본합의서의 정식명칭은 〈남북 사이의 화해와 불가침 및 교류협력에 관한 합의서〉다. 남북은 기본합의서의 이행을 위해 〈제1장 남북 화해의 이행과 준수를 위한 부속합의서〉〈제2장 남북 불가침의 이행과 준수를 위한 부속합의서〉〈제3장 남북교류·협력의 이행과 준수를 위한 부속합의서〉를 채택했다.

그리고 남북합의서의 이행과 실천을 위한 남북화해공동위원회, 남북군사공동위원회, 남북교류협력공동위원회의 구성과 운영을 위한 각각의 합의서와 남북연락사무소의 설치 운영에 관한 합의서를 채택했다. 이것 말고도 남북고위급회담에서는 〈한반도의 비핵화에 관한 공동선언〉과 이를 위한 〈남북핵통제공동위원회 구성 운영에 관한 합의서〉를 별도의 형식으로 채택하였다.[4]

남북기본합의서는 7.4공동성명이 천명한 조국통일 3대 원칙을 재확인하는 것에서 출발한다. 남과 북은 제1장 남북 화해에서 상호 체제 인정과 내정 불간섭, 정전상태를 평화상태로 전환하기 위한 노력을 약속하고 있다. 제2장 남북불가침에서는 남북 상호불가침을 명시하고 남북군사공동위원회의 구성과 운영에 관한 조항들을 명시하고 있다. 제3장 남북교류·협력에서는 남북교류가 민족 내부교류라는 것과 함께 이산가족 상봉, 철도와 도로의 연결, 자유왕래와 접촉 등을 합의하고 있다. 마지막 제4장 수정 및 발효에서는 남북기본합의서의 발효에 필요한 절차와 그 효력을 명시하고 있다.

남북합의서, 왜 이행되지 못했나

　남북합의서의 탄생은 매우 어려운 산고를 거쳐야 했다. 그 이유는 앞에서도 언급했듯이 통일 문제에 접근하는 남과 북의 태도가 근본적으로 달랐기 때문이다. 남북고위급회담에서 남측은 정치군사 문제를 배제하고 경제문화 교류를 앞세운 반면에 북측은 정치군사 문제의 우선 해결을 강조하였다. 교류협력 사업의 경우 남측은 정부 당국만의 창구단일화 논리를 내세웠고 북측은 전면개방과 자유왕래를 주장했다.

　회담에서 이북이 주장한 주요 내용은 국가보안법 철폐, 주한미군 철수, 조미평화협정 체결과 남북불가침선언, 팀스피리트 훈련 중단, 한반도 비핵지대화, 남북정치협상을 통한 통일 방안 합의 등이다. 이에 반해 이남이 주장한 주요 내용은 이산가족 상봉, 경제 분야와 체육문화 분야의 교류협력 등 주로 비정치 분야에 관한 것이었다.

　남북의 이 같은 차이는 회담이 진행되면서 국가보안법 철폐와 주한미군 철수(평화협정 체결), 상호 적대행위 중단(불가침선언 채택) 등의 문제로 압축되었다. 그리고 이러한 쟁점에 대해 남과 북은 완전한 해결책을 마련하지 못한 채 합의서에 서명하였다.

국가보안법과 충돌

　이른바 '법 위의 법률'인 국가보안법 앞에서 남북합의서는 무기력했다. 남북합의서는 회담 과정에서 형성된 주요 쟁점에 대해 구체적이고 명확한 타결책을 제시하지 못함으로써 그 이행에 검은 그림자가 드리워졌다.

당시 형성된 쟁점 가운데 국가보안법을 비롯한 법적인 문제는 제1장 남북 화해의 이행과 준수를 위한 부속합의서 제4조에서 "남북 사이의 화해와 불가침 및 교류협력에 관한 합의서에 저촉되는 법률적·제도적 장치의 개정 또는 폐기 문제를 법률실무협의회에서 협의 해결한다"고만 규정하여 후속 논의 과제로 남겨놓았다. 이리하여 이북을 반국가단체로 규정한 국가보안법의 질서가 그대로 유지되었고, 이로써 남북합의서는 유린될 수밖에 없었다.

당시 북은 남북합의서에 대해 '평화통일 촉진 강령'으로 평가하고 1992년 4월 개최된 최고인민회의에서 이를 인준하여 법적 효력을 부여하였다. 반면 노태우 정권은 남북합의서를 신사협정쯤으로 치부하였다. 노태우 정권은 남북합의서에 구애받지 않고 북방정책5)을 적극적으로 추진하여 북에 대한 압박의 수위를 높였다. 노태우 정권은 소련을 비롯한 사회주의권 국가들과 국교 수립을 꾀하면서 유엔 단독가입에 심혈을 기울였다.

이 시기 노태우 정권에 의해 입법된 남북교류협력법에는 남북간의 교류를 '민족 내부의 거래'로 규정하는 유화적인 모습을 보이기도 한다. 그러나 이는 남북합의서의 기본정신의 반영이라기 보다는 북을 개혁개방으로 유도하여 흡수통일하겠다는 북방정책의 기조가 투영된 것이다.

참고로 남북합의서 전문에 명시된 "남북관계가 나라와 나라 사이의 관계가 아닌 통일을 지향하는 과정에서 잠정적으로 형성되는 특수한 관계"라는 규정이 반영된 것은 2005년 12월 8일에 제정된 〈남북관계 발전에 관한 법률〉에서다. 남북관계 발전에 관한 법률 제3조에는 남북관계를 "통일을 지향하는 과정에서 잠정적으로 형성되는 특수관계"라고 명시하고 있다.

만약 남북합의서가 국회 비준을 통해 법적 지위를 부여받게 될 경우 국가보안법에 의해 유지되어온 분단체제의 균열은 불을 보듯 뻔했다. 남북합의서가 법적 지위를 획득하게 될 경우 이에 배치되는 국가보안법은 신법우선 원칙에 따라 자동으로 폐기되어야만 한다. 이 때문에 노태우 정권은 남북합의서의 국회 비준을 회피하지 않을 수 없었다. 노태우 정권의 이 같은 속내는 1992년 4월 '국가보안법 철폐를 위한 범국민투쟁본부'가 법무부 앞으로 보낸 질의서의 답변에서도 잘 드러난다.

"남북기본합의서는 헌법 제60조 제1항 소정의 조약이 아니라 남북 사이에 성의 있는 이행을 약속하고 있는 일종의 공동성명 또는 신사협정에 준하는 성격을 갖는 것입니다. 따라서 북한이 우리나라를 변란할 목적으로 대남적화 활동을 하여 국가보안법상 반국가단체에 해당되는 것은 남북합의서의 채택과는 별개의 문제입니다."

법무부(검삼 01254-42 1992년 4월 9일)

남북합의서에 대한 이 같은 남측 당국의 해석은 정권 교체로 수립된 김대중 정권에서도 불변이었다. 1998년 7월 26일 서울

고등법원 특별7부는 "남북간의 폭넓은 교류협력을 보장하고 있는 남북기본합의서는 북한의 핵개발 의혹이 증폭되고 지난 1993년 1월 북한이 남북대화를 재개할 의사가 없음을 선언한 이래 이행되지 않고 있는 게 사실인 만큼 법적 구속력을 갖는다고 볼 수 없다"고 판결하여 남북합의서의 의미를 부인하였다.

정전협정과 충돌

남북합의서가 이행되기 위해서는 정전협정 폐기와 평화협정 체결이 동반되어야 한다. 북측은 고위급회담에서 군사적 대결 상태를 해소하기 위해 주한미군 철수와 북미평화협정 체결, 그리고 남북불가침선언 채택을 주장했다. 이에 대해 남측은 불가침선언 채택과 정전협정의 현상 유지, 교류협력을 통한 신뢰 구축을 강조했다.

남북합의서는 이에 대해 대규모 부대 이동과 군사연습의 통보와 통제, 비무장지대의 평화적 이용, 군 인사 교류와 정보 교환, 대량 살상무기 제거를 비롯한 단계적인 군축, 군사적 신뢰관계 조성 방안을 협의한다고 명시하고 있다. 그리고 그 연장선에서 남과 북은 불가침선언 채택과 직통전화 개설, 대화를 통한 군사 분쟁의 해결에만 의견을 같이 했다.

그러나 이러한 합의는 한반도에서 군사적 대결 상태를 해소하기 위한 단초가 되지 못했다. 왜냐하면 한국군에 대한 작전통제권을 장악하고 있는 미국이 참여하지 않는 군사적 합의란 핵심에서 한참 벗어난 것이기 때문이다. 이런 상황에서 남북합의서의 이행이란 마치 산에 가서 고기를 잡는 일처럼 허망했다. 한국군이 주한미군의 지휘 아래 편제되어 있는 상태에서 미국의 동의와 허락 없는 남북합의서의 이행이란 마치 부도난 공수표와 같았다.

남북합의서 끝내 좌초하다

남북합의서는 사회주의권의 붕괴라는 시대 상황 속에서 이루어졌다. 이는 곧 이북이 매우 불리한 정세 속에서 서명하였음을 의미한다. 이런 사정 때문에 북은 고위급회담에서 거듭된 양보를 하지 않을 수 없었다. 기본합의서가 채택된 다음날 《로동신문》(1991년 12월 14일)은 불가침과 화해협력 교류를 분리하지 않고 통합하는 문제, 정전협정을 평화협정으로 대체하는 문제, 신뢰구축과 군축의 상호관계 문제, 연락사무소 설치 문제 등에서 북이 거듭 양보했다고 밝혔다.

북의 입장에서 보면 남북합의서는 미국과의 고위급 접촉을 통해 정치군사 문제를 해결한다는 전제 아래 이루어졌다. 그러나 1990년대 초반 정세는 북의 기대를 충족시켜주지 못했다. 이는 남북합의서의 운명을 어둡게 하는 결정적인 요인이었다. 그리하여 남북합의서는 이행이라는 본 궤도에 진입하지도 못한 채 끝내 좌초하고 말았다.

남북합의서의 살아 있는 의미

남북합의서가 좌초되었다 해서 그 의미가 없는 것은 아니다. 먼저 남북합의서는 조국통일 3대 원칙을 재확인하여 사문화되어 가던 7.4공동성명에 생명력을 불어넣었다. 최근까지도 그렇지만 이남 사회에서 자주, 평화통일, 민족대단결의 원칙은 불온한 것으로 간주되었다. 이 같은 반동적인 상황 속에서 남북합의서는 조국통일 3대 원칙을 이남 사회에 재확인시키는 계기가 되었다.

남북합의서가 이남 사회에 던진 파장은 남북관계가 "나라와 나라 사이의 관계가 아닌 통일을 지향하는 과정에서 잠정적으로 형성되는 특수한 관계"라는 규정 때문이었다. 그러면 이 대목에서 대북 적대관계를 규정하는 헌법 조항과 그것을 규율하는 국가보안법 조항을 남북기본합의서 전문과 대비해 보자.

"대한민국의 영토는 한반도와 그 부속도서로 한다."
헌법 제3조

"이 법에서 '반국가단체'라 함은 정부를 참칭하거나 국가를 변란할 것을 목적으로 하는 국내외의 결사 또는 집단으로서 지휘통솔체제를 갖춘 단체를 말한다."
국가보안법 제2조

"…… 쌍방 사이의 관계가 나라와 나라 사이의 관계가 아닌 통일을 지향하는 과정에서 잠정적으로 형성되는 특수한 관계라는 것을 인정하고, 평화통일을 성취하기 위한 공동의 노력을 경주할 것을 다짐하면서 다음과 같이 합의하였다."

남북기본합의서 전문 일부

　이상의 대비에서 보듯 남북합의서의 '통일을 지향'하는 '특수한 관계'라는 규정은 각별한 의미로 다가온다. 이로써 남과 북은 대결적 제도와 규율을 벗어던질 수 있는 하나의 규범을 마련하였다. 남북기본합의서의 이 같은 관계 규정은 6.15공동선언 이후 남북관계의 발전을 밑받침하는 구체적인 근거로 작동하고 있다. 예컨대 남과 북이 쌍방에 대해 남측과 북측으로 칭하고 태극기와 인공기 대신 단일기를 사용하는 기본 토대에는 남북기본합의서의 관계 규정이 자리하고 있다. 또한 올림픽을 비롯한 각종 국제경기대회에 남과 북의 선수단이 동시입장하면서 코리아KOREA와 단일기를 사용하는 근저에도 남북기본합의서의 규정이 작동하고 있다.

16 6.15공동선언
- '우리 민족끼리 서로 힘을 합쳐'

남 북정상회담과 6.15공동선언은 분단과 통일의 역사에 획을 그은 사건이다. 무엇보다 6.15공동선언은 여타의 합의들과는 격을 달리한다. 7.4공동성명이 특사들의 비밀 접촉을 통해 이루어졌고, 남북합의서가 총리의 서명으로 이루어진 것이라면, 6.15공동선언은 최고 수뇌 사이의 합의라는 점에서 그 의미가 각별하다. 이것만으로도 6.15공동선언은 전례 없는 폭발력을 내장하고 있다.

회담의 의제와 그 파격성

2000년 4월 8일 남북정상회담의 합의는 김대중 대통령도 놀랄 정도로 전격적인 것이었다. 정상회담이 전격적으로 합의된 배경에는 북측의 적극적인 회담 성사 의지가 작용했기 때문이다. 정상회담에 대한 이해를 높이려면 〈남북정상회담을 위한 특사 접촉 합의서(4.8합의서)〉에 명시된 "7.4남북공동성명에서 천명된 조국통일 3대 원칙을 재확인"한다는 회담의 전제에 주목해야 한다.

4.8합의서에는 정상회담 준비를 위한 실무회담의 범위에 대해 "절차 문제 협의를 위한" 것으로 못 박고 있다. 여기서 파격적인 것은 정상회담의 의제를 무엇으로 할 것인가의 문제가 생략되고 있다는 사실이다. 상식적으로 보더라도 의제 선정은 회담의 성패를 결정하는 중요한 문제다. 그럼에도 2000년 정상회담은 구체적인 의제에 관한 내용을 확정짓지 않은 상태에서 김대중 대통령이 평양 방문길에 올랐다.

정상회담은 이처럼 의제를 확정하지 않고 열어둔 상태에서 개최되는 파격성을 보였다. 그러나 다시 한 번 생각해보면 만약 실무회담에서 의제를 상정했을 경우 정상회담은 예기치 않은 난관에 봉착했을 수도 있다. 그 이유는 남북간의 시각 차이는 차치하더라도 미국을 비롯한 주변국들의 부당한 간섭 때문에 6.15공동선언은커녕 회담 성사 자체가 불투명해졌을 수도 있기 때문이다.

반면 의제를 열어둘 경우 회담의 극적 효과를 높일 수 있고 회담에 제3자가 개입하는 것을 차단할 수 있는 장치가 될 수 있다. 이 때문에 결국 4.8합의문에 규정된 대로 "민족의 화해와 단합, 교류와 협력, 평화와 통일"이라는 일반적이고도 포괄적인 열린 의제로 귀결되었다.

회담 명칭과 근본 성격

정상회담에 대한 남과 북의 명칭은 다르다. 2000년 6월 회담에 대해 남측은 '정상회담', 북측은 '최고위급회담' '역사적 상봉' '수뇌회담'이라 부른다. 일부에서는 남과 북의 이 같은 차이를 감안하여 중립적 표현인 '평양회담'이라 부르기도 한다. 회담에 대한 남과 북의 명칭을 정리해보면 [표 3]과 같다.

회담에 대한 남북의 명칭이 다른 것은 회담에 임하는 근본 관점에서 차이가 있었기 때문이다. 여기에 이북체제가 갖는 특수성, 즉 지도자는 김정일 국방위원장이지만 법적으로 북을 대표하는 사람은 최고인민회의 김영남 위원장이라는 사실이 회담의 형식을 복잡하게 만든 또 다른 이유였다.

정상회담에 임하는 남측은 남북관계를 국가 대 국가의 관계

	남 측	북 측
김대중-김정일 회담	정상회담	역사적 상봉, 수뇌회담
김대중-김영남 회담	확대정상회담, 확대회담, 확대면담, 공식면담	최고위급회담

[표 3] 남북의 회담 명칭 차이

로 보았다. 이것은 '두 개의 한국정책'이라는 오래된 관점에 기초한 것으로 평화 문제를 주요 의제로 상정했던 것과 같은 맥락이다. 이런 이유에서 남측은 자연스럽게 정상회담이라는 명칭을 사용했다. 다만 법적으로 북을 대표하는 김영남 상임위원장과 김대중 대통령과의 만남에 대해서는 확대정상회담 또는 확대회담이라 불렀다.

반면 북측은 남북관계를 민족 내부의 관계로 보았기 때문에 2000년 6월 회담을 정상회담으로 보지 않았다. 이 같은 인식은 북측이 회담 의제를 통일의 근본 문제에 둔 것과 일치한다. 같은 맥락에서 북은 김대중 대통령과 김정일 국방위원장의 만남을 역사적 상봉 또는 수뇌회담이라 부른다. 그리고 김대중 대통령과 김영남 위원장의 만남을 최고위급회담이라고 명명했다.

회담 명칭과 함께 눈여겨 볼 것은 6.15공동선언 말미에 대한민국과 조선민주주의인민공화국이 병기된 점이다. 6.15공동선언 말미에 남북의 국호가 병기된 것은 남과 북의 분단 현실을 반영한 결과다. 보다 중요한 것은 6.15공동선언이 통일된 하나의 국가를 지향하고 있다는 점이다. 여기서 우리는 남북기본합의서를 떠올려 볼 필요가 있다. 남북기본합의서에는 남북관계가 "통일을 지향하는 잠정적이며 특수한 관계"라고 규정하면서도 서명 당사자의 직함에는 국호와 직위를 명시하였다.

대신 남북정상회담에서는 통일 지향의 의지를 과시하기 위해 태극기와 인공기(북은 공화국기라고 부른다)를 사용하지 않았다. 그뿐 아니라 6.15공동선언 이후 개최되고 있는 모든 민족공동행사에서는 남북의 국기대신 단일기가 사용되고 있고 서로에 대한 호칭도 한국과 조선 대신 객관적이고 중립적인 남·북 또는 남측·북측을 사용하고 있다.

회담의 두 개념, 평화와 통일

정상회담에 임하는 남측의 무게중심은 평화 정착이었다. 평양으로 출발하기 직전 김대중 대통령은 "남북정상회담은 만난다는 그 자체가 의의다" "이번 평양길이 평화와 화해의 길이 되기를 진심으로 기대한다"는 발언을 통해 평화 정착에 주안점을 두고 있음을 명확히 하였다. 더 구체적으로는 '두 개의 한국정책에 기초한 점진적인 접근을 통한 평화 정착'이라 할 수 있다.

남측 당국이 표방하고 있는 '분단의 평화적 관리'는 미국의 투 코리아 정책에 기초한 것이다. 두 개의 한국정책이 대내외에 공식화된 것은 박정희 대통령이 6.23선언을 발표하면서부터다. 박정희 정권은 6.23선언에 기초하여 선 건설, 후 통일론을 내세웠다. 그리고 전두환 정권은 민족화합민주통일방안을 통해 분단관리정책의 정식화를 시도했다.

그 뒤 노태우 정권이 표방한 북방정책과 한민족공동체통일방안은 현재까지 남측 당국이 추진하고 있는 분단의 평화적인 관리에 기초한 흡수통일정책의 원형을 이루고 있다. 노태우 정권이 한민족공동체통일방안에서 정립한 국가연합론은 김영삼 정권과 김대중 정권, 현재의 노무현 정권에 이르기까지 대북정책의 기조를 이룬다.

반면 정상회담에 임하는 북측의 기본 입장은 통일에 맞춰져 있었다. 한마디로 말해 이북의 통일관은 '하나의 조선' 원칙과 이에 기초한 '조국통일 3대 헌장'이다. 북은 회담을 앞두고 자주, 평화통일, 민족대단결의 원칙과 조국통일 3대 헌장을 집중적으로 보도하였다. 북의 이 같은 입장은 정상회담 당시 평양 시내에 걸린 '조선은 하나다'라는 구호 속에 집약되어 있었다.

이북의 입장에서 평화란 독자적인 과정으로 존재하는 것이 아니라 통일과 연관된 과정으로만 존재한다. 이 같은 견지에서 북은 독립된 평화가 아닌 평화통일로 정의된다. 통일에는 "어떠한 과도기도 있을 수 없다"는 김일성 주석의 발언은 북이 생각하는 평화와 통일의 상관관계를 명확하게 말해준다.

정상회담에서 남북의 기본 관점의 차이는 6월 14일 만수대의 사당에서 열린 김대중 대통령과 김영남 상임위원장의 면담에서 그 일단을 내보였다. 김영남 위원장은 "한미일 3국 공조는 우리의 자주 문제와 관계되어 있는데 어떤 입장을 갖고 있느냐"라고 김대중 대통령에게 물었다. 이에 대해 김대중 대통령은 외세공조는 "북한에게도 유리하고 우리에게도 좋은 윈-윈정책을 위한 것"이라고 답변하여 질문의 요지를 피해갔다.

또한 만찬에서 김영남 위원장은 한미일 3국의 대북정책 공조와 민족자주는 양립될 수 없다는 것과 함께 국가보안법 폐지 등의 문제를 거론했다. 이에 김대중 대통령은 "남북이 힘을 합쳐 세계화 시대 무한경쟁에 대처해 나가자"라는 요지의 평화협력을 강조했다. 이렇게 남과 북의 견해는 상충하고 있었다.

이런 가운데 6월 14일 오후, 4시간 15분에 걸친 김대중-김정일 회담에서 6.15공동선언에 합의하여 접점을 찾게 되었다. 당시 회담에서 남북 정상은 "조국의 평화적 통일을 염원하는 온 겨레의 숭고한 뜻에 따라 …… 역사적인 상봉을 하였으며 정상회담을 가졌다"고 표기하여 회담의 성격과 목적이 통일에 있음을 명확히 하였다. 이러한 전제 아래 쌍방은 자주의 원칙을 재확인하면서 "남측의 연합제안과 북측의 낮은 단계 연방제안" 사이에 공통점이 있다는 것을 확인하게 되었다.

통일의 이정표, 6.15공동선언

6.15공동선언은 한마디로 말해 통일의 이정표다. 그럼에도 남북이 주안점을 주는 항목들에 해석의 차이는 존재한다. 이산가족 상봉과 비전향장기수 송환 문제 해결(3조), 경제협력을 통한 민족경제의 균형적 발전과 협력교류의 활성화(4조), 김정일 국방위원장의 답방 약속은 남측이 주목하는 내용들이다. 반면 1항에서 제시된 우리 민족끼리 이념, 2항에서 확인된 연합제와 낮은 단계 연방제의 공통점은 북측이 주목하는 사항이다. 여기서는 6.15공동선언의 정치적 의미가 집약되어 있는 1항과 2항 그리고 민족경제에 관해 언급하고 있는 4항을 살펴보기로 한다.

1항, 우리 민족끼리

"남과 북은 나라의 통일 문제를 그 주인인 우리 민족끼리 서로 힘을 합쳐 자주적으로 해나가기로 하였다"라는 6.15공동선언 1항은 6.15시대를 규정짓는 '우리 민족끼리' 이념을 명시하고 있다. 자주의 원칙에 기초하고 있는 '우리 민족끼리'는 자주와 대단결의 원칙을 통합한 개념이다.

말 그대로 우리 민족끼리란 남과 북, 해외에 사는 우리 민족이 외세의 간섭과 지배를 반대하고 지역과 정견의 차이를 뛰어넘어 단합해야 함을 함축하고 있다. 당면 정세 속에서 우리 민족끼리는 민족의 공조를 통해 구현된다. 민족공조를 실현하는 데서 핵심적인 과제는 남북 당국이 6.15공동선언을 올바르게 이행하는 것에 있다.

6.15공동선언으로 민족의 화해와 단합이 고양되고 있는 현실에서도 분단을 영구화하려는 미국의 투 코리아 정책은 지속되고 있다. 따라서 미국이 주도하는 분단영구화정책을 반대하고 우리 민족이 통일하는 길은 오직 민족의 단합에 있다.

우리 민족끼리 단합하려면 민족 문제에 대해 바른 관점을 가져야 한다. 자유주의 사조와 협소한 계급 관점에 매달려 있는 사람들은 우리 민족끼리 이념을 두고 배타적 민족주의라고 비판한다. 이들의 논리는 과거 유럽에서 민족을 반동 이데올로기로 악용하였던 사례를 기계적으로 적용한 결과다. 이들의 주장은 우리나라의 민족 문제가 갖는 역사성과 계급적 토대를 바로 보지 못한 데 기초하고 있다. 우리나라에서 민족 문제는 민중들의 계급적인 요구에 기초하고 있는 진보적인 개념이다.

우리 사회에서 민족 문제는 친미수구 세력에게 악용되기도 한다. 한마디로 말해 극우보수를 자임하는 친미수구 세력들이 주장하는 민족이란 한낱 허구에 불과하다. 이 땅에서 극우보수 민족주의란 존재하지 않는다. 극우 민족주의를 가장한 세력들은 자신들의 기득권을 유지하기 위해 민족을 내세워 미국의 침략정책을 합리화하는 데 악용하고 있다.

최근에 나타난 뉴라이트라는 신흥우익 세력을 비롯한 보수수구 세력의 본질은 친미성에 기초한다. 이들이 집결한 집회장에 성조기가 나부끼고 부시의 재선을 위한 기도문이 낭송되는 것은 결코 우연한 일이 아니다. 이들은 우리 민족끼리 단합하는 것을 극도로 경계하고 반대한다. "친일보다 친북이 더 나쁘다"는 식의 주장에서 알 수 있듯이 이들의 본질은 반민족적인 것이다.

우리 민족끼리는 배타적 민족주의와는 아무런 관계가 없다. 또한 우리 민족끼리는 친미수구 세력이 위장하고 있는 민족주의와는 근본적으로 다른 개념이다. 우리 민족끼리는 안으로는 민중들의 계급성을 체현하고 있는 정신이며, 밖으로는 미국이 추진하는 패권정책을 거부하고 신자유주의 경제 침탈에 반대하는 평화애호 정신이다. 이런 이유로 우리 민족끼리는 자주통일과 호혜친선을 추구하는 미래지향의 담론이다.

2항, 연합제안과 낮은 단계 연방제안

6.15공동선언에서 가장 주목해 보아야 할 항목은 바로 제2항

이다. 남과 북은 2항에서 "남측의 연합제안과 북측의 낮은 단계 연방제안이 서로 공통점이 있다고 인정"하고 그 "방향에서 통일을 지향시켜 나가기로" 하였다. 그러나 6.15공동선언 2항을 심화 발전시키려면 연합제와 연방제 사이에 가로놓인 쉽지 않은 차이를 뛰어 넘어야 한다.

남측의 연합제안에는 이북의 체제를 해체하여 흡수통일하겠다는 의지가 내재되어 있다. 김영삼 정권이 제출한 민족공동체통일방안의 기조는 흡수통일의 의지를 강하게 띤다. 1995년 8월 15일 김영삼 대통령은 미국의 대북 적대정책에 기초하여 강한 흡수통일 의지를 반영한 민족공동체통일방안을 발표했다.

그 후 김대중 정권이 추진한 햇볕정책은 이전 정권과는 달리 북에 대한 대결 기조를 많은 부분 탈색시켰다. 김대중 대통령의 3단계 통일론의 경우 한반도 평화체제(동북아 다자간 안보협력체제) 구축, 국가보안법 개폐와 조선노동당 규약 개정 등을 통일 방안과 연계하고 있다. 특히 김대중의 3단계 통일론은 2단계에서 연방제를 도입하여 북의 낮은 단계 연방제와 소통할 수 있는 여지를 확보해 두고 있다.

북측이 주장하는 낮은 단계 연방제안은 1980년 천명된 고려민주연방공화국 창립방안에 기초한다. 이북이 고려민주연방공화국 창립방안에 유연성을 부여하기 시작한 것은 문익환 목사와 조평통 사이에 발표된 공동성명부터다(1989년 4월 2일). 그 뒤 1991년 남북 유엔 동시가입이 가시화되자 김일성 주석은 신년사에서 남과 북이 내정은 물론 외교와 군사권까지 보유한 전제에서 단일국호로 유엔에 가입하자고 주장했다. 당시 김일성 주석이 제기한 연방제안을 흔히 '느슨한 연방제안'이라 부른다.

이 같은 상호 접근을 통해 남측의 연합제안과 북측의 낮은 단계 연방제안은 공통점을 획득하게 되었다. 그럼에도 연합제안과 낮은 단계 연방제안은 결코 쉽지 않은 문제들을 풀어가야만 통일을 실현할 수 있다. 즉 2차 정상회담이 열릴 경우 6.15공동선언 2항을 진전시키려면 통일조국의 국호, 국기, 국가 등에 관한 합의가 있어야 한다. 특히 남북의 통일은 북미간 관계 개선과 한반도 평화체제 구축이 선행되어야 가능한 문제다.

4항, 민족경제의 균형적 발전

6.15공동선언 4항은 "민족경제를 균형적으로 발전"시킨다는 목표와 이를 위한 "제반 분야의 협력과 교류"를 명시하고 있다. 4항에 제시된 민족경제의 균형적인 발전이란 남북이 장점을 살리고 단점을 보완하여 부강한 통일국가를 건설하는 것을 말한다.

남북이 민족경제의 균형적인 발전을 도모하려면 자본주의냐 사회주의냐 하는 체제의 문제에서 벗어나야 한다. 남북의 경제협력은 통일민족경제 공동체 수립을 통해 한반도 중심의 새로운 경제 질서 구축으로 이어져야 한다. 이 같은 목표 아래 남북 경협사업에서 견지해야 할 원칙은 자립성의 확립과 공공성의 확대다.

먼저 자립성의 확립이란 우리 민족이 신자유주의 공세로부터 경제 주권을 확고히 하고 자본과 기술력 등 경제 전반 분야에서 자립성을 강화하는 것을 말한다. 다음으로 공공성의 확대란 남북 경협사업의 성과가 특정 계급계층에 한정되는 것이 아니라 전 민족의 이익으로 돌아가야 함을 뜻한다.

남북 경협사업은 6.15공동선언 이전에도 없지 않았다. 그러나 6.15공동선언이 발표되면서 남북 경협은 새로운 단계로 진입하였다. 6.15공동선언 이후 남북 교역액은 1991년 1억 달러에서 2005년 10억 달러로 늘어났고 2006년 현재 하루 평균 1200여 명(금강산 관광객 포함)이 남북을 왕래하고 있다. 뿐만 아니라 6.15공동선언 이후 추진되고 있는 3대 경협사업(금강산 관광, 개성공단, 철도 연결)이 일정한 궤도에 진입하고 있다. 개성공단의 경우 2004년 12월 첫 제품을 생산한 이래 2006년 11월까지 누계 생산액은 6376만 8000달러를 기록했다. 2006년 11월 현재 개성공단에 취업한 북측 노동자는 1만 명을 넘어섰으며 남측 상주인원은 860명에 이른다.

그럼에도 남북 경협사업이 발전하기 위해서는 정치군사적인 문제가 해결되어야 한다. 여기서 말하는 정치군사적 문제는 미국의 대북 적대정책의 중단이다. 미국이 대북 적대정책을 지속하는 한 개성공단을 비롯한 3대 경협사업은 답보할 수밖에 없다. 따라서 남북은 민족경제의 균형적인 발전을 저해하는 제도적 장벽을 제거하기 위해 민족공조를 강화해가야 한다.

17 남북체육회담과 체육교류의 성과
– 단일기, KOREA, 아리랑

민족의 화해와 단합을 이루는 데서 체육교류는 지대한 영향을 끼쳤다. 체육회담에서 합의된 단일기, KOREA, 아리랑은 우리 민족의 하나됨을 부각시키는 상징물로 각인되고 있다. 이 때문에 단일기, KOREA, 아리랑은 남과 북이 통일조국의 국기, 국호, 국가를 합의해가는 과정에서 하나의 단초가 될 것이다.

먼저 간략하게나마 체육회담의 역사를 짚어보기로 하자. 체육회담은 1957년 북이 남북 접촉을 제안하면서 시작되었다. 이렇게 시작된 체육회담은 도쿄 올림픽을 앞둔 1963년 세 차례에 걸쳐 이루어졌다. 그러나 당시 회담은 가시적인 성과 없이 마감되었고 체육교류는 소강상태를 벗어나지 못했다. 그 뒤 체육회담은 평양에서 열린 세계탁구선수권대회(1979년)와 모스크바 올림픽(1980년), 그리고 로스앤젤레스 올림픽(1984년)을 앞두고 개최되었다. 그러나 이 시기의 체육회담 역시 성과 없기는 마찬가지였다.

남북 체육교류에 새로운 국면이 조성된 것은 서울 올림픽을 앞둔 1985년이다. 남과 북은 국제올림픽위원회IOC의 주선으로 스위스 로잔에서 체육회담을 개최한다. 로잔 체육회담은 1985년 10월 1차 회의를 시작으로 하여 1986년 1월 2차 회의, 6월 3차 회의, 1987년 7월 4차 회담까지 열렸으나 결렬되었다. 그러나 로잔 체육회담은 이남에서 공동올림픽 성사투쟁을 촉발시키는 계기가 되었다.

서울 올림픽 이후 남북체육회담은 1990년 베이징 아시안게임에 참가할 단일팀 구성을 위해 재개되었다. 당시 남과 북의 체육관계자들은 1989년 3월 9일부터 1990년 2월 7일까지 아홉 차례의 본회담과 여섯 차례의 실무대표 접촉을 가졌다. 이러한 노력의 결과로 남과 북은 10개항에 합의했다. 그러나 회담은 단일팀 운영에 관한 의견 차이로 끝내 결렬되고 만다.

결국 단일팀 구성의 과제는 제41차 세계탁구선수권대회와 제6회 세계청소년축구선수권대회를 앞두고 개최된 체육회담으로 넘어갔다. 1990년 11월 1차 회담과 1991년 1월 15일 2차 회담에서 남북은 탁구팀과 청소년축구팀을 남북 공동의 단일팀으로 구성하여 대회에 참가하기로 합의하였다.

이때의 단일팀 구성은 남북고위급회담이라는 화해 분위기 속에서 이루어졌다. 당시 체육회담이 진행 중이던 1990년 10월에는 남북의 축구팀이 평양과 서울을 오가면서 통일축구대회를 개최했다. 이렇게 고조된 체육교류의 열기는 남북단일팀이 세계탁구선수권대회 여자단체경기에서 우승하여 단일기가 게양되는 장면에서 절정을 이루었다.

그 뒤 남북 체육교류에 새로운 전기가 조성된 것은 남북정상

대회 기간	대 회 명	개최국	특기 사항
2000.9.15 ~10.1	제27회 시드니 올림픽	호 주	첫 공동입장
2002.9.29 ~10.14	제14회 부산 아시안게임	한 국	북(조선) 응원단 파견
2003.2.1 ~2.8	제5회 아오모리 동계 아시안게임	일 본	독도가 표시된 단일기 처음 사용
2003.8.21 ~8.31	제22회 대구 유니버시아드	한 국	북(조선) 응원단 파견
2004.8.13 ~8.28	제28회 아테네 올림픽	그리스	
2005.10.29 ~11.6	제4회 마카오 동아시아게임	마카오(중국)	
2006.2.10 ~2.26	제20회 토리노 동계 올림픽	이탈리아	이탈리아어 표기에 따라 선수단 명칭 COREA 사용
2006.12.1 ~12.15	제15회 도하 아시안게임	카타르	남북을 독도가 표시된 단일기를 사용하기로 합의했으나 대회조직위의 준비부족으로 무산
2007.1.28 ~2.4	제6회 창춘 동계아시안게임	중 국	독도 표시된 단일기 사용

[표 4] 남북 선수단이 개·폐막식에 공동 입장한 국제경기대회
※ 2002년 제19회 솔트레이크시티 동계올림픽(미국)에 북(조선) 선수단 불참

회담에서 6.15공동선언이 발표되면서다. 2000년 시드니 올림픽에서 남과 북의 선수단은 KOREA라는 영문 국호와 단일기를 앞세우고 공동으로 입장하였다. 이렇게 시작된 남북선수단의 공동입장은 아시안게임, 유니버시아드대회, 동계올림픽 등 각종 국제경기대회를 거치면서 하나의 관례로 전통화되었다.

단일기, KOREA, 아리랑

시드니 올림픽에서 남북선수단이 공동입장하면서 사용한 단일기와 KOREA는 언제 어떻게 합의되었을까. 처음 단일팀의 단기와 단가, 선수단 호칭이 거론되기 시작한 회의는 1984년 4월 9일 로스앤젤레스 올림픽을 앞두고 열린 체육회담이다.

당시 회담에서 남측은 구성될 단일팀의 단기로 오륜표지 밑에 로마자 KOREA가 적힌 깃발을, 단가로 아리랑을, 선수단 명칭으로 우리말 '대한'과 영문 'KOREA'를 제안하였다. 반면 북측은 유일팀의 명칭으로 우리말 '고려'와 영문 'KORYO'를, 그리고 단기로 흰색 바탕에 토색 조선지도와 그 밑에 영어로 'KORYO'로 쓰자고 제안했다. 또한 유일팀의 단가는 아리랑을 제시하였다.

그러나 회담은 결렬되었고 이에 대한 논의는 베이징 아시안게임을 앞두고 재개된 체육회담으로 넘겨졌다. 당시 회담에서 남과 북은 재차 호칭과 단가, 깃발 등을 제시했는데 추가된 내용은 KOREA의 한자표기를 可里亞 또는 可禮亞로 하자는 안이었다. 이 회담에서 남북은 단일팀 구성을 위한 10개항의 합의에 이른다. 이때 합의된 내용에는 단일팀의 호칭을 코리아(우리말), KOREA(영어), 可禮亞(중국어)로 하고, 단기는 흰색 바탕에 하늘색 한반도 지도를, 단가로 1920년대 '아리랑'으로 한다는 데 의견 접근을 보았다. 그러나 회담은 결렬되었고 10개항의 합의는 무위로 돌아갔다.

결국 단일기, KOREA, '아리랑'에 대한 합의는 세계탁구선수권대회와 세계청소년축구대회를 앞두고 개최된 체육회담에서 이루어졌다. 당시 4차 회담(1990년 2월 12일)에서 남북은 〈제41회 세계탁구선수권대회 남북단일팀 구성 참가에 관한 합의서〉에 의견 일치를 보게 된다.

대한민국 올림픽위원회와 조선민주주의인민공화국 올림픽위원회는 민족화합과 체육정신에 입각하여 제41회 세계탁구선수권 대회에 남북이 단일팀을 구성 참가함으로써 남북 체육인들의 단합된 모습과 우수한 기량을 내외에 보여주고 체육 분야에서의 교류와 협력을 촉진하는 계기가 될 것을 희망하면서 다음과 같은 사항에 합의하였다.
1. 선수단 호칭 : 우리말로 '코리아' 영어로는 KOREA(약자 KOR)로 한다.
2. 선수단 단기
   1) 흰 바탕에 하늘색 우리나라 지도를 그려 넣는 것으로 한다.
   2) 지도에는 한반도와 제주도를 상징적으로 그려 넣고 독도, 마라도, 마안도 등 기타 섬들은 생략하기로 한다.

3. 선수단 단가 : 1920년대에 우리나라에서 부르던 '아리랑'
으로 한다.(이하 생략)

이리하여 일본 지바에서 개최된 세계탁구선수권대회와 포르투갈에서 열린 세계청소년축구대회에 남과 북은 분단 역사상 처음으로 단일팀을 구성하여 참가하였다. 남북 단일팀이 구성되어 국제대회에 참가하기 시작하면서 단일기, KOREA, '아리랑'은 우리 민족의 하나됨을 부각시키는 상징물로 정착되기 시작했다.

여기에 "쌍방 사이의 관계가 나라와 나라 사이의 관계가 아닌 통일을 지향하는 과정에서 잠정적으로 형성되는 특수한 관계"라는 남북합의서의 규정은 단일기, KOREA, '아리랑'이 민족의 하나됨을 상징하는 논리적 근거가 되었다.[6]

이런 이유에서 2000년 6월의 정상회담은 남과 북을 국가 대 국가로 인정하는 태극기와 인공기를 사용하지 않았다. 대신 남북은 6.15공동선언에서 "남측의 연합제안과 북측의 낮은 단계 연방제안이 서로 공통점이 있다고 인정하고 앞으로 이 방향에서 통일을 지향한다"고 합의하였다.

쉬어가는 페이지

北, 7.4공동성명 어떻게 평가하나
- '남북 공동 통일강령' '조국통일 3대 헌장' 정립

김두환 기자(《연합뉴스》, 2006년 7월 3일)

"7.4공동성명의 발표는 조국통일 3대 원칙을 북과 남의 공동의 통일강령으로 세상에 선포한 중대 사변이었다."

1972년 당시 이후락 중앙정보부장과 김영주 북한 노동당 조직지도부장이 각각 서명함으로써 탄생한 7.4남북공동성명은 대결로 점철되던 시대에 통일원칙과 군사적 긴장완화 등에 전격적으로 합의한 '역사적 문건'이었지만 본래 정신은 빛이 바랜 지 오래다.

북한은 7.4공동성명이 미국에 의해 폐기됐다며 미국책임론을 거론하고 있다. 평양방송은 지난해 7월 "미제야말로 7.4남북공동성명을 휴지장으로 만든 장본인이고 북남대화 파탄의 원흉이며 조국통일을 반대하고 영구분열을 꾀하는 민족통일의 원수"라고 규탄했다.

그렇지만 통일 문제와 관련해 북한은 7.4공동성명에 각별한 의미를 부여하면서 그 중요성을 여전히 강조하고 있다. 북한의 조국평화통일위원회(조평통)는 지난 2002년 7.4공동성명 채택 30돌

을 맞아 발표한 성명을 통해 "북과 남은 정세가 어떻게 변하든 7.4공동성명과 6.15북남공동선언을 일관하게 고수하고 철저히 이행해 나가야 한다"고 말했다.

7.4공동성명 합의 7개항 가운데 북한이 특히 중요시하는 것은 첫째 항인 '조국통일 3대 원칙'이다. 조국통일 3대 원칙은 ▲외세 의존과 외세 간섭 없는 자주적 해결 ▲무력행사에 의거하지 않는 평화적 방법 ▲사상과 이념, 제도의 차이를 초월한 민족대단결 등을 내용으로 담고 있다.

자주, 평화통일, 민족대단결 등 '조국통일 3대 원칙'은 북한이 노동당 제4차 대회(1961년 9월)에서 제시했던 '자주, 평화, 민주'의 3개 원칙에 기초해 수정을 가한 것이다. 북한은 이 3대 원칙에 대해 "북과 남이 통일정책을 작성하고 진행해나가는 데 있어서 반드시 견지해야 할 기본지침이며 민족공동의 항구적인 통일강령"이라고 밝히고 있다.

김정일 국방위원장은 지난 1997년 8월 발표한 자신의 통일 관련 논문에서 이 3대 원칙에 대해 "조국통일 문제를 민족의 의사와 이익에 맞게 민족 자체의 힘으로 풀어 나갈 수 있는 근본 입장과 근본 방도를 천명한 조국통일의 초석"이라고 해석했다.

북한이 7.4공동성명을 매우 중시하고 있음은 조국통일 3대 원칙과 함께 고려민주연방공화국 창립방안(1980년 10월), 전민족대단결 10대 강령(1993년 4월)을 묶어 이를 '조국통일 3대 헌장'으로 규정하고 있는 데서도 엿볼 수 있다. 북한은 '조국통일 3대 헌장'이라는 용어와 관련, 김정일 위원장이 지난 1996년 11월 판문점을 시찰하면서 처음 사용했다고 밝히면서 이것이 "민족 공동의 통일강령"이라고 주장하고 있다.

또 이를 기념해 지난 2000년 8월 평양 락랑구역 통일거리에 남북한 여성이 한반도 지도를 쳐들고 있는 모습의 높이 30미터, 가로 61.5미터짜리 '조국통일 3대 헌장 기념탑'을 세우기도 했다. 나아가 북한은 7.4공동성명의 '외세 배격'과 6.15공동선언의 '우리 민족끼리' 정신을 연계시켜 6.15공동선언에 대해서도 "조국통일 3대 원칙을 구현하고 있는 자주, 평화통일, 민족대단결 선언이며 새 세기의 자주통일 이정표"라고 못 박고 있다.

| 참 | 고 | 문 | 헌 |

노중선,《민족과 통일》, 사계절, 1985년.

────,《연표, 남북한 통일정책과 통일운동 50년》, 사계절, 1996년.

────,《남북대화 백서》, 한울, 2000년.

도진순,《분단의 내일 통일의 역사》, 당대, 2001년.

민경우,《민경우가 쓴 통일운동사》, 통일뉴스, 2006년 1월.

백낙청,《한반도식 통일, 현재진행형》, 창비, 2006년 5월.

통일노력60년 발간위원회 편,《하늘길 땅길 바닷길 열어 통일로》, 다해, 2005년 12월.

통일부,《2003통일백서》, 2003년 2월.

한호석,《평양회담과 연방제 통일의 길》, 민, 2000년 12월.

| 주 | 석 |

4) 남북합의서는 크게 기본합의서와 이를 이행하기 위한 8개의 부속합의서, 그리고 비핵화공동선언과 부속합의서로 구성되어 있다.
   - 기본합의서 – 남북 사이의 화해와 불가침 및 교류협력에 관한 합의서
   - 부속합의서 – 남북고위급회담 분과위원회 구성 운영에 관한 합의서
       제1장 남북화해의 이행과 준수를 위한 부속합의서
       제2장 남북불가침의 이행과 준수를 위한 부속합의서
       제3장 남북교류협력의 이행과 준수를 위한 부속합의서
       남북화해공동위원회 구성 운영에 관한 합의서
       남북군사공동위원회 구성 운영에 관한 합의서
       남북교류협력 공동위원회 구성 운영에 관한 합의서
       남북 연락사무소의 설치 운영에 관한 합의서
   - 비핵화 공동선언 – 한반도의 비핵화에 관한 공동선언
       남북핵통제공동위원회 구성 운영에 관한 합의서

5) 북방정책北方政策은 노태우 정권이 1988년 집권과 함께 추진한 대공산권 외교정책을 말한다. 소련을 비롯한 동구 사회주의권이 몰락하는 과정에서 공산권 국가들과 관계 정상화와 국제시장 확보, 대북 고립압박에 그 목적이 있었다.

6) 2002년 월드컵을 계기로 통일국호를 COREA로 제정하자는 주장이 제기되었다. 축구대표팀 응원단 붉은악마는 1998년 프랑스 월드컵에서 이탈리아어 'ALLEZ COREA(힘내라 한국)'를, 2002년 한일 월드컵에서는 'FORZA COREA(힘내자 코리아)'를 응원구호로 채택하여 국민적인 호응을 얻었다. 이 같은 남측의 분위기를 감지한 북측은 2002년 12월 26일 조선언어학회와 조선역사학회 공동명의로 영문국호를 COREA로 개정하기 위한 남북해외 토론회를 제안하였다. 이런 흐름 속에 남측 통일운동 단체들이 COREA를 통일국호로 제정하자는 운동을 전개하기 시작했다.

■ 통일, 우리 민족의 마지막 블루오션

18 분단 그리고 분단체제
19 분단체제의 주춧돌, 정전협정과 국가보안법
20 분단체제와 대미 예속성 – 군사 분야를 중심으로

제5장
분단체제, 대립과 예속의 또 다른 이름

18 분단 그리고 분단체제

8. 15해방과 함께 시작된 외세의 분단 음모는 한국전쟁을 거치면서 하나의 구조로 정착되었다. 한국전쟁 이후 38선을 대신하여 등장한 휴전선은 남과 북에 불안정한 대결체제가 구축되었음을 의미하였다. 이렇게 구축된 한반도의 분단체제는 북미 사이의 적대적인 대결을 기본으로 하여 남북 대립과 한미 사이의 예속과 불평등을 내포한다. 이 때문에 한반도의 분단체제는 민족적인 문제인 동시에 국제적인 문제라는 복잡성을 띤다. 이런 이유에서 한반도의 분단체제는 대립과 예속의 또 다른 이름이다.

분단, 체제가 되다

1980~1990년대를 거치면서 많은 사람들은 분단을 일러 분단체제라 부르기 시작했다. 1970년대 말 역사학자 강만길 교수가 분단시대라는 말을 사용한 이래 분단체제라는 말은 분단을 심층적으로 분석하기 위한 하나의 개념으로 통용되어 왔다.

이렇게 제기된 분단체제론(또는 분단시대론)은 조국통일을 시대적 과제로 부각시키는 데 긍정적인 역할을 했다. 그럼에도 분단체제론을 주장하는 논자들 가운데 다수는 분단을 이남의 자본주의와 이북의 사회주의가 충돌하는 남북 대결로만 인식하는 제한성을 보인다. 그러나 이들의 주장대로 분단체제를 남북 대결로만 국한시킬 경우 민족 분단을 강요하는 미국에게 면죄부를 주게 된다. 뿐만 아니라 미국이 배제(또는 부차시)되는 분단체제론은 당면 현실에서 통일운동을 전개하는 데 장애를 가져올 것이다.

주지하다시피 한반도의 분단체제는 하루아침에 정립되지 않았다. 분단체제는 8.15해방 직후 미국과 소련이 38선을 경계로 남과 북을 분할 점령하면서 시작되었다. 그리고 1948년 단독정부 수립으로 분단이 기정사실화되었고 한국전쟁을 거치면서 우리 민족의 일상에 굳건히 뿌리내리게 되었다. 이리하여 어느 시인이 노래한 그대로 "삼팔선은 삼팔선에만 있는 것이 아니"라 "이웃집 강아지 주둥이에도 있"게 된 것이다.

흔히 한반도의 분단체제는 냉전체제의 하위체제로 구분되기도 하고 반공체제의 또 다른 이름쯤으로 이해되기도 한다. 그러나 엄밀하게 분석해보면 분단체제는 정전협정(정전체제)에 기초하여 남, 북, 미 3자 사이에 형성된 대결체제다. 분단체제는 이 3자 관계 속에서 끊임없이 긴장과 대결, 예속과 불평등을 유발해왔고, 하고 있다.

먼저 분단체제는 미국의 패권정책을 한 축으로 하고 여기에 대항하는 이북의 대미전략을 다른 한 축으로 한다. 북미간의 대결은 한반도의 분단체제가 북미 사이의 정치군사적인 힘에 의해 유지되는 대결구도임을 의미한다.

다음으로 분단체제는 남북 사이의 대립과 갈등을 끊임없이 조장하고 부추긴다. 분단체제 아래 남북 사이의 대립은 헌법과 법률, 정치, 이데올로기, 외교관계를 비롯한 제반 분야에서 나타난다. 분단체제가 갖는 남북 대결의 극단성은 이남 사회를 지배하고 있는 국가보안법으로 응축되어 있다.

마지막으로 분단체제는 예속적이고 불평등한 한미관계를 통해 유지된다. 한미 양국은 정전협정에 근거하여 한미상호방위조약을 체결하여 주한미군의 주둔을 합법화한다. 미국의 경우 한반도에 군대를 주둔시킴으로써 한국을 자국의 영향력 아래 묶어둘 수 있게 되었다. 반대로 북은 이에 대응하기 위해 중국, 소련(러시아)과 호상원조조약을 체결하였다.

한반도 분단체제는 미국, 중국, 러시아 그리고 일본과의 국제적인 긴장과 대결을 동반한다. 이 때문에 한반도의 분단체제는 주변국들의 이해득실과 상호갈등이라는 복잡성을 띤다. 한반도의 분단체제가 갖는 특징 가운데 하나는 오직 힘에 의해서만 유지되고 있는 불안정성이다. 분단체제의 또 다른 특징은 분단의 근간인 정전협정이 체결된 그날부터 현재에 이르기까지 해체와 무력화의 과정을 밟아왔다는 사실이다. 이런 특징 때문에 한반도의 분단체제는 남, 북, 미 사이의 역관계에 의해 지탱되는 불안정한 구조로 전락하였다.

탈냉전과 분단체제

'미국과 소련이 중심이 되어 전개한 자본주의 진영과 사회주의 진영간의 대결', 이것이 냉전체제에 대한 일반적인 인식이다. 그러나 이 같은 인식은 현상적이고 제한적이다. 주의 깊게 살펴보면 냉전은 2차 대전 이후 영국을 제치고 패권국가로 등장한 미국이 사회주의 강대국 소련을 상대로 전개한 강압적인 봉쇄정책의 산물이었다.

2차 대전에서 커다란 희생을 치러야 했던 소련은 전후 동유럽 정도에서 세력을 확장했을 뿐 여타 지역에서는 그렇지 못했다. 2차 대전 이후 아시아와 중남미에서 전개된 사회주의 혁명과 민족해방운동의 경우도 소련의 지원에 의한 것이 아니라 해당 국가의 민중투쟁에 의해서였다. 반면 미국은 2차 대전 직후 서유럽에서 북대서양조약기구NATO를 통해 영향력을 확대하였다. 그리고 동북아에서는 일본을 포섭하여 사회주의권과 민족해방운동의 확산을 봉쇄하기 위한 포위정책을 단행했다.

이런 사실에 기초해볼 때, 냉전은 미국의 공세적인 침략정책과 소련의 수세적인 방어정책이 충돌하면서 빚어진 대결체제였다. 따라서 냉전체제의 해체는 미국의 공세에 수세로 일관했던 소련이 내부의 사상적인 한계와 관료화, 반동공세로 자멸하면서 일어난 것이다.

그런데 여기서 우리가 주목해야 할 점은 탈냉전 이후 한반도에 형성된 새로운 대결구도다. 탈냉전과 함께 등장한 동북아의 새로운 대결구도는 북과 미국 사이에 형성되었다. 1990년대를 경과하면서 형성된 북미간의 대결구도는 미국의 강압적인 침략정책과 북의 선군정치가 충돌하면서 나타났다.

사람들은 탈냉전이라 하면 으레 평화시대의 도래를 떠올린다. 그러나 탈냉전 이후 한반도 정세는 이와 딴판으로 전개되었다. 탈냉전이라는 세계사적 변화 속에서도 한반도에서의 북미대결은 첨예하고도 격렬했다. 1990년대 이래 북미관계가 격화된 배경에는 한반도의 분단체제가 냉전체제와는 또 다른 성질을 내포하고 있음을 의미한다. 만일 이북이 소련이나 중국의 영향력 아래 있었다면 냉전체제의 해체와 함께 붕괴되어 이남에 흡수통합되고 말았을 것이다.

이 대목에서 우리는 동서독의 분단을 떠올려볼 필요가 있다. 지난날 동서독의 분단은 한반도의 그것과 성격을 달리 하였다. 2차 대전 후 독일은 전범국의 책임을 지고 동서로 분단되어 소련과 미국이 각기 군대를 주둔시켰다. 동독은 소련의 위성국가였고 서독은 미국의 지원에 힘입어 경제를 부흥시켰다. 이런 구조적인 문제 때문에 동독은 냉전체제의 한 축이었던 소련이 해체되자 서독에 흡수 통합되는 운명을 맞을 수밖에 없었다. 이처럼 베를린 장벽으로 상징되는 동서독의 분단은 전형적인 냉전체제의 하위체제였다.

그러나 한반도의 분단은 동서독의 그것과는 다른 요소가 작동하고 있었다. 그것은 바로 북이 소련의 위성국가가 아니라는 사실이다. 북의 경우 1950년대 반종파투쟁을 거치면서 주체노선을 강조하기 시작하여 1960년대 중소분쟁의 와중에서 대내외적인 자주노선을 견지했다. 이런 역사적인 경험은 소련이 붕괴된 이후에도 이북이 자신의 체제를 유지할 수 있었던 원동력이 되었다.

더러는 이 같은 사실을 간과한 채 한반도에서 북이 붕괴되지 않는 현실을 '탈냉전의 비동시성非同時性'이라고 분석한다(이종석, 《분단시대의 통일학》, 한울, 1998년, 30~32쪽). 탈냉전의 비동시적 진행이란, 한마디로 원인은 묻어둔 채 현상에만 집착하는 견해다. 탈냉전의 비동시성이라는 분석에 따른다면 1990년대 들어 더욱 격렬해진 북미대결을 제대로 설명할 수가 없다. 탈냉전 이후 전개되고 있는 통일 정세를 옳게 분석하기 위해서는 이남 사회의 반독재 민주화투쟁과 자주통일투쟁, 그리고 북이 전개하고 있는 선군정치를 옳게 이해해야 한다. 이러한 이해가 전제되었을 때, 탈냉전 이후 전개되고 있는 북미대결과 6.15시대의 정세 발전을 옳게 분석할 수 있다.

적대적 공생관계라고?

1990년대 중후반 '남북관계는 적대적 공생관계'라는 주장이 상당한 설득력을 얻은 바 있다. 다음은 적대적 공생관계에 관한 백낙청 교수와 한완상 전 통일원 장관의 주장 가운데 일부다.

"남북 모두의 공안 세력들이 한편으로 극과 극으로 대치하는 중이면서 동시에―당사자들이 의도하건 않았건―묘한 공생관계에 있음을 알아차리고 이를 과학적으로 밝혀내야 한다. 양쪽의 이른바 강경파들간의 실질적 공존 공조관계야말로 분단체제의 자기재생산 능력에서 중요한 대목이기도 한 것이다."

백낙청, 《흔들리는 분단체제》, 창작과비평, 1998년, 22쪽

"한반도에서 다시는 전쟁이 일어나서는 안 된다는 것을 대북정책의 근본원리로 삼는다면, 가장 바람직한 대안은 오늘까지의 남북간 적대적 공생관계(양쪽의 강경 세력이 서로 미워하면서도 결과적으로 서로 돕는 관계)를 우호적 공생관계로 전환하는 일입니다."

한완상 총재 인터뷰, 《문화일보》, 2006년 5월 30일

적대적 공생관계라는 주장이 제기될 수 있었던 배경에는 1990년대 첨예하게 전개되었던 북미대결과 김영삼 정권의 무원칙한 대북정책이 자리 잡고 있었다. 1996년 4월 이북은 정전협정의 무효화를 선언하면서 비무장지대에 무장병력을 투입하여 때마침 치러진 15대 총선에서 신한국당이 승리하는 데 결정적

인 계기가 되었다. 또한 1997년 대선을 앞두고 한나라당 소속 의원이 베이징에서 북측 인사를 만나 군사분계선에서 긴장사태를 야기해줄 것을 요청했다는 이른바 북풍사건이 드러나면서 적대적 공생관계론은 더욱 설득력을 얻었다.

이런 맥락 속에서 제기된 적대적 공생관계란 남북의 집권(기득권) 세력이 기득권 유지를 위해 의도적으로 긴장을 유발하며 서로를 이용한다는 주장이다. 현상적으로 보면 적대적 공생관계란 그럴싸하다. 그러나 적대적 공생관계라는 주장의 뿌리를 캐들어가다보면 그 바닥에는 반공·반북 이데올로기에 기초한 양비론이 자리 잡고 있다. 그뿐 아니라 적대적 공생관계론을 주장하는 논자들의 인식에는 냉전시대 서구 지식인들이 주장한 양비론과 음모론이 자리하고 있다.

만약 적대적 공생관계가 맞는 주장이라면 남북 정권이 적대적인 정책을 통해 공생관계를 이루었는가를 입증해 보이면 된다. 지난날 이남의 독재정권은 통치권 강화를 위해 남북 문제를 전가의 보도처럼 악용하였다. 박정희 정권은 7.4공동성명을 유신독재체제 수립에 악용하였고 전두환 정권은 남북정상회담을 비밀리에 추진하여 자신의 취약한 정치 기반을 만회하려 했다.

그렇다면 이제 문제는 이북 당국이 적대적 공생을 위해 남북문제를 악용하였느냐다. 결론부터 말하면 이북 당국이 남북관계를 악용하여 정권 강화에 활용했다고 제기할 만한 사례는 없다. 일부에서는 7.4공동성명 직후 북이 주석제를 신설하여 유일지배체제를 강화하는 데 악용했다고 주장한다. 그러나 이는 사실과 다르다. 당시 이북이 사회주의헌법을 제정하여 주석제를 신설한 것은 1950년대 반종파투쟁 이래 일관되게 추진해온 지배체제 확립의 결과물이다.

1996년 4.13총선 직전 발생한 이북의 비무장지대 무효화 선언과 무장병력 투입 또한 적대적 공생관계의 이유로 보기 어렵다. 당시 미국의 대북 고립압박정책은 최고조에 달해 있었다. 이런 상황에서 북의 비무장지대 무력화 선언과 잠정협정 제안은 미국의 대북 압박을 돌파하기 위한 공세적인 대응책이었다. 북에게는 이남의 총선보다 미국의 고립압박 공세를 돌파하는 것이 우선적이고 시급했다.

이런 사례에 비추어볼 때, 남북 사이에 적대적 공생관계란 없다. 분단체제 아래 정치군사적 대결이 이북과 미국 사이에 형성되고 있는 상황에서 남북 사이의 적대적 공생관계란 애초에 성립될 수 없는 논리다. 따라서 적대적 공생관계란 분단체제의 근본 성질을 옳게 이해하지 못한 데서 비롯된 현상적인 분석에 근거한 주장에 불과하다.

분단체제와 남, 북, 미 삼각관계

앞서 말한 대로 분단은 민족내부 문제인 동시에 국제적인 문제다. 한반도의 분단체제는 남, 북, 미 사이에 형성된 대립과 갈등, 예속과 불평등 관계의 총합이다. 분단체제는 북미 사이의 정치군사적인 대결과 남북 사이의 대립을 기본으로 한다. 여기에는 한미 사이의 불평등한 예속성이 내재하고 있다. 이로부터 분단체제는 세 개의 대립(또는 불평등한)구도를 형성한다.

먼저 분단체제의 주된 대립구도는 이북과 미국 사이에 형성된다. 이북과 미국 사이의 대립구도는 한국전쟁 이후 정전협정에 따른 정전체제를 바탕으로 하고 있다. 정전협정으로 고착된 북미대결은 냉전체제의 해체와 함께 1990년대 이후 더욱 첨예하게 전개되고 있다.

두 번째는 남북 사이에 형성된 민족 내부의 적대와 반목이다. 민족 내부의 적대와 반목은 무엇보다 외세와 이에 결탁한 수구세력이 주도한다. 그리고 이남 사회에서 민족 대결을 제도적으로 보장하고 있는 장치는 헌법 제3조 영토 조항과 이에 근거한 국가보안법이다. 국가보안법은 단순한 법률이 아니라 분단체제의 또 다른 이름이다. 그동안 우리 사회는 국가보안법 체제를 유지하기 위해 수많은 공안기구를 필요로 했고 이들에 의해 국민들은 반공·반북 이데올로기에 세뇌당해야 했다.

세 번째는 한국과 미국 사이에 형성된 예속적이고 불평등한 대미관계다. 분단체제 아래에서 한미동맹은 수직적인 예속성을 띤다. 한미동맹은 불평등한 정치군사 조약을 기본으로 하여 미국 자본에 잠식된 경제 구조를 그 물질적 토대로 한다. 특히 경제적 예속관계는 1990년대를 지나오면 신자유주의 침략에 따른 비정규직의 양산, 금융시장의 완전 개방과 농업 파괴라는 극단적인 상황으로 나타나고 있다.

19 분단체제의 주춧돌, 정전협정과 국가보안법

한반도의 분단은 일제의 식민 지배에서 연유한다. 1931년 만주사변을 기점으로 일제는 식민지 조선을 전시동원 체제로 편제하여 침략 전쟁을 위한 병참기지로 활용하였다. 이리하여 식민지 조선은 일제의 패망과 함께 승전국인 미국과 소련의 전후처리 현안으로 전락하였다. 이는 해방된 조선의 운명이 우리 민족의 의사와는 무관하게 미국과 소련의 흥정에 의해 처리될 것임을 예고하였다.

1945년 8월 15일 일제의 항복 선언과 함께 우리 민족에게 찾아온 해방은 분단이라는 또 다른 굴레를 준비하고 있었다. 분단이라는 비운의 그림자는 미국의 한반도 신탁통치 구상에서 드리워지기 시작했다. 분단 고착기인 8.15해방으로부터 한국전쟁에 이르는 과정은 한반도의 분단체제가 누구의 주도로, 어떠한 성격으로 고착되었는가를 보여준다.

정전협정에 이르는 다섯 장면

장면 1-미국, 얄타회담에서 신탁통치안을 제기하다

1945년 2월 4일 연합군의 승리가 확실해지자 미국, 소련, 영국 정상은 얄타에서 회담을 가졌다. 회담에서는 종전 후 유럽의 정치군사 문제, 국제평화기구 창설 문제, 소련의 태평양전쟁 참전 문제 등이 논의되었다.

그런데 우리가 이 회담을 주목해야 하는 이유는 미국 대통령 루즈벨트가 조선에 대한 신탁통치 구상을 구체적으로 언급하였기 때문이다. 물론 이 보다 앞선 카이로회담(1943년 11월)과 테헤란회담(1943년 11월)에서도 미국, 영국, 중국, 소련의 정상은 "조선 민중의 노예 상태에 유의하여 적당한 시기에 조선을 자유독립시킬 것"을 확인한 바 있다.

당시 회담에서 루즈벨트는 조선에 대한 신탁통치를 20~30년간 시행하는 방안을 제기하였다. 이에 대해 스탈린은 신탁통치의 필요성에는 공감하나 통치 기간과 한반도에 외국 군대가 주둔하는 문제에 대해서는 의견을 달리했다.

얄타회담 이후인 1945년 5월 28일 미국 대통령 트루먼의 보좌관 해리 홉스킨은 특사로 모스크바를 방문하여 스탈린과 면담하고 조선에 대한 신탁통치안에 의견 접근을 보았다. 그리고 1945년 7월 17일 독일 포츠담에서 연합국 수뇌회담이 개최되었다. 이 회담에서는 조선 문제에 대한 그간의 논의사항을 재확인하였다. 이리하여 한반도 문제는 미국이 구상한 대로 '적당한 시기'에 조선을 독립시키기 위한 신탁통치안으로 관철되었다.

장면 2-미국에 의한 38선 획정

1945년 8월 9일 대일 선전포고와 함께 참전을 선언한 소련은 만주를 거쳐서 한반도에 진주했다. 소련군은 8월 11일 웅기를 시작으로 12일 라진, 13일 청진, 21일 원산에 상륙했다. 말 그대로 소련군의 한반도 장악은 파죽지세였다. 당시 미군은 오키나와에 주둔하였으므로 소련군의 한반도 점령은 시간 문제였다. 이렇게 되자 미국은 다급해졌다. 미국은 서둘러 한반도 분할 점령안을 소련에 제안하기에 이르렀다.

이 무렵 미국은 일본의 항복 선언이 임박해지자 3성(국무성, 육군성, 해군성)조정위원회를 설치하였다. 8월 11일 육군성 참모 딘 러스크 대령과 본 스틸 대령은 북위 38선을 경계로 남북을 분할 점령하는 안을 입안하였다. 이렇게 38선 분할 점령안은 3성조정위원회의 논의를 거쳐 8월 13일 트루먼의 승인으로 확정되었다. 트루먼의 승인을 얻은 38선 분할 점령안은 8월 15일 미 육군성 일반명령 제1호로 확정되어 영국과 소련에 통고되었다. 8월 16일 스탈린은 일반명령 제1호를 수용한다는 답신을 미국에 보냈다. 이리하여 38선은 분단선으로 획정되었다.

그리고 1945년 9월 8일 하지 중장 휘하의 미24군은 인천에 상륙하였다. 미군 상륙과 때를 같이하여 미국은 맥아더 사령관 명의의 포고문 제1호를 공포한다. 포고문 제1호에서 맥아더는 "북위 38도 이남의 조선 영토와 조선 인민에 대한 모든 권한은 당분간 본관의 권한 하에 시행된다"(제1조)고 천명한다.

장면 3-모스크바 3상회의

1945년 12월 16일부터 26일까지 모스크바에서 미·영·소 외상회의가 개최되었다. 모스크바 3상회의라 불리는 이 회의에서는 전후 유럽의 평화 문제와 대일정책의 일원화를 위한 극동회의 문제, 원자력 국제관리 문제와 조선에 대한 신탁통치 문제가 논의되었다.

당시 회의의 최대 쟁점은 '조선에 대한 신탁통치' 문제였다. 회의 이틀째인 12월 17일 미국은 4개항으로 구성된, 조선에 대한 신탁통치안을 제출했고 이에 대한 반론으로 소련측 안이 제출되었다. 이런 과정을 거쳐 12월 27일 모스크바 3상회의 결정서가 발표된다.

결정서의 내용을 정리해보면 다음과 같다. '조선에서 임시 민주주의 정부를 수립한다. 이를 위해 미소공동위원회를 설치하며 미소공위는 조선의 민주주의 정당 및 사회단체와 협의한다. 조선 임시 민주주의 정부에 대해 미·영·소·중은 최고 5년 간 신탁통치를 실시한다'는 것이다.

장면 4-미소공동위원회의 결렬

모스크바 3상회의의 결정에 따라 미소공동위원회(미소공위)가 1946년 3월 20일 서울 덕수궁에서 개최되었다. 미소공동위원회에서는 임시정부 수립을 협의하기 위한 정당사회단체의 참가 자격을 두고 쟁점이 형성되었는데, 당시 소련측은 모스크바 3상회의 결정을 지지하는 정당사회단체만이 협의 대상이라고 주장했고 미국측은 3상회의의 결정, 즉 신탁통치를 반대하는 정당사회단체들까지도 의사표시의 자유라는 이름으로 협의 대상에 참여시킬 것을 주장했다.

결국 미소공위는 이 같은 의견 차이로 휴회에 들어갔다(1946년 5월). 1년 후인 1947년 5월 제2차 미소공위가 재개되었다. 그러나 2차 회의에서도 미소공위는 협의대상 문제에 대해 합의를 끌어내지 못했다. 당시 미소공위에서 이 문제가 쟁점이 될 수밖에 없었던 이유는 향후 논의의 주도권과 관련이 있었다. 일례로 미소공동위원회 제11호 성명이 발표되자(1947년 6월 11일) 하루저녁에 급조된 우익계 463개 정당사회단체가 협의 대상 단체로 신청서를 제출하기도 했다.

미소공위가 난항에 빠지자 미국은 한반도 문제를 미·영·소·중 회담으로 이관시킬 것을 주장했다. 그러나 소련은 이를 거부했다. 이렇게 되자 미국은 1947년 9월 17일 한반도 문제를 유엔에 상정시켰다. 미국의 거수기에 지나지 않았던 유엔에 한반도 문제가 상정되자 소련은 미소공위 61차 본회담에서 미소 양군을 1948년 초까지 완전 철수하고 조선인 스스로의 결정으로 정부를 수립케 하자는 안을 내놓았다.

그러나 미국이 이 제안을 받아들일 리 만무했다. 결국 미소공위는 1947년 10월 18일 62차 회의를 끝으로 결렬되고 만다. 결론적으로 미소공위는 미국 측의 '의사표시의 자유'(요컨대 모스크바 3상 결정을 반대하는 자유)와 소련 측의 '모스크바 3상 결정의 정확한 실천'이라는 시각 차이로 결렬되고 말았다.

장면 5-정전협정이 체결되다

1948년 8월 15일 대한민국과 그 해 9월 9일 조선민주주의인민공화국의 수립으로 분단은 현실화되었다. 그리고 1950년 우리 민족을 파괴와 죽음으로 몰아넣은 한국전쟁이 발발하였다. 3년여에 걸친 한국전쟁은 1953년 7월 27일 정전협정으로 일단락된다. 이리하여 한반도에서 분단체제는 고착되었다.

"정각 10시 건물 안은 물을 뿌린 듯이 조용하다. 이윽고 조중 대표단 수석대표 남일 대장과 유엔군 대표단 수석대표 해리슨 중장이 건물 남문으로 들어서 각각 회의탁자 앞에 앉았다. 두 수석대표는 자기측 서명을 돕는 요원의 도움을 받으며 자기측이 준비한 9본 정전협정에 서명한 후 9본을 교환, 상대방이 가져온 데다 서명했다. 그리고는 이 9본을 사령관에 보내어 서명하였다. 이 특이한 서명식은 쌍방 요원이 주도면밀하게 준비하였기 때문에 극히 순조롭게 진행되었고, 두 수석대표는 긴장은 했지만 일사불란하게 10분 만에 18본 서명을 끝냈다. 사전에 이미 쌍방 수석대표 남일, 해리슨이 서명하는 시간을 협정체결 시간으로 하기로 결정되어 있었다. 서명식이 오전 10시 10분에 완료되고 남일 대장, 해리슨 중장은 따로따로 자기측 요원과 같이 일어나 건물을 빠져 나갔다."

중국측 대표단 비서장 시성문
(한호석, 〈한(조선)반도에서 정전상태를 평화상태로 전환하는 길〉)

이날 체결된 정전협정으로 전쟁은 정전 상태에 들어갔다. 그때부터 반세기가 넘은 오늘에 이르기까지 한반도의 전쟁 상태는 현재진행형이다. 전쟁을 완전히 마감하지 못하고 불안정한 정전 상태를 60년 가까이 지속하고 있는 이 특이한 현실은 동서고금을 막론하고 그 유례를 찾기 힘들다.

분단체제의 주춧돌, 정전협정

정전협정은 분단체제의 주춧돌이다. 왜냐하면 정전협정은 한반도의 분단을 고착시키고 대결을 법제화하는 장치이기 때문이다. 정전협정은 북과 미국 사이의 긴장과 대결을 의미한다. 뿐만 아니라 한미 사이의 예속적인 동맹관계를 규정하는 법적인 장치로 작용한다.

정전협정에 의거하여 한국과 미국은 상호방위조약을 체결하였다. 그리고 한미상호방위조약을 모법으로 SOFA와 같은 불평등조약이 체결되었다. 한미간에 조인된 불평등협정에 따라 미군 주둔은 합법적으로 보장된다. 한국은 주한미군에게 넓은 기지를 무상으로 제공하고 막대한 주둔 비용을 부담하고 있다. 반면 미국은 불평등한 조약과 협정을 십분 활용하여 한국의 내정에 간섭하고 나아가 분단을 유지 고착시키고 있다.

정전협정의 해악은 여기서 그치지 않는다. 북은 미국과 이남에 대응하기 위해 한국전쟁 이후 조소우호협조 및 호상원조에 관한 조약(조소호상 원조조약)과 조중우호협조 및 호상원조에 관한 조약(조중호상 원조조약)을 체결하였다. 1961년 7월 체결된 북(조선)과 소련 사이의 조소호상 원조조약은 소련 해체와 시한 만료로 1996년 효력을 상실하였다. 그리고 북(조선)과 러시아는 2000년 2월 9일 조러우호선린협력조약을 체결하였다.

이에 따라 한반도의 분단체제는 일국적인 차원을 넘어 국제적인 성격을 띠게 된다. 그동안 미국은 정전협정을 통해 한반도에서 첨예한 대결구도를 조성하여 한국뿐 아니라 일본을 효율적으로 통제하는 수단으로 삼아왔다. 또한 미국은 냉전체제 아래 한국을 대소 진전기지로, 탈냉전 이후에는 동북아 패권을 위한 교두보로 활용하고 있다.

분단체제의 또 다른 주춧돌, 국가보안법

국가보안법은 민족 내부의 적대와 분단의 제도화를 뜻한다. 국가보안법은 같은 민족에 대한 적개심과 섬멸 의지를 전제로 한다. "대한민국의 영토는 한반도와 그 부속도서로 한다"는 헌법 제3조 영토 조항에 입각한 국가보안법은 자주적인 통일을 추구하는 활동을 이적시하고 탄압한다.

헌법과 국가보안법에 의해 북은 대한민국 영토의 일부를 점령하고 있는 반국가단체일 뿐이다. 그러므로 북은 토벌의 대상이요, 수복해야 할 국토의 일부분이다. 국가보안법은 자주적인 평화통일을 도모하는 행위에 대해 가차 없이 탄압의 칼날을 휘두른다. 결국 이 법 아래에서 허용되는 통일론이란 북진통일과 승공통일, 흡수통일론 따위다.

기네스북에 오를 만한 국가보안법의 기록

일제시대 치안유지법을 계승한 국가보안법은 여수순천사건을 진압하고 좌익 계열과 민족주의 진영의 통일 논의를 탄압하기 위해 제정되었다(1948년 12월 1일). 이렇게 제정된 국가보안법은 국가의 근간인 형법보다 5년이나 앞선 것이다. 국가보안법은 5.16쿠데타 직후 박정희 정권이 제정한 반공법을 통해 한층 강화되었다. 그리고 12.12쿠데타와 함께 설치된 국가보위비상대책위원회 입법회의에서 반공법의 독소 조항을 흡수하여 현재의 모습으로 재탄생하게 되었다.

국가보안법은 이북을 반국가단체로 규정하고 분단과 대결을 합법화한다. 또한 사상과 집회의 자유를 침해하고 개인과 집단의 자유를 통제하는 법적 장치다. 그리하여 국가보안법은 민주화와 통일의 요구를 친북과 좌경으로 몰아 탄압하는 도구로 사용되어 왔다.

> "피고인은 동 당을 결성함에 있어 북한 괴뢰집단에 호응하여 그와 동조하는 평화통일 방안을 주장함으로써 대한민국의 전복 수단으로 동 괴뢰집단과 야합하기로 하고……"
>
> 조봉암의 진보당사건 공소장 일부

인용된 공소장은 국가보안법으로 탄압 받은 수많은 사례 가운데 하나다. 국가보안법이 시행된 이듬해인 1949년 한 해에만 무려 11만 8621명이 입건 또는 구속되었다. 또한 그 해 9~10월 사이에는 132개의 정당과 사회단체가 이 법에 의해 해산되었다. 뿐만 아니라 비전향 장기수로 불리는 사람들이 30~40년 동안 구금되는 야만적인 인권탄압을 당해야 했던 것도 이 법이 있었기 때문이다. 이처럼 국가보안법은 기네스북에 오를 만한 전대미문의 기록을 남겨놓았다.

그런데 문제는 국가보안법의 해악이 여기서 끝나지 않는다는 사실이다. 국가보안법에 의해 국민들의 의식 속에는 반북 이데올로기가 굳건하게 자리 잡게 되었다. 우리 사회의 반북 이데올로기는 미국이 한반도 이남을 반공의 보루로 삼으면서 시작되었다. 그리고 이승만 정권이 북을 파멸해야 할 적으로 국민들을 세뇌시키면서 강화되어 5.16쿠데타로 집권한 박정희 정권에서 절정을 이뤘다.

국가보안법에 의한 반공·반북 이데올로기는 영호남 지역감정의 원천이 되기도 했다. 그리고 국가보안법은 국민들의 이성과 상식을 마비시켰다. 이 법에 의해 이루어지고 있는 공안기관의 감시와 통제는 통일 논의를 원천적으로 봉쇄해왔다. 그뿐 아니라 이 법은 학문 연구와 예술 창작의 자유를 박탈하고 수많은 필화사건을 일으켰다.

이런 악법이 지배하고 있는 상황에서 세계 다섯 번째로 고속열차KTX가 달린다는 이유 따위를 내세워 오늘의 대한민국을 문명사회이며 민주사회라고 말할 수 있겠는가!

막걸리 반공법 또는 막걸리 보안법

막걸리 반공법 또는 막걸리 국가보안법이라는 말은 이 법에 대한 냉소와 자조가 섞여 있다. 저 암흑의 1960~1970년대 술김에 내뱉은 말 한마디에도 반공법과 국가보안법은 예외 없이 탄압의 칼날을 휘둘렀다. 그리하여 이남 사회 전체가 감시와 탄압이 난무하는 감옥이 되었던 것이다. 그러면 막걸리 반공법 또는 막걸리 보안법이 위세를 떨쳤던 1960~1970년대의 어처구니없는 사건 네 가지를 살펴보기로 하자. 아래 사건은 《국가보안법 연구2》(박원순, 역사비평사, 1992년, 100~118쪽)에서 인용한다.

- 사례 2− 피고인 최진석崔軫錫 사건
  A. 사건번호: 69고 4638 반공법 위반
  B. 직업: 노동
  C. 범죄사실: 피고인은 음주 중 "김일성 수령님이 무엇이 어째서 나쁘냐? 나는 김일성 원수를 지지한다"고 발설하여 북괴를 찬양
  D. 선고: 징역 2년, 자격정지 2년, 집행유예 3년

- 사례 2- 피고인 선우성鮮于聖 사건
  A. 사건번호: 69고 23180 반공법 위반
  B. 직업: 고물행상
  C. 범죄사실: 피고인은 타인들에게 "대한민국은 부패할 대로 부패했다. 인민을 위해 한 일이 뭐냐. 통일은 김일성이가 하지 박OO는 못한다"라고 발설하는 동시 "김일성 만세"를 고창하여 북괴를 고무·동조·찬양
  D. 선고: 징역 3년, 자격정지 3년, 집행유예 4년

- 사례 3- 피고인 김종화金鍾和 사건
  A. 사건번호: 69고 18029 반공법 위반
  B. 직업: 중학교사
  C. 범죄사실: 피고인은 "미제 침략자들의 공수작전을 단호히 저지하라"라는 내용의 북한 삐라 1매를 습득 보관하는 동시 학습시간에 70여 명의 학생들에게 이를 읽어주는 등 북괴에 동조
  D. 선고: 징역 2년, 자격정지 3년, 집행유예 5년
     1심에서 실형이 선고되었다가 항소심에서 이를 파기하고 집행유예가 선고된 요검토 범죄사실의 사례

- 사례 4- 피고인은 예비군 훈련통지서를 받으면서 "예비군 훈련이 지긋지긋하다. 안 받았으면 좋겠다. 내일 판문각 관광을 가는데 그곳에 가서 북한으로 넘어가버리겠다"라고 말하여서 북괴의 대한민국 예비군에 대한 비난과 북한은 잘 살 수 있는 지상낙원이고 하는 허위선전 등 반국가단체인 북괴 활동에 동조·찬양하여 북괴를 이롭게 한 것이다(대법원 1973년 12월 1일 선고, 70도 제1602호 사건 공소장).

20 분단체제와 대미 예속성
- 군사 분야를 중심으로

분단체제 아래서 한국은 미국이 주도하는 자본주의 체제에 급속도로 편입되었다. 동시에 한국은 한미동맹이라는 이름 아래 미국이 추구하는 세계지배 전략에 충실하게 복무해왔다. 한마디로 분단체제는 미국에 예속된 불평등한 체제다. 분단체제가 우리 사회에 강요하는 대미 예속의 핵심은 바로 군사 분야다. 군사 분야에서 왜곡된 한미관계는 분단체제의 대미 예속성을 집약적으로 보여준다.

주한미군

한국에서 주한미군의 합법적 지위는 한미상호방호조약으로 보장된다. 한미상호방위조약에는 "상호적 합의에 의하여 미합중국의 육군, 해군과 공군을 대한민국의 영토 내와 그 부근에 배치하는 권리를 대한민국은 이를 허여하고 미합중국은 이를 수락한다"(제4조)고 규정하여 주한미군의 지위를 법적으로 보장해준다.

주한미군은 미국의 동북아 패권전략과 대북전략의 첨병 역할을 한다. 또한 주한미군은 정치, 군사, 경제, 문화 등 여러 분야에서 사회적 병폐를 안긴다. 주한미군이 우리 사회에 끼치는 병폐의 첫째는 민족 분단의 고착과 한미관계의 왜곡이다. 주한미군의 주둔은 휴전선을 경계로 남북 분단이 지속됨을 의미한다. 또한 주한미군의 주둔은 한국 사회에 미국의 영향력이 지속되고 있음을 의미한다.

둘째는 정치적 타격이다. 대한민국은 건국 이후 60년 가까이 미국에게 국가안보를 의존하고 있다. 이로 인해 대한민국은 주권국가로서 위신을 손상 받게 된다.

셋째는 주한미군의 주둔으로 한국의 자주국방은 난관에 봉착한다. 그동안 한국군은 주한미군 사령관이 지휘하는 한미연합사령부에 편제되어 있었다. 머지않은 장래(2012년 4월 17일 예정)에 한국은 작전통제권을 환수할 것이다. 그러나 작전통제권을 환수하더라도 대미 의존을 청산하지 못한다면 그것은 온전한 것이 될 수 없다.

넷째는 주한미군으로 한국은 막대한 경제적인 부담을 지고 있다. 국방부 자료에 따르면 한국 정부가 2005년 주한미군 경비 지원금으로 부담한 금액은 6804억 원이다. 이는 한국 국방비의 3.3퍼센트에 해당한다. 여기에 2005년 이라크 파병 예산 1546억 원, 주한미군 기지이전 사업비(국방부가 발표한 비용 5조 5905억 원)까지 합산할 경우 한국은 매년 막대한 지원금을 부담하고 있다.

연 도	총 액	인건비	군사건설	연합방위증강(CDIP)	군수지원
2005	6804	2874	2494	430	1006
2006	6804	2829	2646	394	935
2007	7255	3280	2646	394	935

[표 5] 한국 정부의 주한미군 방위비 분담금 내역(단위 : 억 원)
(《한겨레》, 2007년 2월 2일, 15면)
※ 2007년은 외교부 발표를 토대로 한 추정치

다섯째로 주한미군은 사회적 병폐를 동반한다. 우리 사회는 주한미군 범죄와 군사훈련으로 인한 피해, 그리고 미군기지 오염 등으로 신음하고 있다.

이러한 병폐를 안기는 주한미군의 역사는 1945년 9월 8일 시작된다. 이날 존 하지 중장이 이끄는 미24군단 예하 두 개 사단은 38선 이남을 점령하기 위해 인천항에 상륙했다. 인천항에 첫 발을 내딛은 병력은 3만여 명이었으나 1945년 11월에 이르면 7만 명으로 늘어난다. 그리고 이때를 정점으로 주한미군은 줄어들게 된다. 주한미군은 1948년 3월경에는 3만 명으로, 1949년 초에는 다시 7500명으로 감축되었다. 이런 연장선에서 주한미군은 1949년 6월 29일 군사고문단 500명을 남기고 철수하게 된다.

그러나 1년 뒤 한국전쟁이 발발하자 미국은 대규모 병력을 한반도에 투입하였다. 한국전쟁에 투입된 주한미군은 최고 32만 5000명에 달했다. 1953년 7월 27일 지리한 공방 끝에 정전협정이 체결되자 미국은 주한미군을 감축하기 시작한다. 1954년 3월 14일 주한 미45사단 일부가 장비를 한국군에게 이양하고 철수했다. 이렇게 시작된 주한미군의 감축은 1954년 한 해에만 약 10만 명에 이르렀다. 그 후 미국은 매년 주한미군을 감축하여 1959년에 이르면 5만 명 정도로 줄어들었다.

1960년대에 들어서면 주한미군은 약간 증원된다. 1960년 5만 6000명으로 증원되었고, 1964년에는 6만 3000명으로 늘어났다. 이렇게 1960년대 중후반 주한미군은 6만 명 선을 유지하였다. 그 뒤 주한미군에 변화가 일어난 것은 1969년 닉슨독트린 발표 직후였다. 닉슨독트린과 함께 미국은 제7사단 2만 명을 한국에서 철수시켰다. 그리하여 철수가 완료된 1972년 주한미군은 4만 1000명이 되었다.

1970년대 중반 주한미군의 규모는 큰 변동 없이 4만 명 선을 유지했다. 그러나 1977년 도덕외교를 내세운 카터 정권이 출범하면서 주한미군은 변화를 예고한다. 카터 정권은 주한미군의 완전 철수를 선언했다. 그러나 안팎의 반대 여론에 카터 정권은 애초 방침과 달리 주한미군 3000여 명을 철수하는 선에서 그쳤다. 이리하여 1979년 주한미군은 4만 명을 넘지 않았다.

1980년대 군비경쟁을 재촉한 레이건 정권의 등장은 주한미군의 증가를 예고했다. 1981년 출범한 레이건 정권은 주한미군 병력을 일부 증강한다. 그 결과 1984년 주한미군은 4만 1000명으로 증원되었고 정권 말기인 1988년에 이르면 4만 6000명을 헤아렸다. 1990년대 들어 부시 정권은 한반도에 배치된 전술 핵무기의 철거와 함께 팀스피리트 훈련을 일시 중단한다(1992년). 그리고 1992년 미국은 주한미군 병력 7000여 명을 감축하였다. 이리하여 1990년대 전 기간 주한미군은 3만 6000명 정도를 유지했다.

주한미군의 변화는 지금도 큰 폭으로 일어나고 있다. 2003년 부시 정권에 의한 이라크전쟁은 주한미군 병력의 차출로 이어졌다. 2004년 미국은 주한미군 2사단 예하 두 개 여단 3600명을 차출하여 이라크 전선에 투입하였다. 이리하여 2007년 2월 현재 주한미군은 육군 1만 9755명, 공군 8815명, 해병대 242명, 해군 274명을 합쳐 2만 9086명이 주둔하고 있다(《중앙일보》, 2007년 2월 21일, 《조선일보》, 2006년 8월 15일).

이상에서 살펴본 대로 한국전쟁 이래 주한미군은 점차 감축되어 왔다. 그러나 병력이 감축되었다 해서 주한미군의 전력이 감소되었다고 생각한다면 그것은 오산이다. 그동안 미국은 주한미군을 감축하면서 이를 보전하기 위해 화력과 정보 능력을 가공할 만하게 증강하였고 한국군의 전력 강화를 끊임없이 요구해왔다. 뿐만 아니라 부시 정권은 출범과 함께 해외주둔미군 재배치계획GPR을 추진하고 있다. GPR은 해외주둔 미군을 세계

곳곳의 분쟁지역에 신속하게 파견하여 전쟁을 수행하기 위한 목적에서 이루어진 것이다. 이 계획이 완료되면 미국은 본토를 비롯한 해외주둔 미군까지 신속하게 분쟁지역에 투입할 수 있는 신속기동군 체계로 재편하게 된다.

GPR에 따라 주한미군의 성격 또한 변화하고 있다. 주한미군은 이제 대북 물리력으로서의 역할뿐 아니라 중국을 봉쇄하는 임무 또한 부여받게 되었다. 이는 전략적 유연성strategic flexibility에 따라 이루어진 주한미군의 성격 변화다.

한미상호방위조약

1953년 10월 1일 체결된 한미상호방위조약(대한민국과 미합중국 간의 상호방위조약)은 1954년 11월 18일 발효되었다. 미군의 한국 주둔을 제도적으로 보장하는 이 조약은 전문과 6개조로 구성된다. 조약의 전문에서 "당사국 중 어느 일국이 태평양 지역에서 있어서 고립하여 있다는 환각을 어떠한 잠재적 침략자도 가지지 않도록 외부로부터의 공격에 대하여 그들 자신을 방위하고자 하는 공통의 결의를 공공연히 또한 정식으로 선언"한다. 그리고 "태평양 지역에 있어서……집단적 방위를 위한 노력을 공고히" 함을 목적으로 밝힌다.

제1조에서 양국은 유엔의 지위를 확인하고 있다. 이는 한국전쟁에 유엔군으로 참전한 미군의 정당성과 한미동맹의 역사성

을 확인하기 위한 것이다.

　제2조에는 "당사국 중 어느 일국의 정치적 독립 또는 안전이 외부로부터의 무력공격에 의하여 위협을 받고 있다고 어느 당사국이든지 인정할 때에는 언제든지 당사국은 서로 협의한다"고 명시하고 있다. 그리고 "당사국은 단독적으로나 공동적으로 자조나 상호원조에 의하여 무력공격을 방지하기 위한 적절한 수단을 지속하고 강화시킬 것"이라고 밝힌다. 이 조항은 "독립 또는 안전이 외부로부터 무력공격에 의하여 위협"받는다고 "어느 당사국이든지 인정할 때에는 언제든지"라고 자의적인 해석 규정을 두어 미국이 한반도에서 일방적인 군사적 행동을 할 수 있도록 열어 두고 있다.

　제3조는 한미 양국이 "공통한 위험에 대처하기 위하여 각자의 헌법상의 수속에 따라 행동할 것"이라고 규정한다. 이에 근거하여 미국은 자국 결정에 따라 언제든지 한반도에 미군을 투입할 수 있게 된다.

　한미상호방위조약 중 가장 문제가 되는 조항은 제4조다. 제4조에는 "상호적 합의에 의하여 미합중국의 육군, 해군과 공군을 대한민국의 영토 내와 그 부근에 배치하는 권리를 대한민국은 이를 허여하고 미합중국은 이를 수락한다"고 명시되어 있다. 이 조항에 의거하여 미국은 육·해·공군을 휴전선 이남 어느 곳이든지 마음대로 배치할 수가 있다. 또한 미국은 이 조항에 따라 주한미군의 병력 증강과 부대 이동, 작전 참여와 훈련, 핵무기 반입과 배치, 각종 무기의 반입을 한국 정부와 협의 없이 독자적으로 시행할 수가 있다.

　제5조에는 "그 비준서가 양국에 의하여 워싱턴에서 교환되었을 때에 효력을 발생한다"라고 명시되어 있다. 미일안보조약의 경우 각각 동경과 워싱턴에서 비준서가 교환되었을 때, 효력이 발생한다고 밝힌다. 반면 한미상호방위조약은 비준서가 워싱턴에서 교환되었을 때를 발효의 기준으로 삼는다. 사소한 것일 수 있으나 이 조항 하나로도 상호방위조약의 불평등성을 엿볼 수 있다.

　마지막 조항인 제6조에는 "본 조약은 무기한으로 유효하다. 어느 당사국이든지 타 당사국에 통고한 후 1년 후에 본 조약을 종지시킬 수 있다"고, 그 효력 기간을 무한정 열어두고 있다. 이 조항과 1961년 이북(조선)과 소련이 체결한 조소호상 원조조약의 다음 조항은 대조를 이룬다. "본 조약은 10년 간 효력을 가진다. 체약국 일방이 기한 만료에 대한 희망을 표시하지 않는다면 조약은 5년 간 계속하여 효력을 가지며, 이와 같은 절차에 의하여 앞으로 유효기간이 연장된다."

　한마디로 한미상호방위조약은 불평등하다. 이 조약에 의해 한미관계는 불평등하며 예속적이다. 그리고 이 조약에 의해 오늘도 변함없이 한미동맹은 유지되고 있다.

한미주둔군지위협정

한미주둔군지위협정SOFA은 한미상호방위조약에 의거해 주한미군의 지위를 보장하기 위한 부속협정이다. 한미행정협정이라고도 불리는 주둔군지위협정의 정식 명칭은 '대한민국과 아메리카합중국간의 상호방위조약 제4조에 의한 시설과 구역 및 대한민국에서 합중국 군대의 지위에 관한 협정SOFA: Status Of Forces Agreement'이다.

그동안 주한미군은 특별한 지위와 혜택을 누려왔다. 미 군정 아래 주한미군은 점령군으로서 특권적 지위를 누렸고 대한민국 정부 수립 직후에는 '과도기의 잠정적 군사 및 안보에 관한 행정협정'을 통해 특별한 지원을 보장받았다. 과도기의 잠정적 군사 및 안보에 관한 행정협정에는 다음과 같은 조항이 있다. "주한미군 사령관은 중요한 지역과 시설에 대한 통제권과 주한미군 사령부의 인원에 대한 치외법권을 보유한다"는 조항이 그것이다. 1949년 6월 1차 철수 때까지 주한미군은 말 그대로 치외법권을 보장받았다.

그 뒤 한미 양국은 한국전쟁에 참전한 미군을 위해 대전협정(주한미군의 범법 행위의 관할권에 관한 협정)을 체결하였다(1950년 7월 12일). 교환공문 형식으로 체결된 대전협정에서 한국 정부는 주한미군에 대한 재판 관할권을 미국에 넘겨주었다. 또한 한국 정부는 '유엔통합사령부와 경제조정에 관한 협정(마이어 협정)'을 체결하여(1952년 5월 14일) 미군(유엔군)의 편의를 보장해주었다.

대전협정과 마이어협정은 매우 불평등한 협정이었다. 이 때문에 정전과 함께 두 협정을 대체할 새로운 협정이 요구되었다. 그러나 미국은 이를 회피했고 1950년대에 미군 범죄는 끊이질 않았다. 특히 1960년을 전후하여 주한미군에 의한 총격, 살인, 강도, 강간, 린치 등 숱한 만행이 잇따랐다.

미군 범죄로 국민 여론이 나빠지자 한미 양국은 새로운 협정 체결을 위한 실무회담을 시작했다. 1962년 1차 실무회담이 개최된 것을 시작으로 회담은 4년 간에 걸쳐 진행되었다. 그리하여 1966년 7월 SOFA가 조인되어 해가 바뀐 1967년 2월 발효되기에 이르렀다.

SOFA는 이전의 대전협정과 비교하여 개선된 면이 없지 않으나 여전히 불평등했다. 이 때문에 한미간에는 분란이 상존할 수밖에 없었다. SOFA가 다시 협상 테이블에 놓인 것은 1980년대 들어 미군 범죄가 사회 문제로 부각되면서부터다. 한미 양국은 1988년 12월 개정협상을 시작하여 1991년 1월 4일 1차 개정에 합의하고 2월 1일 이를 발효시켰다. 이때의 개정을 통해 한국은 형사관할권 중 형사재판권 자동포기 조항을 삭제하여 일차적인 재판권을 확대하는 등 부분적인 개선을 보였다. 그러나 SOFA가 안고 있는 불평등성은 제거되지 않았다.

1995년 한미 양국은 2차 개정회담을 시작했다. 그러나 양국의 현격한 입장 차이로 회담은 장기간 교착되었다. 회담이 재개된 것은 2000년의 일이다. 그리고 그 해 12월 28일 타결안이 마련되었고, 2001년 2월 국회의 승인을 거쳐 2001년 4월 2일 발효되었다. SOFA는 한미상호방위조약 제4조에 근거한 것으로 원천적으로 불평등하다. SOFA가 안고 있는 문제점을 정리해보면 다음과 같다.

첫째, SOFA의 불평등성은 미군 범죄에 대한 형사재판권을 한국 정부가 행사할 수 없다는 데 있다. 형사재판권은 주한미군이 저지른 범죄의 사후처리에 관한 것으로 한국의 사법운영과 행형에 관련된 주권의 일부다. 따라서 형사재판권의 행사 여부는 평등과 불평등을 가늠하는 중요한 기준이다. SOFA 제22조 1항에는 "합중국 군 당국은 합중국 군대의 구성원, 군속 및 그들의 가족에 대하여 합중국 법령이 부여한 모든 형사재판권 및 징계권을 대한민국 안에서 행사할 권리를 가진다"고 명시되어 있다. 이에 따라 주한미군과 미군 가족, 그리고 미 군속의 범죄에 대해 한국 정부는 행정 조치만 취할 수 있다. 말 그대로 주한미군은 한국의 주권이 미치지 못하는 치외법권에 존재한다.

둘째, SOFA에 의해 한국 정부는 미군기지에 대한 일체의 권리를 행사할 수 없다. SOFA 제2조 1항에는 "대한민국 안의 시설과 구역의 사용을 공여 받는다.…… 시설과 구역은 소재의 여하를 불문하고 그 시설과 구역의 운영에 사용되는 현존의 설비, 비품 및 정착물을 포함한다"고 명시되어 있다. 이 조항에 따라 주한미군은 일체의 시설과 구역을 무상으로 제공받는다. 이로 인해 주한미군 공여지에 토지를 갖고 있는 국민들은 재산권을 제약 받게 된다. 또한 SOFA 제4조에 따르면 주한미군은 기지 반환시 원상태로 회복해야 할 의무를 지지 않아도 된다. 2006년

7월 미국이 오염된 미군기지 19개소를 아무런 치유 없이 반환할 수 있었던 것도 바로 이 조항 때문이다.

셋째, SOFA에 따라 한국 정부는 주한미군에게 무조건적인 지원과 특혜를 보장한다. SOFA 제14조와 제16조에 근거하여 주한미군은 면세의 혜택을 누린다. 주한미군은 한국 정부 또는 지방 행정기관이 소유, 관리하는 모든 공익사업과 용역을 이용할 수 있다. '공익사업과 용역'이란 수송, 통신시설, 전기, 가스, 수도, 전열, 스팀, 동력, 하수 오물처리 등을 말한다. 또한 SOFA 제6조 1항에 따라 주한미군은 요구하는 대로 기반시설과 공익시설을 우선적으로 제공받을 수 있도록 보장하고 있다.

넷째, 주한미군은 SOFA 제17조에 따라 한국인 노무자의 노동3권을 제한할 수 있다. SOFA에는 "합중국의 군사상 필요에 배타되지 아니하는 한도 내에서"라는 추상적인 단서 조항으로 한국인 노무자의 노동3권을 제약할 수 있도록 열어두고 있다.

이 밖에도 SOFA에는 미군 범죄 피해자의 배상신청을 가로막는 제23조의 민사청구권 관련 조항을 비롯하여 주한미군에게 유리한 내용으로 가득 차 있다.

주한미군기지

미군기지란 주한미군이 주둔하고 있는 기지와 훈련장 등 배타적인 사용권을 행사하는 지역을 말한다. SOFA에 의하면 한국

정부가 미군에게 지원하는 토지는 공여지供與地다. 한국이 미군에게 제공하는 공여지는 크게 세 가지로 구분된다. 첫 번째는 전용 공여지다. 전용 공여지란 미군이 주둔하는 기지와 훈련장을 말한다. 두 번째는 지역 공여지로 미군 사격 훈련장 주변 안전지대, 미군 송유관과 수도관, 전선 등을 보호하기 위한 토지를 말한다. 세 번째는 임시 공여지다. 임시 공여지란 미군의 군사 훈련을 위해 임시로 제공되는 토지다.

미군기지는 1945년 미24군단이 진주하면서 생겨났다. 그러나 현재와 같은 모습의 미군기지가 등장한 것은 정전 이후 주한미군이 본격적으로 주둔하면서다. 정전 직후인 1953년 전국에 산재한 주한미군기지는 277개에 달했다. 그 후 주한미군기지는 점차 줄어들어 1990년대에 이르면 96개소가 되었다. 2001년 현재 전국에 산재한 주한미군기지는 93개소다. 미군기지의 총면적은 7440만 평으로 여의도의 84배에 이른다. 이 가운데 미군주둔 기지는 21개, 훈련장은 12개, 기지와 훈련장을 겸하는 곳은 60개다(《중앙일보》, 2001년 7월 19일).

그런데 2002년 이후 주한미군기지는 크게 변화하고 있다. 미국은 해외주둔미군재배치계획에 따라 주한미군기지의 재배치를 위한 연합토지관리계획LPP을 추진했다. 그 결과 한국은 미국의 요구대로 2002년 3월 29일 LPP에 합의한다. LPP에 따르면 미국은 미군기지 7440만 평 가운데 4114만 평을 반환하는 대신 154만 평의 새로운 공여지를 제공받게 된다.

이 합의에 따라 한국 정부는 2011년까지 용산미군기지를 비롯한 59개 미군기지를 돌려받게 되었다. 그리고 그 시작으로 2007년 4월 13일 미군기지 14곳이 한국에 반환되었다. 그런데 문제는 돌려받은 미군기지 14곳에 대한 환경조사나 오염 치유가 전혀 이루어지지 않았다는 사실이다. 결국 허울 좋은 반환을 명분으로 주한미군은 오염된 미군기지 치유 책임을 전면 회피하고 말았다. 그 결과 한국 정부는 미군기지 오염 치유에 필요

기지 명	위 치	주요 오염 내용
공동경비구역 (리버티벨/보니파스)	파주시 문산읍	유류, 아연, 납 토양오염기준 초과 유류 지하수정화기준 초과
그리브스	파주시 군내면	유류, 구리, 납 토양오염우려기준 초과 벤젠 지하수정화기준 초과
님블	동두천시 상패동	유류 토양오염기준 초과
라과디아	의정부시 가능동	유류, 아연, 니켈 토양오염기준 초과
맥냅	남제주군 대정읍	유류 토양오염기준 초과
스탠턴	파주시 광탄면	유류 토양·지하수기준 초과
유엔컴파운드	용산구 이태원동	유류 토양오염기준 초과
자유의다리	파주시 군내면	유류 토양·지하수기준 초과
자이언트	파주시 문산읍	유류 토양오염기준 초과
찰리블록	파주시 파주읍	유류 토양오염기준 초과
콜번	하남시 하산곡동	유류, 아연, 니켈 토양오염기준 초과
하우즈	파주시 봉일천리	유류, 납, 아연, 카드뮴 토양오염기준 초과 페놀 지하수기준 초과
서울역미군사무소	용산구 동자동	오염조사 안 함

[표 6] 반환된 미군기지의 주요 환경오염 실태
(《한겨레》, 2007년 4월 14일, 7면)

한 비용(환경부 발표 최대 400억 원, 환경단체 발표 수천억 원)을 모조리 떠안게 되었다.

그렇다면 미국이 주한미군기지를 재편하겠다는 속셈은 무엇일까. 그 속셈을 들여다보면 첫째, MD체제를 중심으로 한미일 삼각동맹을 일체화하겠다는 의도다. 다시 말해 미국의 주한미군기지 재배치는 동북아 지역동맹 강화의 일환으로 추진되고 있다. 둘째, 미군기지 재배치는 전략적 유연성[7] 확보와 연관되어 있다. 미국은 주한미군의 성격을 대북뿐 아니라 대중국 봉쇄의 첨병으로 전환하고 있다. 이에 따라 미국은 서해안 일대를 중심으로 미군기지를 전면 재배치하고 있는 것이다.

그동안 주한미군은 인계철선trip-wire[8] 역할을 수행하기 위해 용산 미군기지를 중심으로 판문점 공동경비구역JSA에서부터 제주도에 이르기까지 광범위하게 분포되어 있었고 미2사단을 서부전선 일대에 배치하였다. 미2사단은 인계철선 역할을 충실하게 수행하기 위해 서부전선 요충지인 동두천, 의정부, 문산 일대의 20여 개 기지에 부채꼴 모형으로 포진되어 있었다.

그러나 미국은 2001년 주한미군의 인계철선 역할 포기를 선언한다. 2003년 3월 18일 미국은 미2사단을 한강 이남으로 재배치한다고 밝히면서 "인계철선이라는 말은 불공정한 말이며, 그 속뜻은 미국인이 먼저 피를 흘리지 않으면 한국을 방어할 수 없다는 것"이라고 주장했다. 이에 따라 주한미군은 대규모 부대가 고정되어 주둔하는 방식에서 경량화, 기동화를 통해 세계 곳곳에 파병될 수 있는 신속기동군체제로 전환하게 된다. 미국은

2005년 6월, 주한미군의 전략적 유연성의 징표라 할 수 있는 미 2사단을 원거리 작전과 정밀타격 능력을 갖춘 미래형 사단UEx으로 재편하기에 이르렀다.

이런 의도 속에 미국은 2009년까지 미군기지의 전면적인 재배치를 추진하고 있다. 전략적 유연성에 기초하여 재배치되는 미군기지는 서해안에 집중하여 서해안 벨트를 형성하게 된다. 미국이 추진하는 서해안 벨트의 중추는 평택미군기지다. 재배치 이전 평택에는 미7공군사령부K-55와 캠프 험프리K-6를 비롯한 5개의 기지 455만 평이 존재했다. 주한미군은 한국 정부의 지원으로 349만 평을 추가하여 2012년까지 804만 평에 이르는 광대한 기지를 조성하겠다는 계획이다.

이렇게 확장될 평택기지는 전력투사의 중추기지, 주요 작전기지의 역할을 할 것이다. 또한 평택항은 중국과 이북에 대항한 미 해군 전력의 중추적인 역할을 할 것이다. 평택에 인접한 오산공군기지에도 제35방공포 여단본부가 이전하여 미 공군 전력이 집중될 것으로 보인다. 여기에 미국은 군산공군기지, 광주기지, 전남 광양항, 제주 화순항을 서해안 벨트로 하여 대중국 봉쇄의 전진기지로 만들겠다는 생각이다.

한국군 작전통제권

작전통제권(작전권)[9]의 이양은 대전협정 체결과 긴밀하게 연계되어 있다. 대전협정이 체결된 직후 1950년 7월 15일 이승만 대통령은 맥아더에게 다음과 같은 이양 서한을 보냈다.

"본인은 현 작전 상태가 계속되는 동안 일체의 지휘권을 이양하게 된 것을 기쁘게 여기는 바이오며, 여사한 지휘권은 귀하 자신 또는 귀하가 한국 내 또는 한국 근해에서 행사하도록 위임한 기타 사령관이 행사하여야 할 것입니다. 한국군은 귀하의 휘하에서 복무하는 것을 영광으로 생각할 것이며 또한 한국 국민과 정부도 고명하고 훌륭한 군인으로서 우리들의 사랑하는 국토의 독립과 보전에 대한 비열한 공산 침략을 대항하기 위하여 힘을 합친 국제연합의 모든 군사권을 받고 있는 귀하의 전체적 지휘를 받게 된 것을 영광으로 생각하며 또한 격려되는 바입니다."

한국군의 작전권 이양은 미군의 효율적인 작전 수행이라는 명목 아래 이루어졌다. 이렇게 이양된 작전권은 전시 상태라는 특수한 상황과 전시에만 한한다는 잠정적인 의미를 가졌다. 한국군의 작전권 이양은 정전협정 직후 연장하게 된다. 1953년 8월 7일 이승만 대통령과 미 국무장관 델레스는 공동성명을 발표하여 작전권의 이양 연장을 선언한다. 당시 작전권 이양 연장 선언은 한미상호방위조약의 가조인과 함께 이루어졌다. 이렇게 연장 이양된 작전권은 현재에 이르기까지 네 차례의 크고 작은 변화를 거치게 된다.

첫 번째는 1960년대에 일어난 몇 차례의 변화다. 5.16쿠데타 직후 1961년 5월 26일 국가재건회의와 유엔군 사령부는 공동성명에서 유엔군 사령관(주한미군 사령관)은 "공산 침략으로부터 한국을 방어함에 있어서만" 한국군의 작전권을 행사한다고 못 박았다. 이는 한미합의의사록(1954년 11월)에서 양국이 합의한 "유엔군 사령부가 대한민국의 방위를 책임지는 한 그 군대를 유엔군 사령부의 작전통제권 하에 둔다"라는 것에 비해 그 범위가 구체적으로 언급된 것이다. 또한 이날 성명에서 유엔군 사령관은 제30예비사단, 제33예비사단, 제1공수특전대 등 일부 한국군의 지휘권을 국가재건최고회의에 둔다고 밝혔다.

1960년대 중반 한국군의 베트남 파병이 결정되면서 누가 작전권을 행사하느냐를 두고 논란이 일었다. 미국은 한국군이 주한미군 사령관 겸 유엔군 사령관 산하에 있으므로 베트남에서도 자신들이 작전권을 행사해야 한다고 주장했다. 반면 한국은 그럴 경우 한국군의 위신과 사기가 저하됨은 물론 국제적으로 용병 시비가 일 수 있다고 맞섰다. 결국 이 문제는 한국군 사령관이 작전권을 행사하는 것으로 정리되었다.

1960년대 후반 작전권의 변화는 1968년 발생한 푸에블로 호 나포사건과 1.21사태가 직접적인 계기가 되었다. 그 해 4월 17일 한미정상회담에서 미국은 대간첩작전시 예비군을 포함한 한국군에 대한 작전권을 한국에 넘겨주었다.

두 번째는 1978년 한미연합 사령부가 창설되면서 한미연합 사령관이 한국군을 지휘하는 형식상의 변화다. 이는 한국의 합참의장과 주한미군 사령관이 공동의장이 되어 군사위원회MCM에서 수립한 지침에 따라 한국군을 지휘하는 이른바 '작전권 공동행사' 방식의 변화였다. 그러나 지휘 계통의 변화는 형식적인 것으로 여전히 한국군의 작전권은 주한미군 사령관에게 있었다.

세 번째는 1990년대 평시작전권 환수다. 미국은 제26차 한미연례안보협의회에서 평시작전권을 1994년 12월 1일부로 한국군에게 반환하기로 합의했다(1994년 10월 6일). 그러나 군대가 전시에 대비하기 위한 물리력임을 감안할 때, 평시작전권 환수는 형식적인 조치에 불과했다.

네 번째는 2007년 2월 23일 한미국방장관회담에서 한국의 작전권 환수 합의다. 보도에 따르면 주한미군의 재배치가 마무리되는 2012년 4월 17일 한국이 작전권을 환수하고, 한미연합사를 해체하기로 합의했다고 한다. 분명 작전권 환수는 환영할 만한 일이다. 그러나 작전권을 환수한다 해서 한국군이 독자적으로 작전권을 행사할 수 있을지는 의문이다.

그 이유는 작전권 환수가 미국이 추진 중인 전략적 유연성에 따른 사전 정지작업과 무관하지 않기 때문이다. 미국은 벌써부터 작전권 환수에 대비하여 현행 작전계획 5027과 달리 방어 개념에 역점을 둔 새 작전계획을 작성할 것이라고 한다. 뿐만 아니라 작전권을 환수하더라도 여전히 주한미군에 정보력을 비롯한 전술운용 등을 의존하고 있는 상황에서 한국군의 작전권 행사란 불완전할 수밖에 없다.

작전계획 5027만 해도 그렇다. 이북의 체제 해체를 위한 작전계획 5027이 작동할 경우 한국군의 독자적인 작전권 행사는 불가능해진다. 따라서 작전권 환수가 실질적인 것이 되기 위해서는 정보, 전술운용, 작전계획 등 전반 분야에서 대미 의존을 탈피해야 한다. 이것이 동반될 때, 한국군의 작전통제권은 비로소 자주적인 것이 될 수 있다.

한미합동군사훈련

군사훈련은 그것이 방어적이든 공격적이든 전쟁 상황에 대비한 것이다. 한미간의 대표적인 합동군사훈련은 1976년부터 실시되었던 팀스피리트 훈련이다. 팀스피리트 훈련은 미국이 월남전에서 패망한 이후 한반도를 비롯한 동북아에서 전력 확대를 꾀하기 위해 실시한 대규모 군사훈련이다.

팀스피리트 훈련은 1976년 4만 6000명이 참가하여 실시된 이래 1980년대 중후반에는 20여만 명의 한미연합군이 참여하는 아시아태평양지역 최대 규모의 훈련이었다. 팀스피리트 훈련이 실시되면 한반도의 긴장은 최고조에 달했다. 북은 이 기간 남북대화를 일절 중단하고 경계 태세에 돌입했다. 남에서도 팀스피리트 훈련이 대북 선제핵공격훈련이라는 이유로 강한 반대운동이 일어났다. 팀스피리트 훈련은 1990년대 들어 북핵 문제와 연계되어 중단(1992년)과 재개(1993년)를 거쳐 1994년 북미제네바합의에 따라 폐지되었다. 현재 한미간에는 RSOI 훈련과 독수리 훈련, 그리고 1975년 시작된 을지 포커스렌즈 훈련이 실시되고 있다.

한미연합전시증원훈련RSOI: Reception, Staging, Onward Movement, and Integration은 1994년 이래 매년 3월에 실시된다. RSOI 훈련은 한반도에서 전쟁이 발발할 경우 미국 본토에서 파병된 증원 병력과 전투 장비를 수용하여 전방 전투지역에 신속하게 배치하는 연례적인 지휘소 훈련이다. RSOI 훈련은 2002년부터 독수리 훈련FE과 통합하여 실시되고 있다. 2005년 실시된 RSOI 훈련에는 미국의 스트라이크부대가 참가하였으며, 2006년에는 전남 광양항, 평택항, 부산 8부두, 대구, 포항 등지에서 진행되었다.

독수리 훈련Foal Eagle은 1961년 비정규전 부대요원 훈련으로 실시된 이래 1976년부터 비정규전에 대비한 대표적인 한미합동 훈련이다. 독수리 훈련은 1995년부터 폐지된 기존 팀스피리트 훈련을 분산 배정하여 실시하기도 했다.

을지 포커스렌즈 훈련UFL은 1954년 이후 실시된 포커스렌즈 훈련과 1968년 1.21사태 이후 전시 물자동원에 대비한 을지훈련을 통합하여 매년 8월에 실시된다. 을지 포커스렌즈 훈련은 실제 병력과 전투 장비를 투입하지 않고 시뮬레이션으로 전장 상황을 가정해 운영되는 한미 양국 군대의 지휘소 훈련CPX이다. 2006년 을지 포커스렌즈 훈련은 전시 작통권 환수에 대비한 차원에서 실시되었다.

이 밖에도 한국은 미국을 중심으로 하여 일본, 호주, 캐나다, 칠레 등 태평양 연안국이 참가하는 림팩 훈련에 1990년 12차 훈련부터 참가하고 있다. 림팩 훈련은 1971년 시작되어 1974년 4차 훈련부터 2년마다 실시되고 있다. 특히 1980년 8차 훈련부터 일본이 참가, NATO와 남태평양 국가, 동북아 국가를 포괄하는 대규모 훈련으로 탈바꿈했다.

	을지 포커스렌즈 (UFL) 연습	한미연합증시증원(RSOI) 연습	독수리(Foal Eagle) 연습	해군연합 훈련
형태	종합지휘소 연습	지휘소 연습	야외 기동훈련	해상 훈련
목적	한국의 방위를 위한 충무계획 및 직계 5027 수행절차 숙달	미 증원군의 한반도 전개 절차 숙달	연합 특수작전 및 후방지역 작전 능력, 공·지·해 합동작전 능력 향상	한반도 주변 해역의 다양한 위협 제거 위한 연합작전 능력 향상
훈련 내용	-한미 연합 위기관리 절차 -전시전환 및 한미 군사협력 절차 -미 증원군 전개 지원 절차 -계엄 및 인사작전 수행 절차	-미 증원군 이동관리 및 부대추적 절차 -전시지원 절차 -공항, 항만 방호 및 연합 선박 통제 -한국 국적 선박 동원 절차 -공동운영기지 개소	-연합공중전력, 해양기동훈련 -해상 대 특수작전부대 훈련 -전구 유도탄 방어 -중부 요충지, 전술 집결지 방어	-대 잠수함 해양탐색 -잠수함 훈련 -기뢰전 -구조전 -특수전 -폭발물 처리

[표 7] 한미연합 훈련 및 연습(《한겨레》, 2006년 12월 22일)

쉬어가는 페이지

앗, 알고 보니 나도 국보법 위반자?
- 국민과 함께 푸는 국가보안법 퀴즈

김행수 기자《오마이뉴스》, 2007년 2월 5일)

펜을 들고 다함께 한 번 맞추어 보십시오. 알 듯 모를 듯……. 과연 나는 몇 개나 맞출 수 있을까요? 나는 국가보안법 위반 혐의에서 벗어날 수 있을까요?

1. 다음 사진 중 국가보안법 위반인 것은 어느 것인가?

① 조선일보 홈페이지 사진

② 전교조 홈페이지 사진

③ 교육부 홈페이지 사진

④ 서울교육청 발행 통일교육지도자료 '북한사회의 이해'에 실린 사진

⑤ 통일부 발행 고등학교용 지도서 '열리는 통일, 신나는 미래'에 실린 김정일 생일 축하 행사 사진

▲ 퀴즈 보기, 쉬운 듯 어려운 듯, 알듯 모를 듯……

ⓒ 교육부, 통일부, NK조선 등 사진 인용

◆ 정답 및 해설

②번. 이유는 아무도 모름. 남이 하면 불륜, 내가 하면 로맨스?

2. 다음 보기의 가상 상황 중 국가보안법을 잘못 적용한 것은 어느 것인가?

① 조선일보가 'NKchosun'이라는 사이트를 운영하면서, 북한 사진과 영화·소설 등을 게재하고 주체사상 원전과 북조선노동당의 성명서와 노동신문 사설 등을 게재했음. 국가보안법 7조의 고무찬양과 이적표현물 소지배포 혐의로 방우영 회장을 구속했다.

② 박근혜 한나라당 전 대표가 평양에서 가서 김일성을 만나서 웃으며 악수하고 사진 찍고 만경대 갔다 왔음. 국가보안법 6조 잠입탈출죄, 7조 고무찬양, 8조 회합통신, 10조 불고지죄 위반으로 징역 15년을 선고했다.

③ UN 반기문 사무총장이 국가보안법상 반국가단체인 북한을 국제 사회의 한 나라로 인정하고 UN에서 쫓아내지 않고 식량 지원했음. 인터폴에 국가보안법 제5조 자진지원, 7조 고무찬양, 8조 회합통신 등 위반으로 긴급 체포를 요청했다.

④ 대한민국 4800만 국민이 김정일 국방위원장이 답방시 국가보안법 제3조 반국가단체구성죄와 정부참칭죄, 반국가단체수괴죄와 지도적임무종사죄 등이 명백한 그를 신고하지 않고 환영했음. 국민 모두를 국가보안법 제10조 불고지

죄로 기소했다.

⑤ 통일교육을 담당하는 도덕 교사가 북한에 대한 참고자료를 얻기 위하여 북한 관련 자료를 인터넷에서 다운받아서 읽었음. 국가보안법 제7조의 이적표현물 소지 탐독 혐의로 구속하였다.

◆ 정답 및 해설
⑤ : 역시 이유는 아무도 모름. 걸려고 마음만 먹으면 누구도 빠져나갈 수 없는 국가보안법.

3. 다음 중 국가보안법상 국가기밀 정보는 무엇인가?
   ① "김대중은 진주교도소에 수감되어 있는데 그 부인이 면회 오면 그 추종자인 남해사람 정**도 같이 면회 온다"는 동향.
   ② 각 경찰서에는 데모진압을 위한 데모진압기동대가 편성되었다.
   ③ 여수 호남정유공장은 불꽃이 나오는 것으로 보아 야간에도 가동을 하고 있다.
   ④ "물가는 급증하고 비료 값도 비싸게 올라서 쌀값을 동결시켜 놓아 농민들만 죽을상이다"라는 농촌 실정.
   ⑤ 시중 서점에 나와 있는 '한국인명사전' '언론사 연감' '정보보호학회지' '전자공학회지'.

◆ 정답 및 해설
모두 정답임. 실제로 국가기밀로 분류되어 유죄 선고를 받거나 구속된 사건으로 현재 진행 중인 사건임. 특히 5번의 '한국인명사전'과 '언론사 연감'은 지도층 인사의 신상정보가 망라돼 있다는 점에서, '정보보호학회지' '전자

공학회지' 등은 최신 첨단이론이 수록된 점에서 각각 국가기밀에 해당한다고 법원이 판결했다고 한다.

4. 다음 중 국가보안법 위반 혐의가 아닌 것?

① 한 시민이 막걸리 먹고 취해 '북한군가'를 부른 것.

② 이범선의 소설 〈오발탄〉에 어머니가 '가자, 가자'를 외치는 장면.

③ 강우석 감독의 영화 〈실미도〉에 북한 노래 '적기가'가 나온 장면.

④ 철거촌의 한 주민이 철거 깡패에게 화가 나서 "이 김일성보다 못한 놈아"라고 외친 것.

⑤ 통일 과목 담당 도덕교사가 '북한 핵에 관련해 다른 사람이 쓴 글을 인터넷에서 다운받아 읽어보고 생각이 달라 삭제'한 것.

◆ 정답 및 해설

정답 없음. 모두 실제로 국가보안법 위반 혐의로 고발되어 수사를 받았거나 현재 진행 중인 사건들임. 실제로 유죄선고를 받은 것도 있고 결국 무죄를 받은 것도 있지만 그 과정에서 모두가 고통스럽기는 마찬가지.

[주관식]

5. 다음 보기의 책 중에서 국가보안법상 이적표현물에 해당하는 것을 모두 고르시오.

〈어느 청년노동자의 삶과 죽음(조영래)〉 〈페다고지(파울로 프레

리)〉〈자유로부터의 도피(에리히 프롬)〉〈무림파천왕(박영창)〉
〈실학파와 정다산(최일한)〉〈전환시대의 논리(이영희)〉〈철학
에세이(조성오)〉〈죽음을 넘어 시대의 아픔을 넘어(황석영)〉
〈아리랑(님 웨일즈)〉〈노동의 새벽(박노해)〉〈녹슬은 해방구(권운
상)〉〈북한이야기(루이제 린저)〉〈민중과 지식인(한완상)〉〈중국
의 붉은 별(에드가 스노우)〉〈다시 쓰는 한국현대사(박세길)〉〈한
국근현대사(강만길)〉〈어머니(막심 고리끼)〉

◆ **정답 및 해설**

　모두 재판을 통해 이적표현물로 인정이 된 책들이다. 시내의 일반 서점에서 얼마든지 구해볼 수 있는 책이다. 이적표현물을 누구나 제약 없이 살 수 있는 셈이다.

| 참 | 고 | 문 | 헌 |

강성철, 《주한미군》, 일송정, 1988년.
김남식, 〈민족분열과 한미동맹〉, 통일뉴스, 2004년 10월 18일.
김일영·조성렬, 《주한미군》, 한울, 2003년.
노중선, 《민족과 통일》, 사계절, 1985년.
도진순, 《분단의 내일 통일의 역사》, 당대, 2001년.
동아일보 특별취재반, 《철저해부 주한미군》, 동아일보사, 1990년.
박명림, 〈한반도 정전체제〉, 한반도 평화체제 구축 세미나 자료집,
    한국국방연구원, 2006년.
박원순, 《국가보안법 연구 1, 2, 3》, 역사비평사, 1989년, 1992년.
주한미군범죄근절운동본부, 《한미행정협정 너, 오늘 임자 만났다》, 1996년 5월.
주한미군범죄근절운동본부 홈페이지(http://usacrime.or.kr) 게시자료.
한호석, 〈한(조선)반도에서 정전상태를 평화상태로 전환하는 길〉, 통일학연구소,
    1995년.

| 주 | 석 |

7) 전략적 유연성은 전 세계 미군을 자유롭게 빼내 분쟁지역에 신속히 투입하겠다는 미국의 군사전략 기조다. 주한미군도 여기에서 예외일 수 없다. 미국은 전략적 유연성에 따라 서부전선의 미2사단과 용산 미군기지를 한강 이남인 평택으로 이전하는 것을 추진 중이다. 한미 사이에 전략적 유연성이 공식화한 것은 2003년 한미연례안보회의SCM에서다. 그 후 한미 양국은 2006년 1월 19일 1차 한미전략대화(외무장관회담)에서 주한미군의 전략적 유연성에 합의하였다.

8) 인계철선引繼鐵線, trip-wire의 본래 의미는 폭발을 유도하는 가는 철선을 말한다. 주한미군의 인계철선 역할이란 미2사단 병력을 북의 남침로(서부전선 일대)에 집중배치하여 전쟁 발발 시 미국이 개입할 수밖에 없도록 한다는 의미다. 이에 미국은 인계철선은 불공정한 용어이므로 사용하지 말 것을 주문하였다.

9) 작전통제권Operational Control은 흔히 지휘권이나 작전지휘권과 혼용되지만 실제로는 둘보다 좁은 개념이다. 작전통제권은 작전계획이나 작전명령에 국한된 것으로 행정, 군수, 인사, 군기 등에 대한 책임과 권한은 포함되지 않는다. 그러나 작전통제권이 빠진 지휘권이란 알맹이 없는 형식적인 권한에 지나지 않는다. 그런 점에서 작전통제권은 군사 주권의 상징이라 할 수 있다. 현재의 한미 지휘체계에는 한미 양국군의 방어준비태세(데프콘)가 평상시의 '데프콘4'에서 '데프콘3'으로 높아지면 전시 작전통제권이 한국군에서 한미연합사 사령관, 즉 주한미군 사령관에게 넘어가게 된다.

■ 통일, 우리 민족의 마지막 블루오션

21 평화체제란 무엇인가?
22 정전협정의 쟁점과 사문화의 전말
23 평화협정 체결, 그 주장과 경과
24 평화협정의 내용과 쟁점

제6장
평화체제, 통일로 가는 징검다리

21 평화체제란 무엇인가?

평화체제Peace Regime는 통일의 필요조건이자 선행과정이다. 한반도 평화체제의 구축은 분단체제를 해체하는 과정으로 우리 민족의 자주통일을 실현하는 과정인 동시에 동북아의 평화공존 질서를 확립하는 작업이다. 따라서 한반도 평화체제의 구축이란 자주통일과 평화공존을 향한 6.15시대의 새로운 질서 정립을 뜻한다.

평화체제의 의미

평화체제는 소극적 의미의 평화체제와 적극적 의미의 평화체제로 구분된다. 소극적 의미의 평화체제에는 전쟁이나 그에 준하는 폭력사태의 중단을 위한 방안이 포함된다. 여기에는 전쟁의 부재, 테러 행위나 소규모 무력충돌의 부재, 상호 비방과 적대적 심리전의 중지 등이 해당된다. 이에 비해 적극적 의미의 평화체제는 평화조약의 체결을 통해 분쟁의 일시적, 또는 영구적 중단을 강구하는 방안을 말한다. 적극적 의미의 평화체제가 실현되려면 평화조약의 체결과 그것을 운영하기 위한 집행·감독기구가 필요하다.

그렇다면 한반도 평화체제는 어떤 의미를 지니며, 그 필요성은 무엇인가. 먼저 한반도의 평화체제는 정전상태를 평화상태로 전환하여 평화의 기초를 닦고 통일의 토대를 다지는 데 그 의미와 목표가 있다. 한반도 평화체제는 '정전협정의 평화협정으로 대체'를 통해 '분단체제를 해체'하고, 나아가 '한반도 평화의 국제적인 보장'을 그 내용으로 한다.

여기서 평화체제의 핵심은 정전협정을 평화협정으로 대체하는 것이다. 정전협정의 평화협정으로의 대체는 정전협정에도 명시되어 있다. 정전협정 서언에는 "조선 충돌을 정지시키기 위하여서 최후적인 평화적 해결이 달성될 때까지 조선에서의 적대행위와 일체 무장행동의 완전한 정지"에 목적이 있음을 명시하고 있다. 서언 말고도 정전협정 제2조 13항, 제4조 60항, 제5조 62항에는 한반도 문제의 '평화적 해결'을 반복하여 언급하고 있다.

또한 정전협정의 평화협정으로의 대체는 분단 역사의 청산이라는 6.15시대의 요구와 맞물려 있다. 8.15해방부터 한국전쟁에 이르는 시기는 민족 분단의 고착기였다. 한국전쟁은 민족 분단의 결정판이었으며 정전협정은 그것의 마침표였다. 정전협정은 이 같은 맥락 속에서 분단체제의 근간으로 자리 잡았다.

분단체제의 근간인 정전협정은 남, 북, 미 사이의 적대성과 대미 예속성을 내포한다. 정전협정이 갖는 적대성과 예속성은 민족의 대결과 이남 사회의 대미 예속을 체제 내화시켰다. 그 결과 대북 적대의식을 집약하고 있는 헌법상의 영토조항(제3조)과 국가보안법은 정전협정의 틀 속에서 작동한다. 뿐만 아니라 불평등한 한미동맹의 근거인 한미상호방위조약과 주한미군의 주둔은 정전협정에 기반하여 유지되고 있다.

정전협정은 우리 민족의 과거와 현재뿐 아니라 미래에 이르기까지 민족대결과 대미 예속을 강요한다. 그리하여 정전협정은 6.15시대에 와서도 우리 민족의 화해와 단합을 가로막는 장애물이 되고 있다. 단정적으로 말해 정전협정과 6.15공동선언은 정면으로 충돌한다. 따라서 정전협정을 폐기하고 평화협정을 체결하는 것은 구시대의 낡은 질서를 해체하고 6.15시대에 새로운 질서를 창출하는 핵심적인 작업이다.

평화체제, 통일의 전제조건

한반도 평화체제는 단순히 '평화'만을 의미하지 않는다. 한반도 평화체제는 '자주와 통일'의 전제조건이다. 그런 의미에서 평화체제는 통일의 징검다리이며 통일은 평화체제의 완성이다. 그러면 한반도 평화체제가 통일의 전제조건인 이유를 살펴보자.

첫째, 평화체제의 구축은 한반도에 상존하는 긴장과 대결을 해소하고 자주통일에 일대 전기를 마련할 것이다. 한반도의 정전 상태는 북미 사이의 첨예한 정치군사적 대결을 강요한다. 또한 정전 상태는 남과 북의 대립과 한미 사이의 예속적인 불평등 관계를 강요한다. 따라서 정전체제를 해체하고 평화 체제를 구축하는 것은 대결과 예속에서 평화공존과 자주통일로 나아가는 결정적인 전기가 될 것이다.

둘째, 평화체제의 구축은 남과 북의 대치 상태를 해소하여 민족단합과 통일에 새로운 국면을 열 것이다. 정전협정에 기초한 민족 분단은 남과 북의 정치군사적인 대결뿐 아니라 이데올로기의 대립까지 불러왔다. 우리 사회에 팽배한 대북 적대의식은 헌법상의 영토조항(제3조)과 국가보안법에 기초하고 있다. 이승만 정권 이래 독재정권은 취약한 통치기반을 강화하기 위해 국가보안법과 반공법을 악용하여 반공·반북 이데올로기를 조장하였다.

현재 우리 사회의 반북 이데올로기는 많이 완화되었다. 그러나 완전히 청산된 것은 아니다. 우리 사회에는 여전히 북이 가난하다는 이유만으로 멸시하는 풍조가 존재한다. 더러는 통일이 되면 경제적으로 손해를 볼 것이라는 막연한 생각에서 통일을 반대하기까지 한다. 이 같은 반북 이데올로기는 정전체제에 기초한 것으로 평화체제의 구축은 우리 민족끼리 단합하는 계기를 만들 것이다.

셋째, 평화체제의 구축은 한미 사이의 예속적 불평등성을 호혜평등한 관계로 돌려세우는 전환점이 될 것이다. 평화협정 체결은 한미동맹의 변화를 수반하게 된다. 한미동맹의 변화는 한미간의 불평등한 정치군사적 관계를 청산하고 자주적인 관계를 진작시키는 계기가 될 것이다.

넷째, 평화체제 구축은 우리 민족의 불행한 과거사 청산과 맞물려 있다. 우리 민족의 분단은 일제의 식민 지배에서 연유한다. 그리고 1945년 8.15해방부터 한국전쟁에 이르는 기간은 분단이 고착된 시기로 정전협정은 그것의 마침표였다. 이처럼 정전협정으로 상징되는 분단의 역사는 평화체제의 구축을 통해 통일의 역사로 전환하게 될 것이다.

다섯째, 평화체제의 구축은 사문화된 정전협정을 변화된 현실에 맞게 대체하는 작업이다. 정전협정은 이미 오래 전에 사문화되었다. 평화협정을 체결하는 것은 정전협정으로 상징되는 낡은 구시대 질서를 해체하고 자주통일의 새 질서를 구축하는 작업이다.

한반도 평화체제와 동북아 정세

탈냉전 이후 동북아 정세는 더욱 긴장되고 있다. 동북아 정세가 긴장되고 있는 핵심적인 이유는 미국의 패권정책이 작동하고 있기 때문이다. 미국이 추구하는 동북아 패권정책은 다음 세 가지 문제와 결부되어 있다.

첫째, 미국의 패권정책은 한반도에서 대북 적대정책으로 나타난다. 미국의 대북 적대정책은 동북아 정세를 불안정하게 만드는 핵심 요인이다. 탈냉전 이후 미국은 대북 봉쇄정책을 통해 체제 붕괴를 추구해왔다. 그 결과 탈냉전에도 불구하고 한반도에서는 긴장이 더욱 고조되었다. 따라서 한반도의 평화 정착은 미국의 대북 적대정책의 폐기가 전제되어야 가능하다. 미국의 대북 적대정책의 폐기야말로 한반도와 동북아 평화와 안정에 가장 선차적인 요소다.

둘째, 동북아의 긴장을 고조시키는 요소는 일본의 우경화와 군국주의 재무장이다. 탈냉전 이후 미국은 미일동맹을 강화하여 동북아에서 패권정책을 지속하기 위한 교두보로 활용하고 있다. 일본 또한 미국의 지원을 등에 업고 빠르게 우경화하면서 군국주의 재무장을 꾀하고 있다. 그 결과 일본의 군국주의 재무장은 동북아의 평화와 안정을 해치는 현안으로 등장한 지 오래다.

셋째, 중국과 대만의 양안兩岸 문제가 동북아 평화를 위협하는 또 다른 사안이 되고 있다. 1971년 이후 중국은 하나의 중국 원칙에 입각하여 일국양제一國兩制의 통일 방안을 추구해왔다. 반면 미국은 중국을 견제하기 위해 민진당으로 대표되는 대만의 집권 세력을 지원하면서 중국의 통일을 반기지 않고 있다.

미국이 중국의 통일을 반기지는 않는 이유는 자신들과 경쟁하는 또 다른 패권국가의 등장을 원치 않기 때문이다. 홍콩과 마카오에 이어 대만까지 흡수 통합한 중국이 등장할 경우 동북아에서 미국의 패권 질서는 위태롭게 될 것이다. 이런 복잡한 이해관계 속에서 양안 문제는 중국과 대만 문제인 동시에 중국과 미국 문제가 되고 있다.

이상의 세 가지 사안을 살펴보면 그 배후에는 공통적으로 미국의 패권정책이 작동되고 있다. 특히 한반도 평화체제 구축은 남과 북, 그리고 미국, 중국, 러시아, 일본이 연관되어 있는 동북아 평화와 안정에 핵심 요체다. 이런 연관관계 속에서 한반도 평화체제의 구축은 다음 세 가지의 사안과 결부되어 있다.

첫째, 한반도 평화체제는 평화협정 체결과 함께 북미·북일 관계의 정상화를 동반해야 한다. 냉전체제 아래 한반도는 한미일과 조중소라는 대결구도를 형성해왔다. 그러나 탈냉전 이후 한반도는 북과 미국의 대결로 그 축이 이동하면서 긴장이 한층 고조되었다. 이렇게 고조된 긴장 상태를 해소하려면 북미관계의 정상화가 급선무다.

1990년대 이래 북미는 세 차례에 걸쳐 국교 정상화를 합의한 바 있다. 그 첫 번째는 1994년 10월 제네바합의서를 통해서다. 당시 북미는 "양국관계를 대사급으로까지 격상" 시키기로 합의하였다. 두 번째는 2000년 10월 조미공동코뮈니케를 통해서다. 조미공동코뮈니케에서 북미는 "정전협정의 공고한 평화보장체계로 바꾸기"로 합의하고, 국교 수립의 문 앞에까지 갔으나 끝내 무산되었다. 그리고 세 번째는 2005년 9월 9.19공동성명을 통해서다. 6자회담에서 합의된 9.19공동성명에서 북미는 "상호 주권을 존중하고, 평화적으로 공존하며, 각자의 정책에 따라 관계 정상화를" 약속하였다.

그러나 세 차례의 합의에도 북미관계 정상화는 실현되지 못했거나 현재진행중이다. 북미 합의가 한낱 외교적 수사에 그친 것은 미국의 대북 적대정책이 주된 이유다. 따라서 한반도 평화체제는 미국의 대북 적대정책의 폐기가 선차적으로 실현되어야 가능하다.

둘째, 한반도 평화체제의 구축은 일본의 과거사 반성과 군국주의 재무장 중단을 전제로 한다. 일제는 지난 세기 조선을 비롯한 아시아 국가들을 침략하여 수많은 민중들을 학살하고 전쟁으로 내몰았다. 이 같은 범죄 행위에 대해 일본 정부는 모르쇠로 일관하고 있다. 뿐만 아니라 일본은 미국의 부추김을 등에 업고 또 다른 침략 야욕을 키우고 있다. 일본이 국제 사회의 일원으로 동북아의 평화와 안정에 기여하려면 과거사에 대한 진심어린 반성과 군국주의 재무장을 중단해야 한다. 일본은 이를 전제로 북과의 국교정상화를 약속한 조일평양선언(2002년 9월 17일)을 성실하게 이행하여 한반도의 평화와 통일에 응당한 책임을 다해야 한다.

셋째, 한반도 평화체제는 주변국가의 지지와 참여를 통해 공고해진다. 한반도 평화체제에 대한 국제적인 지지의 기본원칙은 호혜평등이다. 호혜평등에 기초하여 동북아 주변국들은 다자안보협력체를 창설해야 한다. 다자안보협력체가 동북아의 평화와 안정에 기여하려면 배타적인 군사동맹의 해체와 재래식 무기 및 대량 파괴 무기의 감축, 동북아 비핵지대화 실현을 위해 노력해야 한다.

22 정전협정의 쟁점과 사문화의 전말

정전협정은 서언에서 "최후적인 평화적 해결이 달성될 때까지 조선에서의 적대 행위와 일체 무장 행동의 완전한 정지를 보장"하는 데 그 목적이 있음을 밝히고 있다. 그러나 정전협정은 체결과 함께 파기가 시작된 부도난 어음과 같았다. 이 때문에 정전협정은 한반도의 '최후적인 평화적 해결'이라는 본래 목적에 반하는 긴장과 대결체제의 근간으로 전락하였다.

정전협정, 왜 사문화 되었나

1953년 7월 27일 오전 10시 판문점에서 서명되어 그날 밤 10시부터 발효된 정전협정은 분단체제의 근간이 되었다. 정전협정의 정식 명칭은 '조선인민군최고사령관 및 중국인민지원군 사령원을 일방으로 하고 연합국군 총사령관을 다른 일방으로 하는 조선군사정전에 관한 협정'이다. 한글, 영문, 한문본으로 작성된 정전협정은 서언과 5개조 63개항, 부록 11개조 26개항으로 이루어진다. 서언에는 협정의 목적·성격·적용을, 제1조는 군사분계선과 비무장지대DMZ의 설정을, 제2조는 정화停火 및 정전의 구체적 조치를, 제3조는 전쟁 포로에 관한 조치를, 제4조는 쌍방관계 정부들에의 건의를, 마지막 제5조는 부칙을, 그리고 부록에는 중립국송환위원회의 직권 범위에 관해 규정하고 있다.

이렇게 구성된 정전협정은 1951년 7월 10일 개성에서 첫 협상을 시작한 이래 무려 2년 17일 동안 지속된 정전협상의 결과물이다. 정전협상에서 교전 쌍방은 비무장지대 설치를 위한 군사분계선의 설정, 정전 관리체제의 설립, 포로송환 문제를 놓고 첨예하게 대립했다. 이 공방의 과정에서 수많은 인명이 살상되는 참극이 빚어졌다. 그리고 그 참극의 핏자욱 위에서 정전협정이 체결되었다.

제1조-비무장지대와 군사분계선의 무효화

정전협정은 군사분계선의 확정을 통한 비무장지대의 설치를 기본으로 한다. 정전협상 당시 유엔군측은 우월한 제공권과 제해권을 바탕으로 지상 군사분계선을 쌍방 교전선보다 30~50킬로미터 북쪽에 설치할 것을 주장했다. 반면 조중연합군측은 승부가 나지 않은 전쟁임을 이유로 전쟁 이전의 38도선을 분계선으로 할 것을 주장했다.

쌍방이 군사분계선 설정을 두고 첨예하게 각축한 이유는 이 문제가 전쟁의 승패를 가늠하는 눈에 보이는 기준이었기 때문이다. 결국 쌍방은 1953년 7월 27일 오후 10시 현재의 교전선을 군사분계선으로 하는 데 합의했다.

그러나 군사분계선에 대한 양측의 합의는 성공적이지 못했다. 그것은 서해상 북방한계선과 관련된 군사적 긴장과 충돌 때문이다. 정전협정에는 해상 군사분계선에 대한 명확한 규정 없이 "연해 섬 및 해면"이라는 모호한 표현을 사용하고 있다. 당시 압도적인 해군력을 확보하고 있던 유엔군은 해상 군사분계선을 설정할 필요를 느끼지 못했다. 정전협정에는 "연해 섬 및 해면"에 대한 통제권을 1950년 6월 24일 이전을 기준으로 한다고 밝히고 있다. 다만 서해 5개 도서(백령도, 대청도, 소청도, 연평도, 우도)는 유엔군 사령관 관할 아래 둔다는 단서 규정을 달아 두었다.

정전이 성립되자 주한미군 사령관 마크 클라크 대장은 서해 5도와 이북 해역의 중간선(서해 5도로부터 북방 3해리)을 북방한계선 Northern Limit Line으로 설정했다(1953년 8월 30일). 북은 이에 맞서

1955년 3월 5일 12해리 영해를 선포하여 북방한계선을 부인하기 시작했다. 그리고 1973년 12월 북은 제346차 군사정전위원회에서 "서해 다섯 섬을 드나들 때는 우리의 사전 승인을 받아야 한다. 만일 이를 위반한다면 응당한 조치를 취하겠다"고 밝혔다.

이리하여 서해 5도 주변 해역에는 긴장과 충돌이 끊이질 않았다. 그 대표적인 사례가 1999년 6월 15일과 2002년 6월 29일 발생한 서해교전 사태다. 1999년 서해교전 사태가 발생하자 인민군 총참모부는 9월 2일 "서해 북방한계선은 무효"라고 주장했다. 대신 북은 정전협정에 따른 경기도와 황해도 경계선, 북측 강령반도 등단곶과 남측 굴업도 사이의 등거리 점, 북측 옹도와 남측 굴업도 사이의 등거리 점을 잇는 선을 해상군사통제수역으로 선포했다. 그리고 이에 기초하여 북은 2000년 3월 23일 〈5개 섬 통항질서〉를 발표한다.

해상 군사분계선뿐 아니라 정전협정에 명시된 비무장지대에 관한 규정 또한 훼손되었다. 정전협정 제1조 1항에는 "한 개의 군사분계선을 확정하고 쌍방이 이 선으로부터 2킬로미터씩 후퇴"하여 폭 4킬로미터의 비무장지대를 설정하기로 규정하고 있다. 그러나 4킬로미터 폭의 비무장지대는 존재하지 않는다. 북의 경우 짧게는 불과 몇 백 미터까지 인접하여 철조망을 설치하고 있다. 또한 남북 모두 비무장지대 내에 경계초소를 설치하고 중무장한 화력을 배치하여 비무장지대란 말이 무색하게도 중무장지대가 되었다.

그런데 최근 군사분계선과 비무장지대에 관련한 주목할 만한

노 선	종 류	시설 구조	구 간	거 리(km)
경 의 선	철 도	단선	문산역(남)-개성역(북)	27.3
	도 로	4차선	통일대교 북단(남)-개성(북)	12.1
동 해 선	철 도	단선	저진(남)-온정리(북)	27.5
	도 로	2차선	송현리(남)-고성(북)	24.2

[표 8] 남북 철도·도로 연결공사 개요
(다해출판사 편집부, 《하늘길 땅길 바닷길 열어 통일로》,
다해출판사, 2005년, 295쪽)

변화가 일어났다. 그것은 6.15공동선언 이후 경의선과 동해선의 개통과 도로의 연결이다. 제1차 남북장관급회담(2000년 7월 31일)과 제2차 남북경제협력추진위원회(2002년 8월 30일)의 합의에 따라 남북은 경의선과 동해선을 복원하여 2003년 6월 14일 준공식을 가졌다. 또한 금강산관광과 개성공단이 조성되면서 남과 북을 잇는 도로가 개통되었다. 이리하여 반세기 동안 분단장벽으로 굳어졌던 군사분계선과 비무장지대가 열리기 시작하였다.

제2조-군사정전위와 중립국감독위의 무효화

정전협정 제2조의 내용은 크게 두 가지다. 하나는 군비축소와 무기반입을 중지하는 정화조치이며 다른 하나는 정전협정을 집행하고 감독하기 위한 군사정전위원회와 중립국감독위원회의 설치와 그 역할을 명시하고 있다.

먼저 정전협정 제2조 12~18항에는 쌍방 "지역 후방과 연해 섬 및 해면으로부터" 모든 군사역량, 보급물자와 장비의 철거를 규정하고 있다. 특히 13항에는 한반도 역외로부터 군사인원, 무기, 장비, 물자의 반입 중지를 위한 세부적인 사항을 명시하고 있다. 그럼에도 정전협정 체결 직후 쌍방은 외국으로부터 각종 무기와 장비를 반입하여 제2조 정화조치를 사문화시켰다.

정전협정 제2조 19~50항에 이르는 군사정전위원회와 중립국감독위원회 관련 조항 또한 사문화되었다. 군사정전위원회와 중립국감독위원회가 무력화된 것은 정전협정을 평화협정으로 대체하려는 북의 주도면밀한 공세가 낳은 결과였다. 군사정전위원회가 무력화된 발단은 1991년 3월 미국이 유엔군 수석대표를 한국군 장성 황원탁으로 교체하면서다.

북은 이를 정전협정 위반이라고 주장하고 제460차 군사정전위원회 본회담을 거부했다. 이와 함께 북은 정전위원회에서 대표부를 철수했다(1994년 4월 28일). 대신 북은 새로운 협상 창구로 조선인민군 판문점 대표부를 개설했다(1994년 5월 24일). 여기에 더해 북의 요청을 받아들인 중국은 군사정전위원회에서 대표부를 철수했다(1994년 9월 1일).

이렇게 되자 난감해진 미국은 유엔군 수석대표를 다시 미군 장성으로 교체한다. 그러나 이는 소 잃고 외양간 고치는 격으로, 군사정전위의 해체는 이미 피할 수 없는 수순이었다. 군사정전위를 무력화시킨 북은 북미장성급회담을 제안한다(1995년 3월). 미국은 이에 맞서 유엔군 사령부와 조선인민군간의 장성급회담 개최를 역 제안했다. 그 결과 1998년 4월 주한미군 장성을 수석대표로 하는 유엔사 대표부와 조선인민군 판문점 대표부 사이의 장성급회담이 개최되면서 군사정전위의 해체가 확정되었다.

이 시기 중립국감독위원회 또한 해체의 수순을 밟고 있었다. 중립국감독위원회가 해체에 들어간 것은 1990년대 중반의 일이다. 1993년 4월 3일 체코슬로바키아가 체코와 슬로바키아로 분리 독립되면서 대표단을 철수시켰다. 이어 1995년 2월 북의 요구와 압력에 굴복한 폴란드가 대표단을 철수하기에 이른다. 조중연합군측이 지명한 체코슬로바키아와 폴란드의 대표단 철수로 중립국감독위원회의 기능은 중단되고 말았다.

이리하여 정전협정 제2조는 완전히 사문화되었다. 제2조 정화조치가 사문화된 것은 1950~1960년대 남북 사이의 극단적인 군비경쟁이 낳은 결과였다. 반면 군사정전위원회와 중립국감독위원회의 해체는 북이 미국을 향해 전개한 주도면밀한 평화공세의 결과였다.

제3조-포로송환의 쟁점

포로 문제는 정전협상의 최대 걸림돌이었다. 포로 문제에서 교전 당사자간의 감정과 이념 대립, 인도주의와 국제법이 논쟁의 요인이었다. 정전협상에서 쌍방은 포로를 어떤 조건과 방법으로 교환할 것인가를 두고 첨예하게 맞섰다. 제네바협약 118조에는 "모든 포로는 적대행위가 종결되면 즉시 석방되고 송환되어야 한다"고 규정되어 있다. 그런데 문제는 미국이 인민군 포로 가운데 많은 수가 송환을 원치 않는다는 이유를 들어 제네바협정의 자동송환원칙(강제송환원칙)을 거부하면서 발생했다.[10]

미국이 자동송환원칙을 거부하고 자원송환원칙(자유송환원칙)

을 내세운 이유는 정치적 의도 때문이었다. 미국으로서는 "포로 문제가 단순히 전쟁을 종결짓기 위해 전쟁포로 얼마를 교환하는 문제가 아니라 (이 전쟁이) 자유세계와 공산세계의 이념성을 다투는 이념전쟁 자체였고 그것에서의 승리야말로 미국으로서는 위신과 명분, 그리고 이데올로기 싸움에서의 승리"(임영태,《북한 50년사》, 들녁, 1999, 261쪽)였던 셈이다.

그 때문에 미군은 공산 포로들을 소환시키지 않기 위해 반공 교육을 강화했고 고문과 협박까지 사용했다. 정전협상 미군측 초대단장이었던 조이는 "송환을 원한다고 표명한 포로들은 모두 실컷 얻어맞아 골병이 들거나 살해되었다. 포로들은 대부분 겁에 질려 선택을 정직하게 표현할 수 없었다"고 증언했다.

포로송환 문제로 정전협상은 재개와 교착을 반복했다. 미국은 협상이 교착될 때마다 이북지역에 융단폭격을 퍼부었다. 이렇게 지지부진하던 정전협상에 스탈린의 사망과 아이젠하워 정부의 수립은 중요한 전기가 되었다. 1953년 4월 정전협상이 재개되어 그 해 6월 8일 양측은 포로의 자유선택에 따라 포로를 교환키로 합의했다. 잔여 포로의 경우 90일의 설득기간을 가지며 어느 쪽으로도 송환을 거부할 경우 중립국으로 보내기로 했다.

이 같은 합의는 미국의 승리였지만 군사적 압력과 무참한 살상으로 얻어낸 '무자비한 승리'였다. 이 과정에서 정전협상 자체를 반대하던 이승만 정부는 엇박자를 놓았다. 1953년 6월 18일 정전협정 조인이 기정사실화되자 이승만은 2만 7000여 명의 '반공포로'를 일방적으로 석방하여 협상에 찬물을 끼얹었다.

제4조-한반도 문제의 평화적 해결의 무효화

정전협정 제4조 60항에는 한반도 문제의 평화적 해결을 위한 "한 급 높은 정치회담"을 명시하고 있다. 이에 따라 1953년 10월 26일 한 급 높은 정치회담 소집을 위해 판문점 예비회담이 시작되었다. 그러나 회담은 얼마 못가 무산된다(1953년 12월 12일). 그 이유는 미국이 한 급 높은 정치회담을 애써 외면하였기 때문이다.

미국은 한 급 높은 정치회담을 외면하면서 제4조 60항에 명시된 외국군 철수 규정을 무력화하기 위해 한국 정부와 한미상호방위조약을 체결하였다. 1953년 10월 한미상호방위조약이 체결되면서 주한미군의 항구적인 주둔이 보장되었다. 그 결과 정전협정 제4조 60항에 명시된 "외국 군대 철거" 규정은 사문화되었다.

이러한 가운데 한반도 문제의 평화적 해결을 위한 정치회담은 예기치 않은 곳에서 정전협정과 무관하게 합의된다. 1954년 2월 18일 베를린에서 열린 4개국(미국, 소련, 영국, 프랑스) 외상회의에서 인도차이나와 한반도 문제 해결을 위한 제네바정치회담 개최가 합의되었다.

우여곡절 끝에 개최된 제네바정치회담은 1954년 4월 26일부터 6월 15일까지 지속된다. 회담에서 이북은 외국군 철거와 남북 군대를 10만 명으로 감축할 것을 주장했다. 이에 반해 이남은 중국군 철수와 유엔군 존속, 유엔에 의한 총선거를 주장하여 회담은 결렬되었다. 이렇게 무산된 제네바정치회담은 결렬, 그 이상을 의미했다. 그것은 "조선으로부터의 모든 외국 군대의 철수 및 조선 문제의 평화적 해결"이라는 정전협정 제4조 60항의 사문화였다.

정전협정은 평화협정으로 대체되어야 한다

살펴본 대로 정전협정은 체결부터 현재에 이르기까지 지속적으로 사문화되어 왔다. 그 결과 현재의 정전협정은 육상 군사분계선과 비무장지대에 관한 규정만 불완전하게 효력을 발휘할 뿐 나머지 조항은 사문화되었다. 정전협정의 사문화는 한반도의 정전상태가 오직 힘의 관계에 의해 유지됨을 의미한다. 정전협정의 이 같은 불안정성은 평화협정이 하루빨리 체결되어야 함을 말해주는 절박한 증거다.

또한 정전협정에는 그 목적과 지향을 "최후적인 평화적 해결이 달성될 때까지"로 분명히 하고 있다. 이처럼 정전협정은 그 지향과 목적이 정전상태의 유지가 아니라 한반도 문제의 평화적 해결에 있다. 따라서 정전협정의 지향과 목적을 올바르게 실현하기 위해서도 평화협정은 체결되어야 한다.

23 평화협정 체결, 그 주장과 경과

평화협정 체결 주장은 남(한국)과 미국보다는 북(조선)이 지속적이고 일관적이었다. 1950년대 이래 남, 북, 미 사이의 평화체제 구축을 위한 제기는 정세의 변화를 배경으로 하여 통일정책과 맞물려 있었다. 특히 1990년대 이래 북이 제기한 평화협정 체결 주장은 핵과 미사일 문제와 밀접하게 결부되어 있다. 이 시기 북은 평화체제 구축을 목표로 핵과 미사일을 지렛대 삼아 미국과의 격렬한 정치 군사 외교전을 전개하였다.

북이 주장한 평화협정안

북의 평화협정 체결 주장은 일관적이었고 때로는 무모할 정도로 공세적이었다. 1950년대 이래 북의 평화협정 체결 주장은 여섯 시기로 구분할 수 있다.

첫 번째 시기는 전후 복구건설이 한창이던 1950년대의 평화군축안이다. 1954년부터 1960년에 이르는 시기 전후 복구건설에 매진하던 북에게 평화 정착은 그 무엇보다도 절실했다. 북은 1954년 제네바정치회담에서 남북이 참여하는 전조선위원회의 구성을 통해 한반도 문제를 평화적으로 해결할 것을 주장했다. 그 후 1954년 10월 남북정치협상안을 시작으로 북은 매년 평화군축안을 제안한다. 1955년 3월에는 남북 상호감군과 불가침협정 체결을 주장했고, 1956년 4월에는 관계국가들간의 회담 개최를 주장했다. 그리고 1957년 9월과 1958년 2월에는 남북 상호감군과 남북교류, 관계국간의 회의 개최를 재차 제안했다.

두 번째 시기는 '선 주한미군 철수, 후 남북 평화협정 체결'을 주장한 시기다. 1960년대 들어 북은 주한미군 철수를 전제로 남북평화협정 체결을 주장한다. 이 시기는 1962년부터 1974년까지다. 북은 1962년 10월 개최된 최고인민회의 제3기 1차 회의에서 미군 철수와 남북평화협정 체결을 주장했다. 당시 김일성 수상은 '조선민주주의인민공화국 정부의 당면과업에 대하여'라는 연설에서 "미국 군대를 철거시키고 북남이 서로 상대방을 공격하지 않을 데 대한 평화협정을 체결하며 북남조선의 군대를 각각 10만 또는 그 이하로 축소"하자고 주장했다. 북의 이 같은 주장은 1970년대 초반까지 이어졌다. 1972년 6월 김일성 수상은 일본 공명당 대표단과의 대화에서 "민족의 대단결을 이룩하는 데서 중요한 것은……북남 사이에 군사적으로 싸우지 않을 데 대한 평화협정을 체결하는 것"이라고 밝혔다.

세 번째 시기는 북미평화협정 체결을 주장한 시기다. 이 시기는 1974년부터 1984년까지다. 1974년 이후 북은 남북평화협정 체결안을 폐기하고 대신 북미평화협정 체결을 주장한다. 북은 1974년 3월 최고인민회의 제5기 3차 회의에서 〈미 의회에 보내는 편지〉를 채택했다. 이 편지에서 북은 "조선 사람끼리 통일문제를 자주적으로 해결할 수 있는 전제를 마련하려면 남조선에 자기의 군대를 주둔시키고 모든 군사 통수권을 틀어쥐고 있는 미국과 직접 평화협정 체결"을 주장했다.

당시 북은 미국과의 평화협정 체결과 함께 '상호불가침서약 및 직접 무력충돌 위험 제거' '무력증강과 군비경쟁 중지' '유엔사령부 해체와 주한미군 철수' '외국군에 의한 조선의 군사기지화 및 작전기지화 방지'를 제기했다. 그리고 1975년 9월 제30차 유엔 총회에서 북은 "정전협정의 실질적 당사자는 조선과 미국이며 양자간 평화협정이 체결되어야 한다"고 주장한다.

이에 미 국무장관 키신저는 당시 유엔 총회에서 남과 북, 미국과 중국이 참여하는 4자회담 개최안으로 맞섰다. 미국의 4자회담 주장은 남북 유엔 동시가입과 남북에 대한 미국과 일본, 중국과 소련의 교차승인 방안과 관계되어 있었다. 그 후 1979년

7월 1일 서울에서 개최된 박정희-카터 회담에서 한미 양국은 남, 북, 미가 참여하는 3자회담을 제안한다. 북은 이에 대해 한국 정부를 내세우는 3자회담은 북미평화협정 체결을 회피하는 것이라며 반대했다.

네 번째 시기는 북미평화협정 체결과 남북불가침선언 채택을 주장한 시기다. 이 시기는 대략 1984년에서 1994년 전후까지다. 1984년 1월 10일 북은 중앙인민위원회, 최고인민회의 상설회의 연합회의에서 〈서울 당국과 미 정부 및 의회에 보내는 편지〉를 채택한다. 편지에서 북은 "북과 미국 사이에 평화협정을 체결하고 미군을 남조선에서 철거시키며 북과 남 사이에 불가침선언 채택"을 위한 3자회담을 주장했다.

북은 그 뒤 1987년 7월 '한반도에서의 단계별 군축 실현을 위한 남북한과 미국간의 다국적 군축협상'을 제의했다. 그리고 1988년 7월 20일 북의 최고인민회의는 '불가침 문제 해결을 위한 남북 국회연석회의'를 제안한다. 또한 미국에게는 북미국회대표회담을 제안하고 "조선정전협정을 평화협정으로 바꾸자"고 주장했다.

다섯 번째 시기는 북이 핵과 미사일을 지렛대로 정전협정의 무력화를 시도하면서 미국에 잠정협정을 제안한 시기다. 탈냉전이라는 정세 속에서 북은 남북기본합의서에 서명하여 남측 당국과 상호불가침에 합의했다. 북의 불가침 합의는 미국과의 평화협정 체결과 연계되어 있었다. 이 시기 북은 핵과 미사일을 지렛대로 미국을 압박하는 한편, 새로운 평화체제 구축을 언급하기 시작했다. 1994년 4월 28일 북은 외교부 성명을 통해 "정전협정을 평화협정으로 바꾸고 현 정전기구를 대신하는 평화보장체제를 수립할 것"을 제안한다. 그리고 같은 해 9월 19일 조선중앙방송은 "북과 남 사이에는 이미 오래 전에 불가침을 공약한 합의서가 채택되어 있는 만큼 우리와 미국 사이에 평화보장체계까지 수립된다면 그것은 조선 반도에서 공정하고 철저한 평화보장 장치"가 될 것이라고 밝혔다.

이 같은 주장과 함께 북은 구체적인 행동전을 통한 평화공세에 들어갔다. 북은 정전협정의 무효화를 위해 군사정전위원회와 중립국감독위원회의 해체를 시도했다. 이런 공세 속에서 북은 1996년 2월 "미국의 대조선정책과 현 조미관계의 수준을 고려하여 우리는 조선 반도에서 무장충돌과 전쟁을 막기 위한 최소한의 제도적 장치" 마련을 위한 방편으로 잠정협정을 주장한다. 그리고 북은 그 해 4월 5일 비무장지대 무효화를 선언하고 무장 병력을 투입했다. 북의 이 같은 조치는 정전협정 가운데 유일하게 효력을 발휘하고 있는 육상 군사분계선과 비무장지대를 농락하기 위한 것이었다.

여섯 번째 시기는 2002년 10월 3차 핵 공방이 시작되면서 북이 북미불가침조약 체결을 주장한 시기다. 북은 2002년 10월 25일 외무성 대변인 담화를 통해 북미간 불가침조약 체결을 주장한다. 북은 "미국과의 군사적 적대관계와 긴장국면 해소를 위해 부시 행정부의 핵 문제에 관한 우려를 해결하기 위한 방도로서 불가침조약" 체결을 주장했다.

북은 불가침조약에 대해 "나라들 사이에 서로 영토와 자주권을 존중하며 내정에 간섭하거나 침략하지 않으며 전쟁을 일으키지 않을 것을 확인하는" 조약이라고 설명한다. 또한 북은 불가침조약에 대해 "첫째로 우리의 자주권을 인정하고, 둘째로 불가침을 확약하며, 셋째로 우리의 경제발전에 장애를 조성하지" 말 것을 요구했다.

한국과 미국이 주장한 평화협정안

남과 미국에게 북의 평화공세는 한미동맹을 이간질하려는 술수쯤으로 이해되었다. 이러한 불신 속에서 북의 평화협정 체결 주장은 쇠귀에 경 읽기였다. 1974년 1월 박정희 대통령이 연두기자회견에서 남북불가침협정 체결을 잠시 언급한 적이 있으나 평화협정에 대한 이남 정부의 제안은 1991년부터 본격화된다.

1991년 9월 노태우 대통령은 제46차 유엔 총회 연설에서 "남북한은 평화협정을 체결하여 서로에 대한 무력 사용을 포기하고 모든 분야에서 관계를 정상화"해야 한다고 역설한다. 이때 제안된 실천 3개항은 "첫째, 남북한은 불안한 휴전체제를 평화체제로 전환해야 한다. 둘째, 한반도에서 전쟁의 위험을 제거하기 위해 남북한은 군사적 신뢰의 구축을 바탕으로 실질적인 군비 감축을 추진해나가야 한다. 셋째, 남북한은 사람과 물자, 정보의 자유로운 길을 열어 단절의 시대를 종식시켜야 한다"는 내용이다.

그 후 김영삼 정부 시기 남북평화협정 제안은 보다 구체화된다. 1994년 10월 북미제네바합의로 1차 북핵 문제가 일단락되자 한미 양국은 한반도 정전체제의 재편 요구에 직면했다. 이에 김영삼 정부는 남북 사이의 평화협정 체결을 언급하기 시작한다. 1994년 10월 외무부장관 한승주는 남북이 평화협정을 체결하고 미국과 중국이 이를 보증하는 2+2 방식의 평화협정안을 언급했다. 당시 김영삼 정부가 제안한 2+2 방식의 평화협정안은 미국과의 교감 속에서 제출되었다.

그리고 1996년 2월 북이 잠정협정 체결을 제안하자 한미 양국은 제주도에서 정상회담을 갖고 4자회담을 제안한다(1996년 4월 16일). 당시 정상회담 공동발표문의 주요 내용은 다음과 같다. 첫째, 항구적 평화협정으로 대체될 때까지 정전협정은 유지되어야 한다. 둘째, 한미 양국은 한반도에서 화해와 평화를 위해 적극 협력한다. 셋째, 남북한이 평화체제 구축의 주체다. 넷째, 전제 조건 없이 북한 대표와 만날 용의가 있다. 다섯째, 남북한과 미국, 중국이 참가하는 4자회담 개최를 제의한다.

북미회담, 4자회담, 6자회담

1990년대 이후 한반도 평화체제 구축을 위한 논의는 핵 문제와 밀접하게 결부되어 있다. 그동안 북미 핵 공방은 세 차례에 걸쳐 전개되었다. 1차 핵 공방은 1989년에 시작되어 1994년 북미제네바합의로 일단락된다. 이 과정에서 북과 미국은 전쟁 직전의 상황까지 연출하였다.

2차 핵 공방은 1998년 미국이 이북의 금창리 지하시설이 핵시설이라고 주장하면서 시작되었다. 이렇게 시작된 2차 핵 공방은 1999년 5월 대북조정관 페리가 평양을 방문하고 돌아와 보고서[11]를 제출하여 북미대화가 시작되면서 진정국면에 들어갔다. 그리고 2000년 10월 조명록 차수가 워싱턴을 방문하여 조미공동코뮈니케에 합의하면서 2차 핵 공방은 일단락된다.

3차 핵 공방은 부시 정권의 출범과 함께 시작되었다. 2001년 출범한 부시 정권은 클린턴 정권이 추진한 대북정책을 불신하였다. 부시 정권의 이 같은 불신은 대북 강경정책을 예고하였다. 이리하여 북미는 3차 핵 공방에 들어갔다. 3차 핵 공방은 2002년 10월 미 국무부 차관보 켈리가 평양을 방문한 뒤, 북이 핵무기를 개발하고 있다고 발표하면서 시작되었다.

북미제네바합의서

1989년 9월 프랑스 스폿 인공위성이 찍은 영변지역 위성사진은 북미간 길고도 험난한 핵 공방을 예고했다. 북미 핵 공방은 탈냉전 이후 일극 패권질서를 구축하려는 미국과 자기 체제의 존엄을 수호하려는 북의 선군정치가 충돌하면서 나타났다. 북미간 핵 공방은 1991년을 기점으로 격화된다. 이 과정에서 북미는 사상 첫 고위급 접촉을 갖는다. 1992년 1월 22일 뉴욕 유엔주재 미국 대표부에서 김용순 조선노동당 대외담당 비서와 미 국무부 캔터 차관이 회담을 가졌다. 이 회담을 시작으로 북미는 긴장과 대결을 반복하면서 대화를 진행하였다.

그리고 북미간 첫 공동성명은 1993년 6월 2~11일 강석주 부부장과 갈루치 차관보의 뉴욕회담에서 발표되었다. 이 성명이 6.11공동성명이다. 이 성명에서 북은 NPT 탈퇴를 보류하기로 약속했다. 미국은 그 대가로 북에 대한 안전보장과 자주권의 존중, 내정불간섭을 약속했다. 그 이듬해 북과 미국은 전쟁국면을 거친 다음 1994년 10월 21일 제네바합의서에 서명한다. 북미는 제네바합의서에서 핵 문제 말고도 "정치적·경제적 관계의 완전 정상화"에 합의하였다.

4자회담 그리고 조미공동코뮈니케

제네바합의서가 채택되자 북은 평화체제 구축을 위한 정치공세에 들어갔다. 북이 전개한 정치 공세는 두 갈래였다. 하나는 군사정전위원회와 중립국감독위원회의 무력화를 통한 정전협정체제의 해체이고, 다른 하나는 정전협정을 대신할 잠정협정의 제안이다.

미국은 이 같은 공세에 대해 한국을 전면에 내세우고 한발 비켜섰다. 한미 양국은 북에게 4자회담을 통한 2+2 방식의 평화협정 체결안을 제시했다. 한미 정상은 1996년 4월 16일 제주도에서 공동 발표문을 통해 4자회담을 제안한다. 한국과 미국이 4자회담을 제안하자 북은 4자회담 설명회를 요구했다.

이렇게 시작된 4자회담 설명회는 두 차례나 연기된 끝에

1997년 3월 뉴욕에서 개최된다. 그 후 4자회담은 예비회담을 거친 다음에 겨우 개최될 수 있었다. 4자회담은 '한반도 평화체제 구축을 위한'이라는 수식어를 달고 1997년 12월 1차 회담이 개최된다. 이렇게 시작된 4자회담은 1999년 8월 6차 회담까지 계속되었다. 당시 6차 4자회담에 대해 《조선일보》는 "회담 전망은 칙칙"하다고 보도하였다.

여섯 차례의 회담에도 4자회담은 의제조차 합의하지 못하는 지리멸렬, 그 자체였다. 이렇게 지리멸렬할 수밖에 없었던 이유는 4자회담을 제안했던 한미 정상의 공동발표문에 잘 나타난다. 한미 정상은 4자회담을 제안하면서 "새로운 항구적인 평화체제를 추구하는 것은 남북한이 주도해야 하며 한반도 평화와 관련해 미국과 북한간의 별도 협상은 고려될 수 없다"고 못 박았다. 이 같은 인식은 회담 실패를 예고하는 전주곡 같았다. 한

회차	회담 기간	회담의 주요 내용	의장국
1차	1997.12.9~10	회담 운영 방안 논의	미 국
2차	1998.3.16~21	분과위원회 구성 방안 논의	중 국
3차	1998.10.21~25	2개 분과위원회 구성 합의 3개월마다 회담 개최 합의	한 국
4차	1999.1.19~23	긴장완화분위, 평화체제분과위 가동 중국, 한반도 긴장완화 5원칙 제시	조 선
5차	1999.4.24~27	긴장완화조치 검토 한미, 긴장완화조치 5개항 제시	미 국
6차	1999.8.5~9	한미, 긴장완화조치 주장 북(조선) 평화협정 체결, 주한미군 철수 주장	중 국

[표 9] 4자회담 경과

반도의 정치군사적 대결이 북미간에 전개되고 있는 상황에서 북미대화와 타협을 차단한 회담에 실패 말고 다른 출로가 어디 있겠는가.

클린턴 정부가 이를 깨닫기까지는 1994년 제네바합의로부터 5년이 필요했던 셈이다. 결국 미국은 이북과 대화의 테이블에 마주앉을 수밖에 없었다. 북미대화가 재개된 것은 6차 4자회담 직후인 1999년 9월의 일이다. 1999년 9월 7~12일 독일 베를린에서 김계관 부상과 찰스 카트만 특사가 회담을 가졌다. 이렇게 시작된 북미회담은 해가 바뀐 2000년 1월까지 지속된다. 그리고 그 연장선에서 조명록 차수가 2000년 10월 미국을 방문하여 조미공동코뮤니케에 합의한다.

6자회담과 9.19공동성명

평화를 바라는 사람들에게 부시 정권의 출범은 재앙이었다. 2001년 1월 부시 정권의 출범으로 북미 3차 핵 공방이 예고되었다. 제네바합의대로라면 2003년까지 미국은 북에 경수로 2기를 완공해 주어야 했다. 그러나 제네바합의문은 강석주 부상의 표현대로 "가느다란 실에 매달린 종잇장"에 불과했다. 이렇게 제네바합의서는 파기되었고 이는 곧 대결의 시작이었다.

3차 핵 공방은 2002년 10월 국무성 차관보 켈리가 평양을 방문한 뒤 북이 핵무기를 개발하고 있다고 발표하면서 시작되었다. 3차 핵 공방이 이전과 다른 것이 있다면 미국이 플루토늄뿐 아니라 고농축우라늄HEU까지 문제 삼았다는 점이다.

양측의 공방이 더해가는 가운데 2003년 4월 베이징에서 3자회담(북한, 미국, 중국)이 개최되었다(2003년 4월 23~25일). 중국의 주선으로 개최된 3자회담에서 합의를 기대한다는 것은 우스운 일이었다. 왜냐하면 미국 대표 켈리 차관보는 협상의 권한이 없는 네오콘의 앵무새였기 때문이다. 그리고 4개월이 지난 2003년 8월 6자회담이 개최된다. 6자회담은 2003년 8월 1차 회담(8월 27~29일)을 시작으로 하여 2004년 2월 2차 회담(2월 25~28일), 같은 해 6월 3차 회담(6월 23~25일)으로 이어졌다.

6자회담은 말 그대로 난항이었다. 핵 문제에 대한 북과 미국의 진단과 처방은 판이했다. 북은 일괄타결과 동시행동의 원칙에 기초하여 '미국의 대북 적대시정책의 포기를 전제로 한 핵포기' 방안을 제시했다. 북이 말하는 '대북 적대시정책의 포기'란 불가침조약의 체결과 북미간 국교 수립, 대북 경제제재의 해제다. 반면 미국의 주장은 '선 핵폐기, 후 협상'으로 요약된다. 미국은 선 핵폐기 방안으로 '완전하고 검증가능하며 돌이킬 수 없는 방식CVID'을 주장했다.

3차 회의까지 6자회담은 별무 성과였다. 이러한 가운데 1년 넘게 중단되었던 6자회담 4차 회의가 2005년 7월 26일 개최된다. 4차 회의 또한 난항이었다. 4차 회의는 1단계 회의 후, 한 달 넘는 정회를 거친 다음 9월 13일 2단계 회의가 속개되어 9.19공동성명을 채택한다.[12]

참가국들은 9.19공동성명에서 북핵 포기를 포함한 한반도 비핵화, 북미·북일관계 정상화, 6자간 경제협력과 대북 에너지

지원, 한반도의 항구적인 평화체제에 관한 협상 등의 내용을 "'공약 대 공약' '행동 대 행동' 원칙에 입각하여 단계적"으로 이행키로 하였다.

여기서 우리가 눈여겨보아야 할 대목은 성명 4항이다. 4항에는 "동북아시아의 항구적인 평화와 안정을 위해 공동 노력"을 공약하면서 "직접 관련 당사국들은 적절한 별도 포럼에서 한반도의 항구적 평화체제에 관한 협상"을 시작하기로 합의하였다.

그러나 9.19공동성명은 발표 직후부터 시련을 예고하였다. 미국측 대표 힐 차관보는 9.19공동성명에 잉크가 마르기도 전에 북의 인권 문제와 선 핵포기를 거론했다. 이에 북 외무성은 9월 20일 담화를 통해 '선 경수로 제공'을 주장했다.

이런 가운데 미국은 마카오에 위치한 방코델타아시아은행 BDA의 이북 계좌를 동결시켰고 북에 대해 위폐 문제, 인권 문제를 거론하고 군사훈련으로 압박했다. 미국의 압박에 북은 미사일 발사와 핵 실험으로 응답했다. 2006년 7월 5일 북은 중단거리 미사일 6기를 발사한다. 그리고 10월 9일 핵 실험을 실시하였다.

북의 핵 실험 이후 미국의 주도로 유엔안보리는 대북제재 결의안 1718호를 채택한다. 이리하여 한반도에는 냉각기류가 조성되는 듯했다. 그러나 한반도 주변의 냉각기류는 오래가지 않았다. 물밑 접촉을 가진 북, 중, 미는 그 해 10월 31일 6자회담 조기 개최에 합의한다. 이 합의에 따라 12월 18일 6자회담 5차 2단계 회의가 개최된다.

그리고 북미는 베를린에서 양자 접촉을 가졌다(2007년 1월 16~

18일). 이때의 접촉으로 6자회담은 탄력을 받기 시작했다. 베를린 접촉 이후 재개된 5차 3단계 회의(2007년 2월 8~13일)에서 회담 당사국들은 9.19공동성명을 이행하기 위한 2.13합의를 채택한다.[13] 2.13합의를 통해 6자회담 당사국들은 북핵 폐기에 따른 상응조치와 함께 '한반도 비핵화' '북미관계 정상화' '북일관계 정상화' '경제 및 에너지 협력' '동북아 평화안보체제'에 관한 5개 실무그룹을 설치키로 했다.

24 평화협정의 내용과 쟁점

평화협정 체결은 한반도와 동북아 질서를 바꾸는 판갈이 작업이다. 따라서 기존의 낡은 질서를 유지하려는 세력과 새로운 질서를 구축하려는 세력간의 대결은 불가피하다. 이런 사정 때문에 한반도 정세는 긴장될 수밖에 없다. 탈냉전 이후 미국은 이북을 붕괴시키는 데 혈안이 되어 있고 북은 '강경에는 초강경'이라는 자세로 한 치의 양보가 없다.

그럼에도 평화협정의 체결은 대화를 통해 이루어질 것이다. 왜냐하면 한반도에서의 전쟁은 한반도뿐 아니라 동북아를 파국으로 몰아넣을 것이기 때문이다. 이렇게 볼 때, 한반도의 평화협정 체결은 당사자 문제부터 그 내용과 이행 방법에 이르기까지 또 다른 각축을 예고한다.

평화협정의 내용

한반도 평화체제는 크게 세 가지 내용으로 구성된다. 첫째는 정전협정의 평화협정으로의 대체다. 둘째는 평화협정을 통한 분단체제의 해체다. 셋째는 한반도 평화체제의 국제적인 보장이다. 이 가운데 정전협정을 평화협정으로 대체하는 것이 가장 중요하다. 왜냐하면 평화협정은 분단체제의 해체와 북미·북일 관계 개선, 나아가 한반도 주변 국제관계의 재편을 이끌어내는 핵심고리이기 때문이다.

평화협정의 내용은 크게 일반적인 조치와 특수한 조치로 구분된다. 일반적인 조치는 적대행위의 종료, 점령군의 철수, 압류재산의 환원, 포로의 송환 등이다. 특수한 조치는 손상의 배상, 영토의 할양, 요새의 파악 등이다.

한반도 평화협정에 포함되어야 할 일반적 조치에는 한국전쟁의 종료 선언, 인도적 문제의 해결, 군사분계선과 비무장지대의 평화지대화, 적대정책의 폐기 등이다.

평화협정에는 가장 먼저 한국전쟁의 종료 선언이 명시되어야 한다. 왜냐하면 한국전쟁의 종료 선언을 전제로 평화적 조치들이 시행될 수 있기 때문이다. 다음으로 군사분계선과 비무장지대를 평화적으로 운영 관리하기 위한 방안이 마련되어야 한다. 평화체제 아래에서 군사분계선은 분단장벽이 아니라 통일과 평화를 잇는 통로가 되어야 한다. 특히 서해 북방한계선 부근 해역은 남북 공유해역으로 설정되어야 한다. 비무장지대의 경우 이름에 걸맞게 비무장 평화지대로 거듭나야 한다. 이를 위해 남북, 그리고 유엔사(주한미군)는 비무장지대에 배치된 각종 무기를 철수하고 중무장한 초소를 폐쇄하여 평화통일의 생태보존구역으로 전환시켜야 한다. 또한 이산가족 문제를 비롯해 정전협정 체제에서 비롯된 인도적인 문제들의 해결 방안이 마련되어야 한다.

평화협정의 특수한 조치는 다음 내용이다. 주한미군의 철수, 유엔군 사령부 해체, 군비통제, 평화협정 관리기구의 설치, 북미·북일관계 정상화, 동북아 다자안보협력체 건설 등이 그것이다. 특수한 조치의 내용은 평화협정의 핵심 쟁점들이다. 이 가운데 가장 중요한 것은 주한미군 철수와 유엔군 사령부의 해체다.

평화협정의 체결과 함께 관련국들의 연관 조치 또한 병행되어야 한다. 먼저 평화협정 체결과 함께 북미는 관계 정상화를 실현해야 한다. 미국은 이와 함께 국제 사회가 북에 대한 제재를 해제하도록 응분의 노력을 다해야 한다.

다음으로 남북은 상호불가침과 6.15공동선언의 성실한 이행을 위한 방안을 마련하고 추진해야 한다. 남북관계의 발전에서 특기할 것은 남북기본합의서가 좌초된 경험을 거울삼아 상호불가침과 6.15공동선언을 이행할 수 있는 여건을 확고히 해야 한다.

한반도 평화체제는 북미평화협정 체결과 남북불가침선언(또는 평화선언)을 토대로 중국, 일본, 러시아가 참여하는 동북아 평화보장 장치를 동반해야 한다. 동북아 평화보장 장치는 관계국들이 참여하는 다자안보협력체 창설이다. 다자안보협력체 창설을 통해 남북은 대결시대의 유물인 한미상호방위조약에 기초한 수직적인 한미동맹을 파기해야 한다. 이는 곧 북이 체결하고 있는 조중호상 원조조약, 조러우호 선린협력조약과 그에 기초한 조중·조러동맹의 재편과 맞물린 문제다.

평화협정의 쟁점

평화협정의 최대 쟁점은 체결당사자 문제와 주한미군 철수 문제다. 1953년 개최된 판문점 예비회담으로부터 6자회담에 이르기까지 평화협정의 최대 쟁점은 체결당사자 문제와 주한미군 철수 문제였다. 그런데 최근 미국은 주한미군의 재편에 따라 작전통제권을 한국에 이양하면서 유엔군 사령부를 강화할 전망이다. 이럴 경우 유엔군 사령부의 존폐 문제 또한 평화협정 체결의 중요한 쟁점이 될 것이다.

쟁점1-당사자 문제

평화협정 체결의 당사자 문제는 복잡하게 얽혀 있다. 한국과 미국은 남북이 평화협정을 체결하고 미국과 중국이 이를 보증하는 2+2 방안을 제출한다. 반면 북은 북미간 평화협정을 체결하고 남북은 불가침을 선언하는 이중구조를 주장한다.

이렇게 평화협정의 체결당사자 문제가 복잡하게 얽혀 있는 까닭은 다음과 같은 이유 때문이다. 첫 번째는 남(한국)이 정전협정 체결 당사자가 아니라는 사실 때문이다. 정전협정은 유엔군 사령관(미국군)을 일방으로 하고 조선인민군 사령관과 중화인민지원군 사령원을 다른 일방으로 하여 체결되었다. 그런데 반세기를 넘는 시간이 흐르면서 정전협정 체결 당사자들의 지위에 변화가 일어났다. 1958년 중국군은 완전 철수하였고 유엔군 사령부는 1975년 유엔 총회에서 해체가 결정되었다. 이리하여 정전협정의 당사자가 평화협정 당사자로 자동 승계될 수 없는 상황이 연출되었다.

두 번째는 한국군이 주한미군의 지휘 아래 있다는 사실 때문이다. 이 문제는 한국이 평화협정 체결 당사자로 참여하는 데 가장 큰 제약으로 작용한다. 2007년 2월 한미국방장관회담에서 미국은 작전통제권을 2012년 4월 17일 한국 정부에 이양하기로 합의했다. 그런데 문제는 작전통제권을 환수하더라도 한미동맹 아래에서 한국군만의 독자적인 작전수행은 원천적으로 불가능하다는 것이다. 이런 사정 때문에 한국이 평화협정의 체결 당사자로 참여하는 데 걸림돌이 되고 있다.

세 번째는 미국이 한반도의 평화와 통일에 대한 책임을 회피하고 평화협정 체결 당사자로 한국 정부를 내세우면서 문제가 더욱 복잡해졌다. 2006년 10월 9일 북이 핵 실험을 강행하자 미국은 핵 문제는 북미 문제가 아닌 북과 국제 사회 문제라고 호도했다. 미국의 이 같은 인식은 아주 오래된 농담 같다. 오늘 한반도에서 벌어지는 대결의 축이 북과 미국인 상황에서 미국은 평화협정 체결에 대한 응당한 책임과 의무가 있다.

네 번째는 남과 북이 "나라와 나라 사이의 관계가 아니"라는 기본합의서 정신에 기초해서 볼 때, 국가간 체결되는 협정(또는 조약)이라는 형식이 적절치 않기 때문이다. 7.4공동성명 이래 남북은 성명, 합의서, 선언 등의 합의를 이루어왔다. 남북기본합의서의 정신과 전례들에 비추어볼 때, 남과 북이 협정을 체결하는 방안은 적절치 않다. 다만 협정이나 조약이 법적 규범력을 갖는 데 비해서 성명, 합의서, 선언 등이 그렇지 못하다는 점은 국회비준을 통해 보완되어야 한다.[14]

이러한 이유에서 평화협정의 체결당사자 문제는 복잡하다. 그러나 평화협정의 지향과 목적에 기초해보면 당사자 문제는 간단명료해진다. 그것은 정전협정 체제를 해체하고 평화를 정착시킬 수 있는 권한과 책임이 누구에게 있느냐다. 이에 기초할 때, 한반도 평화체제는 남북, 북미, 한미간의 쌍무적 또는 다무적 합의를 통해야 한다.

먼저 남북은 상호불가침을 합의하고 이를 성실히 이행해야 한다. 남북은 기존의 남북기본합의서를 원용하고 이를 재확인하는 방법으로 평화선언(또는 불가침선언)을 채택할 수 있을 것이다.

다음으로 북미는 평화협정을 체결해야 한다. 분단의 역사적인 과정과 현재의 긴장 상태 등을 종합해 볼 때, 평화협정은 북미 양자 사이에서 체결될 문제다. 물론 평화협정은 현실 여건상 그 체결 당사자가 3자 또는 4자로 확대될 수도 있다. 그러나 한반도 평화체제의 기본성격이 북미간 적대관계의 청산이라는 점에 비춰볼 때 핵심 당사자는 북과 미국일 수밖에 없다.

마지막으로 한미는 냉전시대에 형성된 수직적 한미동맹 관계를 평화통일시대에 맞게 재편해야 한다. 이는 북도 마찬가지다. 북이 중국, 러시아와 맺고 있는 군사동맹관계 또한 시대의 변화에 발맞추어야 할 문제다.

쟁점2-주한미군 철수 문제

평화협정의 가장 중요한 쟁점은 주한미군 철수 문제다. 그동안 주한미군은 한반도 분단의 상징인 동시에 미국의 이익을 대변하는 물리력으로 기능해왔다. 따라서 주한미군의 주둔 이유는 한국민의 요구 때문도, 미국이 천사의 나라이기 때문도 아닌 오직 자국의 이익을 위해서다.

정전협정과 연관지어보면 주한미군은 "조선으로부터 모든 외국 군대의 철거"에 관한 문제다(정전협정 제4조 60항). 북은 이를 근거로 평화협정 체결과 함께 주한미군 철수를 일관되게 주장해왔다. 반면 한미 양국은 북의 주장을 의도적으로 회피하면서 이를 흘러간 유행가쯤으로 치부했다.

그런데 주목할 것은 1990년대 이후 주한미군에 대한 북의 태도 변화다. 북은 1990년대 들어 주한미군이 평화유지군으로 그 지위를 변경할 경우 일정 기간 주둔을 용인할 수 있다는 유연성을 보이기 시작한다. 1992년 1월 김용순 국제부장과 캔터 국무차관 회담에서 북은 주한미군의 조건부 주둔 용인을 언급하기 시작했다. 주한미군에 대한 북의 태도 변화는 핵 공방이 첨예하게 전개되던 1994년 4월 김일성 주석의 인터뷰에서도 감지된다.

"북남이 합의한다면 우리에게는 방대한 군비와 무력이 필요 없습니다. 나는 우선 남북 쌍방이 무력을 10만 명 선으로 줄이는 것이 필요하다고 봅니다. 이처럼 단계적으로 무력을 축소한 후 자체적으로 방위할 수 있을 때 미군이 철수하라는 것이지 당장 미군 나가라는 것이 아닙니다.

《말》, 1994년 6월호

또한 1996년 리종혁 조선노동당 부부장은 미국 조지아대학에서 열린 학술회의에 참석하여 "주한미군이 남북한 군 사이에서 평화유지자로서 역할을 하는 것을 거부하지 않으며 주둔 기간은 한반도에 평화가 정착될 때까지"라고 밝힌 바 있다. 이러한 북의 태도 변화는 남북정상회담 직후 김정일 국방위원장의 인터뷰에서도 확인된다.

"그동안 미군더러 나가라고 했지만 그들이 당장 나가겠습니까. 우선 미국 스스로 생각을 달리해야 합니다. 그들은 분단에 책임이 있는 만큼 통일에도 책임이 있습니다. 지난날 닉슨도 카터도 미군을 철수하겠다고 했는데 주한미군 문제는 우선 그들 스스로가 우리 민족의 통일을 적극적으로 돕는 방향에서 알아서 결정해야 합니다."

《말》, 2000년 8월호

주한미군에 대한 북의 태도 변화는 "미군 주둔 자체가 아니라 군사훈련과 같은 구체적인 행동"이라는 리종혁 부부장의 발언에 압축되어 있다. 이렇게 볼 때, 평화협정 체결시 주한미군의 '평화유지자로서의 역할acting as peace keepers'이란 미국의 대북 적대정책 폐기와 밀접하게 결부되어 있다.

쟁점3-유엔사 해체 문제

유엔군 사령부UNC의 설치는 유엔 안보리의 결의에 의거한다 (1950년 7월 7일). 맥아더를 사령관으로 하여 일본 도쿄에 설치된 (1950년 7월 24일) 유엔군 사령부는 1957년 7월 1일 한국으로 이전하여 오늘에 이른다. 그런데 1970년대 중반 유엔군 사령부는 거센 해산 요구에 직면했다. 1973년 9월 제28차 유엔 총회에서 알제리를 비롯한 21개국이 유엔사 해체와 한국에서의 외국군 철거를 안건으로 상정했다. 비록 부결되었지만 이 문제는 1974년 10월 제29차 유엔 총회에서도 재차 상정되었다. 그리고 1975년 8월 제30차 유엔 총회에서 소련과 알제리 등 35개국이 유엔군 사령부 해산 결의안을 상정하여 가결되었다. 당시 유엔 총회에는 이 안건 말고도 유엔군 사령부의 존속을 요구하는 미국측 결의안이 동시에 가결된다. 이 같은 아이러니는 동서진영간 첨예한 외교전이 낳은 결과였다.

어찌됐건 유엔사의 해체는 결정되었고 이는 미국에게 부담이었다. 이에 미국은 유엔사의 간판을 남겨둔 채, 한미연합 사령부를 창설할 수밖에 없었다(1978년). 이런 내력을 간직한 유엔군 사령부는 주한미군의 또 다른 이름이다. 유엔군 사령관은 주한미군 사령관이 겸직하고 있다.

유엔군 사령부의 기능은 정전관리와 다국적군 증원을 통한 전쟁수행 능력을 유지하는 것이다. 현재 논란이 되고 있는 문제는 바로 유엔사의 두 기능 가운데 다국적군 증원을 통한 전쟁수행 기능이다. 미국은 간판만 남은 유엔군 사령부를 재활용할 계획을 세우고 있다. 미국은 한국군의 작전통제권 이양과 함께 한미연합사를 해체하는 대신 유엔군 사령부를 활용하여 유사시 다국적군 증원을 통한 전쟁수행 능력을 강화하겠다는 구상이다.

이에 대해 버월 벨 사령관은 유엔사에 전시 유엔군 전력을 지휘하는 전쟁 지원 사령부로서의 구실이 남아 있음을 강조한다. 그 이유는 두 가지로 해석된다. 하나는 유엔군 사령부가 유사시 주한미군과 주일미군을 통합 지휘하는 데 효율적이기 때문이다. 다른 하나는 1950년 유엔 총회가 대북 진격을 결정했다는 사실 때문이다. 법적으로 한국전쟁이 종료되지 않은 상황에서 이 결정은 아직도 유효하다. 이에 미국은 이 결정을 원용하여 대북 침략의 근거로 삼겠다는 판단이다. 이런 이유에서 미국은 죽어가는 유엔군 사령부의 연명을 꾀하고 있다. 이럴 경우 유엔군 사령부는 또 다른 망령이 되어 평화협정 체결을 논의하는 회담장 주위를 배회하게 될 것이다.

쉬어가는 페이지

북미 핵협상에서 남한 정부가 배워야 할 것

리영희(《말》, 1994년 2월호)

북한의 유격전적 외교술

북한의 핵 문제를 놓고 북한과 미국 사이에 2년 가까이 벌어지고 있는 흥정을 보고 있노라면 단연 '협상외교의 극치'라는 감탄의 소리가 나도 모르게 터져 나온다. 40년 가까운 세월을 국제관계 분야를 관찰하고 공부해온 나지만 이처럼 절묘한 국가간 협상은 처음이다.

북한 협상 솜씨는 보기에 따라서는 마술사 같기도 하다. 다음에 무슨 변화로 관객을 깜짝 놀라게 하려는 것인지 예측할 수가 없다. 때로는 미국이라는 거인이 난쟁이 손바닥에서 노는 것 같은 착각을 일으킨다. 그런가 하면, 협상의 각 국면이 매끈하게 이어져서 애초에 구상한 대로의 전체상을 다듬어나가는 외교기술은 조금 과장하면 가히 예술의 경지라고 할 만하다. 그 자세 또한 당당하기 이를 데 없다.

미국과 북한의 핵협상 외교는 두 나라의 국가 지도자들이 살아온 인생경험, 철학, 세계관, 정치감각을 그대로 표현하고 있다. 미국의 협상전략은 그들의 만사가 그렇듯이 물량주의의 정면공격이다. 압도적인 물질적·군사적 주먹의 힘으로 '녹아웃'

을 시도한다.

　이에 대해서 북한의 대응은, 그 나라의 지도자들이 과거, 항일 빨치산 전투에서 터득한 '유격전법'이다. 임기응변, 변화무쌍이라 할까, 신축자재다. 마오쩌둥의 유격전법대로 미국이 치고 들어오면 피하고, 미국이 공격을 멈추면 북한도 잠시 멈추고, 미국이 후퇴하면 추격을 한다.

　불과 2년 전, 이라크와 후세인을 일격에 쳐 돌린 미국의 군인, 정치가, 그리고 언론들이 얼마나 보기가 딱했으면 "위대한 미국이 5등 국가에 완전히 굴복했다"느니 "북한 외교에 대한 미국 외교의 무조건 항복"이라느니 하면서 흥분하고 개탄하고 있을까!

　자기 나라와 한국(남한)과의 외교(한미외교)에 오랫동안 입맛이 길들여진 미국의 정부 당국자, 군인, 언론들은 "이것이 남한의 코리언과 같은 코리언인가?!"라고 어리둥절해 하는 표정들이다. 우루과이라운드와 쌀시장 개방협상에서 남한 정부와 국민의 손을 가볍게 비틀어버린 것이 바로 엊그제의 일이니, 그럴 만도 하다. (중략)

북미 외교전의 제1회전, 푸에블로 호 사건

　지금 세계가 숨죽이고 손에 땀을 쥔 상태로 지켜보고 있는 북한과 미국의 숨 가쁜 핵협상 외교는 말하자면 제2회전인 격이다. 제1회전은 1968년의 소위 '푸에블로 호 사건'이라는 것이다.

　푸에블로 호는 일본의 모항에 기지를 둔 미국 해군의 초고성능 전파탐지용 스파이 함정이었다. 푸에블로 호는 주로 북한 해안에 바짝 붙어 항해하면서 북한의 군사용 및 행정용 통신을 도청하여 암호를 풀고, 소련령 블라디보스토크에 기지를 둔 극동함대의 통신을 해독하여 이동 훈련의 현장에 들어가 감시와 첩보활동을 하는 106톤 크기의 해군 첩보선이었다. 이 초비밀 전자첩보선이 1968년 1월 23일, 원산 앞바다에서 북한 해군과 공군기에 의해 나포된 것이다. 배에는 함장을 비롯해서 도청용 전자장치 기술자, 암호해독 전문가들인 군인과 민간인 합해서 83명이 있었다.

미국 정부와 선전기관은 사건이 발생하자 북한의 "야만행위" "비인도적 만행" "국제법을 유린하는 파렴치범" 등 마치 2년 전에 이라크 공격에 앞서 이라크 정부와 후세인 대통령에게 퍼부었던 비난을 방불케 하는 일대 선전공세를 전개했다. 그 이유로 내놓은 미국의 주장은 푸에블로 호가 납치된 지점이 동경 127도 54분 북위 39도 25분으로, 북한 해안에서 40마일 떨어진 공해상이라는 것이었다.

일촉즉발의 전쟁위기가 조성됐던 한반도

이에 대해 북한은, 함정 내의 미 해군 문서에 기재된, 이미 1966년 2월 28일 북한 해안에서 3마일 거리까지 침입했던 기록을 제시했다. (중략)

푸에블로 호 나포사건은 한국전쟁이 끝난 이후에 처음으로 미국이 한반도에서의 전쟁 재발을 각오한 무력시위를 촉발했다. 존슨 대통령은 사건 첫날부터 핵 항공모함 두 척과 각종 함정 25척. 합계 27척으로 구성되는 제77특별기동함대를 편성하여 원산 앞바다에 포진하고 군사적 압력을 가했다. 전 세계가 '제2의 한국전쟁'을 걱정하는 여론으로 들끓었다. 베트남전쟁이 한창인 때였다. 작년에 핵 문제를 놓고 미국이 취했던 대북한 군사공격 위협은 이때의 군사공격 결심에 비하면 아예 비교의 기준이 다르다.

우리는 정말로 새로운 전쟁의 공포에 떨었다. 원산 앞바다에 특별기동함대를 대놓고 위협을 가하는 한편으로, 미국은 소련을 비롯한 북한의 동맹국가들 정부를 총동원하여 정치외교적 압력을 계속했다.

중국과의 대립, 이른바 '중소분쟁'으로 그 당시 흐루시초프 당서기장의 소련은 미국과 밀월관계에 있었다. 소련 정부는 미국의 대리 역할을 자청하여 각 방면으로 북한 정권에 압력을 가했던 것이다. 미국의 청을 받아 유고슬라비아의 티토 대통령뿐 아니라 루마니아의 차우세스쿠 대통령까지 평양에 날아왔다. 미국인을 즉시 석방하지 않으면 북한은 정말로 다시 쑥밭이 될 것이라는 미국의 결심을 전달하면서 온갖 설득 노력을 다했다.

남한은 물론 중국, 일본, 대만 등 동아시아 지역 국가들은 전쟁준비 태세를 갖추고 사태의 추이를 지켜보고 있었다. '일촉즉발'이라는 표현은 바로 이때의 긴장감을 두고 말하는 것이었다.

남한이 괴뢰면 북한도 괴뢰

1994년의 미국-북한간의 핵 문제 협상외교를 이야기하는 이

글이 25년 전의 베트남전쟁 외교, 푸에블로 호 사건의 북한-미국 제1라운드 외교 전쟁까지 거슬러 올라온 이유는 바로 다음의 이야기를 하기 위해서다.

미국은 미국의 막강한 군사적 협박 앞에서는 북한 정권이 저항의 표시를 하다가 웬만큼 체면을 세운 뒤에는 굴복할 것으로 믿었다. 이런 경우에 언제나 그렇듯이 미국의 의회, 시민, 언론들은 온통 전쟁열을 부추기기에 여념이 없었다. 북한에 대한 극단적인 멸시와 매도의 표현인 '5등 국가The 5th rate nation'라는 호칭이 새로이 발명되고 일반화되었다. 미국은 미국과 남한과의 존재양식을 초강대 공산국가 소련과 북한과의 존재양식으로 등식화했다. 즉 남한이 미국의 거의 '괴뢰'듯이 같은 코리언인 북한도 틀림없이 초강대국 소련의 '괴뢰' 정도로 믿었던 것이다.

소련이 미국을 대신해서 압력을 가하기만 하면 북한은 무릎을 꿇고 기어 나와, 나포한 첩보선과 미국 시민을 고스란히 되돌려 주리라고 확신했다. '한쪽의 코리언이 괴뢰면 다른 쪽의 코리언도 괴뢰지, 별 수 있는가?' 이것이 미국의 북한관이었다. 미국이 그렇게 믿은 근거에는 충분한 타당성이 있지 않은가? 미국으로서는 지극히 논리적인 결론이었다.

그러나 실제는 그렇지 않았다. 미국의 군사적 공격의지를 뒷받침하는 소련의 온갖 종용과 설득, 압력과 협박에도 불구하고 북한은 끄떡하질 않았다. 나는 그 과정을 신문사 외신부의 텔레타이프에서 흘러나오는 외신기사의 두루마리에서 확인하면서, 바로 지금 1994년 초에 핵 문제를 놓고서 진행되는 북한-미국

협상외교의 스릴보다 몇 십 배나 강한 충격과 감동을 동시에 느끼곤 했다.

"이럴 수도 있는 것인가?" 이것이 나의 민족적 긍지에서 우러나오는 모든 감정을 한마디로 묶은 감탄사였다. "같은 핏줄을 이은 민족인데 한쪽은 이럴 수도 있는 것인가?"(중략)

나포된 지 325일 만에 미국 정부를 대신하여 푸에블로 호 함장 푸커 소령이 북한영해 침범 사실을 확인하는 사과문서에 서명함으로써 83명의 미합중국 군인과 시민(그 중 1명은 시체)은 1968년 12월 23일, 석방되어 판문점을 넘었다. 미국은 미국인의 석방 즉시, 푸커 함장의 북한영해 침범 시인이 무효라고 선언했다. 스파이선과 기물, 전자첩보 장비와 비밀문서 등은 북한에 압수되었다.

사건 발생에서 석방까지의 11개월 동안에 미국과 북한 사이에는 28회의 비밀협상이 있었다. 협박과 군사공격 위협, 소련을 비롯한 수많은 북한의 동맹국을 동원한 외교적 방법의 회유와 설득 노력 등이 모두 무효임이 입증되었다.

존슨 대통령이 검증해준 '북한' 호칭

미국인이 석방되기 전날, 존슨 미국 대통령은 미국 정부가 11개월 동안 어떤 노력을 했으며, 어떤 조치들을 취해왔는가를, 〈국민에게 보고한다〉는 텔레비전 특별프로에 나와서 낱낱이 설명했다. 미국의 대중과 신문, 군대와 정치가들은 '5등 국가'에 당하고도 속수무책인 존슨 대통령과 정부를 극렬한 어조로 규탄하고 있었다. 보고는 한 시간 가까이 계속되었다. 텔레타이프에서 흘러나오는 존슨 대통령의 대국민 보고기사를 언제나 그랬듯이 기계 앞에 선 채 읽어 나가던 나는 그의 결론 부분에서 딱 멈추어버렸다. 순간, 번개를 맞은 것처럼 온몸이 저려들었다.

그것은 11개월 동안 계속된 미국과 북한의 마라톤협상 과정에서 내가 수없이 품었던 의문들을 단 한마디로 깨끗이 풀어주는 결론이었다. 존슨 미국 대통령의 긴 보고는 이렇게 매듭지어졌다. 그의 결론이 너무도 놀랍고 의외였던 까닭에 나는 그 표현을 한 글자도 빠짐없이 지금도 기억하고 있다. 결론은 한마디였다. 이렇게 짧았다.

"North Korea seems to be a nation out of the pressure of the USSR."

우리말로 옮기면 "북한이라는 나라는 소비에트 사회주의공화국연방의 압력이 먹혀들어가지 않는 나라인 것 같다."

이 한마디에서 나는, 북쪽 동포민족의 국가 호칭을 '북괴'가 아니라 '북한'으로 고쳐 쓰기 위한 힘겹고 외로운 싸움에 대한 정당성을 미국 대통령에 의해서 검증받은 심정이었다. 그리고 북한에 관한 많은 의문이 바람에 구름 걷히듯이 풀리는 것 같았다.

그로부터 25주년이 지났다. 지금 핵 문제를 놓고서 전개되는 북한과 미국의 협상을 지켜보면서 나는 가끔 혼자서 흐뭇하게 독백처럼 중얼거리곤 한다.

"그러면 그렇지, 변하지 않았구나! 그만하면 알 만하다!"

| 참 | 고 | 문 | 헌 |

김남식, 〈유엔사와 불가침조약을 어떻게 볼 것인가〉, 통일뉴스,
　　2002년 12월 10일.
──, 〈정전협정의 한계와 그 대체 방안〉, 통일뉴스, 2003년 3월 14일.
김일영 · 조성렬, 《주한미군》, 한울, 2003년.
김치관, 〈장외 '상황악화'로 비틀거리는 9 · 19공동성명 1년〉, 통일뉴스,
　　2006년 9월 18일.
──, 〈인터뷰-조성렬〉"정부, 한미 우선정책으로 돌아섰다", 통일뉴스,
　　2006년 9월 15일.
노중선, 《남북한 통일정책과 통일운동 50년》, 사계절, 1996년.
박건영 외, 《한반도 평화보고서》, 한울, 2002년.
박명림, 〈한반도 정전체제 : 등장, 구조, 특성, 변환〉, 한국국방연구원,
　　《한반도 평화체제 구축 세미나 자료집》, 2006년.
백승주, 〈한반도 평화협정의 쟁점〉, 한국국방연구원,
　　《한반도 평화체제 구축 세미나 자료집》, 2006년.
이장희 편저, 《북미관계 정상화와 한반도 평화체제 모색》,
　　아시아사회과학연구원, 2001년 3월.
임영태, 《북한 50년사 1》, 들녘, 1999년.
전재성, 〈한반도 평화체제 : 남북한의 구상과 정책 비교검토〉,
　　한국국방연구원, 《한반도 평화체제 구축 세미나 자료집》, 2006년.
최철영, 〈정전협정의 문제점과 대안〉, 남북공동선언실천연대,
　　《정전협정 체결 53주년 기념 토론회 자료집》, 2006년 7월.
홍덕화, 〈평화협정의 개념과 핵심 포인트〉, 연합뉴스, 2005년 8월 18일.
제성호, 《한반도 평화체제의 모색》, 지평서원, 2000년.
한호석, 〈한(조선)반도에서 정전상태를 평화상태로 전환하는 길〉, 통일학연구소,
　　1995년 4월.
──, 《평양회담과 연방제 통일의 길》, 민, 2000년.

| 주 | 석 |

10) 포로의 현황은 다음과 같다. 조중연합군이 억류한 포로의 수는 한국군 7142명, 유엔군 4417명 등 1만 1559명이었다. 반면 유엔군이 억류한 포로의 수는 인민군 9만 5531명, 중국군 2만 7000여 명이었다. 인민군 포로 가운데 이남 출신은 1만 6243명이었다.

11) 페리보고서Perry Process는 대북 정책조정관 윌리엄 페리가 미국 정부의 대북 정책 전반을 정리하여 1999년 9월 미 의회에 제출한 보고서다. 보고서 제출에 앞서 페리는 1999년 5월 평양을 방문하여 국방위원회 조명록 제1부위원장 등과 핵과 미사일 문제를 논의하였다. 페리보고서는 북(조선)과 미국 등 관계국들이 상호위협을 줄이면서 호혜관계를 구축하기 위한 3단계 접근방식을 제시하고 있다. 1단계로 북의 미사일 발사 중지와 미국의 대북 경제제재 해제, 2단계로 북의 핵과 미사일 개발 중단, 3단계로 북미·북일관계 정상화와 한반도 평화체제 구축을 권고하고 있다.

12) 6자회담 4차 회의는 1단계 회의와 2단계 회의로 진행되었다. 1단계 회의는 2005년 7월 26일부터 8월 7일까지 진행되었으며 2단계 회의는 9월 13일부터 9월 19일까지 진행되었다. 6자회담 공동성명(9.19공동성명)은 2단계 회의 마지막 날 발표되었다.

13) 6자회담 5차 회의는 2005년 11월 9~11일 1단계 회의가 열린 데 이어 2006년 12월 18~22일 2단계 회의가 개최된다. 그리고 2007년 2월 8~13일 3단계 회의가 개최되어 2.13합의가 발표되었다.

14) 조약Treaty은 가장 격식을 따지는 것으로 정치외교적인 기존 관계나 지위에 관한 실질적 합의를 기록한 것이다. 그 예로서 한일기본관계에 관한 조약(1965년)이 있다. 조약은 잠정적 특수관계인 남북간의 평화문서에는 부적절하다. 협정Agreement은 비정치적인 전문적·기술적 주제를 다루는 경우에 사용한다. 그 예로 한중원자력협정(1995년)이 있다. 남북간 평화내용은 매우 정치적인 성격을 다루는 것이므로 협정이란 형식은 부적절하다. 선언Declaration은 보통 국제법적 구속력이 없고 정치적 의지를 표명하는 데 많이 사용한다. 남북간 평화문서의 중요성에 비추어 볼 때, 정치적 의지표명만으로는 미흡하다(이장희,《북미관계 정상화와 한반도 평화체제 모색》, 아시아 사회과학연구원, 2001년, 42쪽).

■ 통일, 우리 민족의 마지막 블루오션

25 통일 방안은 통일의 설계도
26 연합제안과 낮은 단계 연방제안 살펴보기
27 연합제안과 낮은 단계 연방제안의 공통점을 찾아서

제7장
연합제안과 낮은 단계 연방제안의 공통점을 찾아서

25 통일 방안은 통일의 설계도

통일은 당위다. 그러나 당위만으로 통일이 실현될 리 만무하다. 당위가 현실로 탈바꿈하려면 그것을 실현하기 위한 설계도가 필요하다. 통일의 설계도, 그것은 통일 방안이다. 남북이 공존하고 민족의 자주가 실현되는 통일 방안을 마련하는 일은 통일을 향한 첫걸음이라 할 것이다.

올바른 통일 방안을 위한 관점과 전제와 요건

올바른 통일 방안은 One Korea 관점에 기초해야 한다. One Korea 관점에 기초할 때, 남북의 차이를 인정하면서도 민족의 단합을 실현할 수 있다. 또한 올바른 통일 방안은 한반도 평화체제 구축과 결부되어 있어야 한다. 만약 통일 방안이 한반도 평화체제 구축과 연관되어 있지 않다면 그것은 한낱 관념적인 논리에 불과하다. 따라서 통일 방안이 실천력을 갖추려면 One Korea 관점에 기초하는 동시에 한반도 평화체제 구축과 결부되어 있어야 한다. 여기에 더해 올바른 통일 방안은 민족애에 확고히 기초해야 친북과 친남의 시비를 벗어던질 수 있다.

통일의 관점, One Korea

통일은 One Korea의 관점에서 출발한다. One Korea! 이것은 우리 민족이 하나 되기 위한 근본관점이다. 만약 누군가가 우리에게 One Korea냐, Two Korea냐를 묻는다면 그것은 통일을 지지하느냐, 아니냐에 대한 가장 원초적인 질문이다.

상식적으로 One Korea는 누구나 쉽게 동의할 수 있는 명제다. 그러나 우리 사회의 현실은 그렇지 않다. 일부 논자들은 남과 북이 독립된 국가이므로 두 개의 주권국가를 인정하고 이를 합법화하자고 주장한다. 현재 한반도에는 두 개의 국가가 존재한다. 남(한국)은 자본주의를, 북(조선)은 사회주의를 자신의 체제로 채택하고 있다. 그러나 이것은 체제의 차이일 뿐, 우리 민족이 Two Korea가 되어야 할 이유는 아니다. 따라서 분단 상태를 영구화하려는 Two Korea의 관점과 그것으로부터 비롯되는 모든 시도는 배격되어야 한다.

1990년대 이남 사회를 휩쓴 대북 흡수통일론 또한 Two

Korea 관점에 뿌리를 둔 변종에 불과하다. 남북의 유엔 동시가입(1991년 9월 17일)으로 상징되는 탈냉전 속에서의 대북 흡수통일론은 우리 사회에서 대세를 이루었다. 탈냉전의 정세 속에서 북은 고립무원에 놓였고 북의 붕괴는 미국의 대북 적대정책에 의해 기정사실로 받아들여졌다. 이리하여 우리 사회에서 통일 방안은 오직 흡수통일론 말고는 없는 듯했다.

그런데 되짚어 보면 흡수통일론은 지난날 미국이 추구한 두 개의 한국정책과 맥락을 같이 한다. 동서냉전으로 남북이 힘의 균형을 유지할 때는 분단영구화론이 힘을 얻었고 반대로 북이 열세에 놓일 때는 흡수통일론이 대세를 이루었다. 이처럼 흡수통일론은 One Korea가 아닌 Two Korea의 관점에 기초하고 있다. 따라서 통일을 체념시키는 분단합법화론이나 무력충돌을 동반하게 될 흡수통일론은 마땅히 배제되어야 한다.

또한 최근 일각에서 일고 있는 민족(또는 민족주의)을 부정하고 해체하려는 경향은 우려를 낳게 한다. 이들은 민족이 갖는 본모습은 보지 못한 채 배타적 민족주의를 과대 포장하여 민족주의를 부정하고 나선다. 만약 우리 사회에 배타적인 민족주의가 있다면 비판받아 마땅하다. 그러나 이를 빌미로 민족주의를 비판하고 민족의 해체를 주장한다면 그것은 빈대 잡으려다 초가삼간 태우는 격이다.

그동안 우리 사회에서는 반세기 넘는 분단체제 아래 One Korea 관점보다는 Two Korea의 관점에 기초한 통일론이 주류를 이루어왔다. 분단체제 아래 반공 이데올로기가 넘쳐났고 숭

미사대주의는 주류 이데올로기로 배양되었다. 이런 현실을 바로잡으려면 One Korea의 관점을 확고히 세우고 통일 지향의 민족주의가 확립되도록 노력해야 한다.

이 때문에 One Korea 관점을 명확히 하는 것은 그 무엇보다 중요하다. One Korea의 관점을 명확히 하는 것은 Two Korea의 관점을 배제하는 것이다. 그런 의미에서 통일 방안은 "One Korea Yes!, Two Korea No!"라는 구호 아래 하나를 지향하면서도 차이를 인정하는 One Korea 관점에 기초해야 한다.

동전의 양면, 통일 방안과 평화체제

통일 방안은 한반도 평화체제 구축과 맞물려 있는 동전의 양면과 같다. 왜냐하면 한반도의 분단이 민족적인 문제인 동시에 국제적인 문제이기 때문이다. 이 같은 이유로 한반도의 통일에는 주한미군 철수 문제, 한미동맹 재편 문제, 국가보안법 폐지 문제가 넝쿨째 엮여 있는 것이다. 예컨대 지난 2000년 6.15공동선언과 조미공동코뮈니케가 앞서거니 뒤서거니 발표된 것은 우연의 일치가 아닌 한반도 분단체제의 구조적인 성질에서 비롯된 현상이다.

그런데 이 지점에서 분명히 해둘 것이 있다. 그것은 분단체제 아래서 정치군사적 대결의 축이 북미 사이에 형성되어 있다는 사실이다. 2006년 10월, 북이 핵 실험을 감행하자 한나라당을 비롯한 보수진영에서는 햇볕정책의 실패를 거론하면서 노무현 정권에게 그 책임을 추궁하였다. 이 같은 주장은 분단체제의 근본성질을 바로보지 못한 무지몽매한 주장이다. 북의 핵 실험이 의미하는 것은 햇볕정책의 실패가 아닌 부시정권의 대북 적대 정책의 실패를 의미한다. 북미 대결구도가 한반도 정세의 중심 축인 이유는 미국의 주도 아래 한반도 정전체제가 구축되었기 때문이다.

이런 역사성에서 한반도의 통일은 정전체제를 해체하는 작업과 함께 민족의 화해와 단합이 병행되어야 가능해진다. 그리하여 정전협정이 평화협정으로 대체될 때, 한반도의 분단체제는 그 명을 다하고 역사의 저편으로 사라지게 될 것이다. 이와 동시에 One Korea의 관점에 기초한 통일 방안이 작동하면서 우리 민족은 통일을 향해 나아갈 것이다. 이처럼 통일 방안과 평화체제는 동전의 양면과 같이 결부되어 있다. 그런 의미에서 평화체제는 통일의 징검다리이며 통일은 평화체제의 완성이다.

올바른 통일 방안의 요건

올바른 통일 방안은 어떤 요건을 갖추고 있어야 하는가.

첫째, 올바른 통일 방안은 민족애에 기초해야 한다. 민족애에 기초하지 않으면 올바른 통일 방안이라 할 수 없다. 왜냐하면 통일은 민족애에 기초하여 남북의 차이를 인정하고 단합해야 가능하기 때문이다. 이런 이유에서 통일 방안의 첫째가는 요건은 민족애에 기초하는 것이다. 통일 방안이 민족애에 기초하는 것은 자주, 평화통일, 민족대단결의 원칙에 기초해야 함을 의미한다.

먼저 통일 방안은 민족자주의 원칙에 기초해야 한다. 우리 민족의 분단이 외세에 의해 조장되었고 유지 고착되었기 때문에 민족자주는 제1의 통일원칙이다.

또한 평화의 원칙에 기초해야 한다. 우리 민족의 통일은 무력이 아닌 평화적인 방법으로 실현되어야 한다. 통일이 평화적으로 이루어지려면 남북은 서로의 체제를 강요하지 말아야 한다. 이는 곧 우리 민족의 통일이 체제통합에 목표가 있는 것이 아니라 남북이 서로를 인정하고 공존하는 민족통합에 있음을 의미한다.

그리고 민족대단결의 원칙에 기초해야 한다. 통일은 남과 북, 어느 한 지역 주민만의 문제가 아닌 전 민족적인 문제다. 때문에 통일은 남북을 뛰어 넘고 계급계층을 초월하여 민족이 대단결하는 기초 위에서 이루어져야 한다.

둘째, 올바른 통일 방안은 현실성과 합리성을 갖추어야 한다. 통일 방안의 요건 중 현실성이 중요하게 제기되는 이유는 남북이 서로 다른 체제로 존재하기 때문이다. 올바른 통일 방안은 남북에 서로 다른 체제가 존재한다는 현실을 인정하고 이를 반영해야 한다. 통일 방안은 분단으로 이질화된 차이를 인정하고 민족의 동질성을 추구할 때, 민족적 지지와 합의를 이끌어 낼 수 있다. 이런 견지에서 통일 방안이 갖추어야 할 현실성은 이질성의 공존과 동질성의 회복이라는 통일의 과정과 결부되어 있다.

또한 통일 방안은 합리성을 겸비하고 있어야 한다. 합리성이 통일 방안의 요건으로 나서는 이유는 남북이 서로 다른 통일 방안을 제기하면서 적대적으로 대립해왔기 때문이다. 그동안 남북은 나름의 근거를 갖고 통일 방안을 제시해왔다. 그러나 남북은 합의보다는 비판을 위한 비판으로 평행선을 달려왔다.

이런 대결의 역사에서 2000년 남북정상회담은 하나의 전환점이었다. 만약 남북 정상이 현실성과 합리성을 갖추지 못했다면 "남측의 연합제안과 북측의 낮은 단계 연방제안이 서로 공통점이 있다"고 합의할 수 없었을 것이다. 6.15공동선언 2항은 서로의 차이를 인정하는 현실성과 합리성이 있었기에 합의가 가능했다. 이처럼 남북이 차이를 인정하는 가운데 통일하려면 통일 방안은 현실성과 합리성을 그 요건으로 갖추어야 한다.

6.15공동선언과 통일 방안

6.15공동선언 이전까지만 하더라도 남북은 통일 방안을 두고 극심하게 대립해왔다. 지난 대결의 시대를 상징하는 용어가 '적화통일과 승공통일'로 굳어진 이유는 이 같은 역사 때문이다. 말 그대로 남은 북에 의한 공산화(적화)통일을 경계하였고 북은 남에 의한 북진통일(또는 흡수통일)을 반대하였다. 이처럼 통일 방안을 두고 남북 사이에 형성된 적대적 대결 때문에 서로의 주장이 담고 있는 긍정성에 귀를 기울이기 보다는 부정하기 바빴다. 이런 대결의 역사에 하나의 전기가 된 것은 문익환 목사와 허담 조평통위원장이 발표한 공동성명이다(1989년 4월 2일).

"쌍방은 누가 누구를 먹거나 누가 누구에게 먹히지 않고 일방이 타방을 압도하거나 타방에게 압도당하지 않는 공존의 원칙에서 연방제 방식으로 통일하는 것이 우리 민족이 선택해야 할 필연적이고 합리적인 방도가 되며 그 구체적인 실현방도로서는 한꺼번에 할 수도 있고 점차적으로 할 수도 있다는 점에 견해의 일치를 보았다."

문익환 목사, 허담 조평통 위원장 공동성명 일부

우리가 이 성명을 기억해야 하는 이유는 남북 당국이 통일 방안의 공통점을 형성하는 데 가교 역할을 했기 때문이다. 문익환 목사로 상징되는 통일운동이 있었기에 연방제 통일 방안은 이남 사회에서 금기의 벽을 허물고 공론의 장으로 나올 수 있었다. 또한 이날의 공동성명은 북측이 고려민주연방제안에 유연성을 불어넣는 직접적인 계기로 작용했다. 그리고 그 연장선상에서 남북 정상은 서로의 통일 방안에 공통점이 있다고 인정한 것이다.

"남과 북은 나라의 통일을 위한 남측의 연합제안과 북측의 낮은 단계의 연방제안이 서로 공통점이 있다고 인정하고 앞으로 이 방향에서 통일을 지향시켜나가기로 하였다."

6.15공동선언 2항

6.15공동선언이 민족공동의 통일 방안을 정립하는 데 던진 의미는 각별하다. 그 의미는 첫째, 남북 당국이 통일 방안의 공통점을 확인함으로써 대립으로 일관했던 역사를 청산할 수 있

게 되었다. 이는 서로를 백안시하던 자세를 버리고 통일이라는 공동 목표를 향해 첫발을 내딛었음을 뜻한다.

둘째, 남북은 서로의 통일 방안을 불법시하던 태도에서 벗어나 상호 인정하는 계기를 마련하였다. 그동안 북은 남의 연합제를 흡수통일 방안이라 해서 배척했고 남은 북의 연방제안을 적화통일 방안으로 치부하고 탄압했다. 그러나 6.15공동선언을 계기로 남북은 서로의 통일 방안에 대해 연구하고 토론할 수 있는 단초를 마련하였다. 6.15공동선언으로 하여 남측의 연합제안은 흡수통일이라는 독소를 탈색하게 되었고 북측의 연방제안은 '낮은 단계'라는 현실성을 겸비하게 되었다.

셋째, 6.15공동선언 2항이 갖는 가장 커다란 의미는 남북이 서로의 통일 방안에 공통점이 있다고 인정하고 그것에 기초하여 "통일을 지향시켜나가기로" 합의한 대목이다. 이로써 우리 민족은 통일국가를 건설하기 위한 공동의 설계도를 그릴 수 있게 되었다.

26 연합제안과 낮은 단계 연방제안 살펴보기

역설적인 단정이지만 6.15공동선언 2항은 남북이 통일 방안을 놓고 극단적으로 대립해온 결과물이다. 6.15공동선언에서 남북 정상은 "조국의 평화적 통일을 염원하는 온 겨레의 숭고한 뜻에 따라" "남측의 연합제안과 북측의 낮은 단계 연방제안이 서로 공통점이 있다고 인정"하였던 것이다.

국가연합과 연방국가

국가의 형태에는 단일국가와 연방국가가 있다. 단일국가單一國家, unitary state는 통치권이 중앙의 단일정부에 집중된 국가 형태다. 또한 고도의 자치권을 가진 두 개 이상의 지방支邦에 의해 구성되는 연방국가에 상대되는 국가의 형태다. 연방국가는 연방을 구성하는 지방이 국가 구성의 단위체로 자주적인 조직과 권한을 갖지만, 단일국가는 국가의 기본법에 따른 지위와 권한을 행사한다. 현재 지구상에 존재하는 대부분의 국가는 단일국가이며 미국, 캐나다, 멕시코, 베네수엘라, 아르헨티나, 브라질, 스위스, 오스트리아, 독일, 말레이시아, 나이지리아, 아랍에미리트 등이 연방제국가다.

그러면 먼저 국가연합에 대해 살펴보자. 국가연합國家聯合, confederation은 복수複數의 국가가 조약에 의하여 결합하고 일정 범위의 국가기능(외교능력 등)을 공통기관을 통하여 행사하는 국가들의 연합이다. 국가연합에 참여하는 구성국들의 주권 소재는 각기 다르다. 이는 국가연합에 참여하는 각 나라의 관계가 별개의 국가라는 뜻이다. 국가연합에 참여하는 각 구성국 국민들의 국적은 해당 국가에 있으며 국민에 대한 보호권은 각 구성국에 있다.

국가연합 중앙기구는 구성국 정부에 대해 명령권이나 관할권을 행사할 수 없으며 자체의 군대를 갖지 못한다. 만약 국가연합에 가입한 나라들 사이에 분쟁이 일어난다면 그것은 내란이 아니라 전쟁(또는 내전이 아니라 국제전)이다. 국제법상으로 국가연합은 국가로 인정되지 않는다. 국가연합의 각 구성국은 국제법상으로 평등한 국가이며 연합에 위임한 권한을 제외하고는 대내외적으로 독립성을 갖는다. 그러므로 각 구성국은 저마다 조약을 체결하고 외교사절을 교환할 자격을 갖는다.

국가연합의 사례는 1781~1787년의 미합중국, 1815~1848년의 스위스연합, 1815~1866년의 독일연합, 1750~1795년의 네덜란드 등을 들 수 있다. 또한 현존하는 국가연합의 사례는 유럽연합EU과 소련이 해체된 직후, 그 구성국들이 결성한 독립국가연합CIS이 있다. 현재 유럽연합이나 독립국가연합에 참여하는 나라들은 별개의 권한을 행사하는 주권국가들이다. 단지 참여국가들은 서로의 공동이익을 증진하기 위해 국가연합을 구성했을 뿐이다.

반면 연방국가聯邦國家, federation는 고도의 자치권을 가진 두 개 이상의 지방으로 구성되는 국가를 말한다. 연방국가는 통치권이 단일정부에 집중되는 단일국가에 상대되는 개념이다. 연방국가의 등장은 하나의 국가 안에 서로 다른 이질적인 요소가 작용하기 때문이다. 연방국가의 성립은 주된 통합 요인에 부차적인 분화 요인이 작용한 결과다. 만약 하나의 국가 안에 이질적인 요소가 존재하지 않는다면 연방제 국가는 성립되지 않는다. 예컨대 다민족이거나 종교와 생활권이 다른 경우 연방국가가 형성된다.

연방국가는 일반적으로 양원제를 채택하고 있다. 연방의회인 상원과 지역의회인 하원으로 양원제를 구성하는 것이 특징이다. 연방국가는 연방헌법과 그에 입각한 조약, 법률, 조례에 따라 연방과 지방의 법률관계가 결정된다. 지방정부는 연방(중앙)정부의 이념과 정책, 법률관계에 기초하여 제한된 범위에서 내치권을 행사한다. 지방정부는 연방의 분화된 주권의 범위 안에서 입법권, 사법권, 행정권을 행사할 수 있다.

연방국가는 중앙정부가 외교권과 국방권을 행사하며 제한된 범위에서 지방정부가 내치권을 갖는다. 연방정부는 군대를 보유하고 내란과 외부의 침략으로부터 국가를 보호하는 권한을 행사한다. 또한 국가를 대표하여 외교권을 행사한다. 대내외적으로 연방국가의 중앙정부는 완전한 국제법상의 권한과 능력을 행사한다. 이에 비해 지역정부는 제한된 특정사항에 관해서만 국제법상의 능력을 가질 수 있다.

예외적인 경우지만 연방정부가 지방정부에 외교권의 일부를 허용한 사례가 있다. 아직 선례가 없지만 미국 헌법에서는 각 주州가 연방의회의 승인을 조건으로 외국과 조약을 체결할 수 있다. 스위스 연방헌법에는 연방이나 다른 주의 권리를 침해하지 않는 조건에서 예외적으로 각 주가 일정한 사항에 대해 외국과 조약을 체결할 수 있으며 그 선례가 있다. 통일 전, 서독의 지방정부는 입법권의 범위 안에서 연방정부의 동의 아래 외국과 조약을 체결하였다. 지방정부의 외교능력을 비교적 폭넓게 인정한 사례는 소련이었다. 소련은 1944년 2월 개정된 헌법을 통해 구성 공화국들이 제3국과 외교관계를 맺고 외교사절과 영사를 교환할 수 있는 권리를 부여하였다.

남측의 연합제안

남측의 연합제안은 두 가지다. 하나는 민족공동체통일방안의 2단계에 등장하는 남북연합 단계이고 다른 하나는 김대중 전 대통령의 3단계 통일론의 1단계인 남북연합(공화국연합) 단계다. 두 방안은 모두 흡수통일론에 입각한 1국가 1체제의 통일을 지향하는 공통점이 있다.

반면 차이점은 3단계 통일론이 연방제 단계(2단계)를 설정한 반면에 민족공동체통일방안에는 연방제 단계가 없다. 또한 3단계 통일론은 "통일을 저해하는 남과 북의 법규를 정비"라는 우회적인 표현을 통해 국가보안법과 조선노동당 규약 전문[15]의 개폐, 한반도 평화체제의 구축을 통일 방안과 연관 짓고 있는데 비해 민족공동체통일방안은 그렇지 않다.

그런데 주목할 만한 사실은 김대중 대통령이 자신의 전매특허인 3단계 통일론을 정부의 방안으로 공식 천명하지 않았다는 사실이다. 이는 역대 정권들이 자신들만의 통일 방안을 주창한 사례에 비춰볼 때 이례적이다. 김대중 대통령이 재임 시절 자신의 3단계 통일론을 공표하지 않은 것은 색깔공세를 미연에 차단하려는 고민의 결과로 해석된다. 그럼에도 6.15공동선언에 명시된 남측의 연합제안은 민족공동체통일방안이 아닌 3단계 통일방안의 연합제안을 지칭하는 것으로 보인다. 그 이유는 합의의 당사자가 김대중 대통령이라는 점과 민족공동체통일방안이 갖는 내용의 빈약함과 대북 적대성 때문이다.

연합제안1-민족공동체통일방안

민족공동체통일방안은 노태우 정권이 천명한 한민족공동체통일방안에 그 뿌리를 두고 있다. 노태우 정권이 천명한 한민족공동체통일방안은 남북연합을 거쳐 북을 흡수통일하는 데 목표를 두었다. 이런 연유에서 민족공동체통일방안 또한 흡수통일론이라는 태생적 한계를 벗어날 수 없었다.

민족공동체통일방안은 한반도의 긴장이 최고조에 달했던 1994년 김영삼 대통령이 8.15경축사를 통해 발표하였다. 민족공동체통일방안은 1990년대 중반 강도 높게 전개된 미국의 대북 적대정책에 기반한 것이었다. 이 같은 시대 상황을 반영하여 민족공동체통일방안은 노태우 정권의 그것에 비해 흡수통일의 기조를 강화하고 명칭을 변경하였다. 이에 대해 노태우·김영삼 정권에서 통일원 장관을 지낸 이홍구는 다음과 같이 설명한다.

> "1989년 노태우 정부의 '한민족공동체통일방안'과 1994년 문민정부의 '민족공동체통일방안'은 내용면에서는 큰 차이가 없으며 국민정서에 따른 호칭의 변화로 보면 됩니다. 1989년에는 민족공동체통일방안이라는 명칭을 선호하였으나 당시 냉전과 반공의 사회분위기에서 여전히 지나치게 중립적으로 보인다는 견해가 있었고, 대한민국의 주도적 역할을 표방하기 위해 '한'이라는 단어를 앞에 첨가하였습니다. 그러나 한러·한중 국교 정상화 이후 남한의 국력이 신장되면서 1994년 자연스럽게 '한'자가 빠지게 되었고 민족공동체통일방안이 국민정서에 거부감 없이 받아들여졌습니다."
>
> 《하늘길 땅길 바닷길 열어 통일로》, 210쪽

민족공동체통일방안 요약

- 성격
  민족공동체통일방안은 1민족 1국가 건설을 목표로 한다.

- 배경
  - 대외적으로는 공산권의 붕괴와 동서화해의 급속한 진전에 따른 세계사적 변화가 일어나고 있다.
  - 대내적으로는 산업화와 민주화의 성공에 따라 문민정부의 출범, 다각적인 개혁작업을 통해 민주주의가 뿌리를 내리고 있다.
  - 김일성 사망과 국제적 고립, 내부 경제난으로 북한은 체제를 유지하는 데 한계에 직면하여 커다란 변화를 겪지 않을 수 없을 것이다.
  - 과거의 영토적·제도적·정치적 통일접근으로부터 민족공동체 회복 발전의 바탕 위에 단계적이고 점진적 통일 접근으로 발전되어 왔다.

- 기본 철학
  민족공동체통일방안의 기본 철학은 민족공동체 건설을 위한 자유민주주의 이념이다. "통일의 기본 철학으로서의 자유민주주의의 당위성"은 "어떠한 희생을 치르더라도 반드시 수호해야 하며 자유민주주의 체제에 대한 도전은 결코 용납할 수 없"다.

- 통일 원칙
  민족공동체통일방안의 기본원칙은 자주, 평화, 민주다.

- 자주란 통일이 어떤 외부 세력의 간섭을 받음이 없이 우리 민족의 역량에 의해 자주적으로 이루어져야 한다는 것을 뜻한다.
- 평화란 통일이 전쟁이나 상대방을 전복하려는 방식에 의해 이루어져서는 안 되며 반드시 평화적인 방법으로 추구되어야 한다는 것을 말한다.
- 민주란 통일이 민족구성원 모두의 자유와 권리를 바탕으로 민주적 통합의 방법으로 이루어져야 한다는 것을 의미한다.

• 통일 과정

통일을 하나의 민족공동체를 건설하는 방향에서 점진적, 단계적으로 이루어나가는 기조에서 화해·협력 단계→남북연합 단계→통일국가 완성단계의 3단계로 설정한다.
- 제1단계인 화해·협력 단계는 남북이 적대와 불신 대립관계를 청산하고 상호 신뢰 속에서 긴장을 완화하고 화해를 정착시켜 실질적인 교류, 협력을 실시함으로써 화해적 공존을 추구해나가는 단계다.
- 제2단계인 남북연합 단계는 단일민족공동체 형성을 지향, 궁극적으로 단일민족국가를 건설한다는 목표를 설정하고, 남북간의 공존을 제도화하는 중간과정으로서 과도적 통일체제인 남북연합을 구성 운영하는 단계다. 남북연합 단계에는 남북간의 합의에 따라 법적·제도적 장치가 체계화되어 남북연합 기구들을 창설하여 운영하게 된다.
- 제3단계인 통일국가 완성단계는 남북연합 단계에서 구축된 민족공동의 생활권을 바탕으로 정치공동체를 실현하여 남북 두 체제를 완전히 통합, 1민족 1국가의 단일국가로 통일을 완성하는 단계다. 즉, 통일헌법에 따른 총선거를 실시하

여 통일정부를 구성함으로써 평화통일을 완성하게 된다.

- 통일국가의 미래상
  민족구성원 모두가 주인이 되며, 민족구성원 개개인이 자유와 복지와 인간존엄성이 보장되는 선진민주국가를 제시하고 있다.

《통일백서》, 1994년, 57~67쪽

연합제안2-김대중의 3단계 통일론

김대중 전 대통령의 통일론은 1970년 10월 6일 남북교류와 평화통일 실현, 4대국 평화보장론을 제창하면서 본격화된다. 이때를 시작으로 그의 통일론은 1971년 3월 24일 대통령 후보 공약 발표와 1972년 2월 도쿄 외신기자 클럽에서 밝힌 3단계 통일방안을 거쳐 1973년 7월 공화국 연방제안으로 체계화되었다.

1982년 12월 신군부에 의해 미국으로 망명한 그는 버클리대학 세미나에 참석하여(1983년 5월 13일) '선 민주, 후 통일론'을 주장했다. 선 민주, 후 통일론은 박정희 정권에서 전두환 정권으로 이어지는 군사독재에 대한 민주화 투쟁에 기초한 것이었다. 김대중 대통령의 선 민주, 후 통일론은 6월항쟁을 거치면서 다시 변모한다. 6월항쟁 직후, 그는 '공화국 연방제' 통일 방안을 재차 표명했다(1987년 8월 15일).

그러나 김대중은 민정당을 비롯한 수구 세력으로부터 집중공격을 받자 이를 잠정 폐기하였다. 그는 1990년 7월 보라매공원 연설에서 자신의 통일 방안을 '공화국 연합제'로 개칭한 데 이어, 1991년 7월 기자회견에서 다시 '3원칙 3단계 통일 방안' 으로 바꾸었다. 그리고 1995년 아태평화재단이 발간한 책자를 통해 그의 통일 방안은 '김대중의 3단계 통일론'으로 최종 명명 되었다.

1998년 2월 대통령 취임사에서 그는 "화해와 협력 및 평화 정착에 토대"를 둔 남북관계의 발전을 역설하면서 대북정책 3원칙 으로 "무력도발의 불용" "흡수통일의 배제" "화해협력의 추진"을 천명했다. 그리고 이 원칙에 입각하여 햇볕정책을 추진한다.

3단계 통일론의 내용과 특징

김대중의 3단계 통일론은 1단계 남북연합(남북공화국연합) 단계 와 2단계 연방제(남북연방) 단계, 3단계 완전통일 단계로 구성된 다. 이렇게 구성되는 3단계 통일론은 남북연합 단계와 남북연방 단계를 거쳐 완전통일 단계를 지향하는 1국가 1체제 1정부의 통 일 방안이다.

김대중의 3단계 통일론이 갖는 특징은 첫째, 김영삼 정권의 그것에 비해 개방적이고 동적이다. 그 이유는 3단계 통일론의 경우 민족공동체통일방안과 달리 남북연합 단계를 1단계에 배 치하고 있다. 3단계 통일론은 남북연합 단계로의 진입에 대해 "민족적 합의와 남북 당국의 정치적 결단" "현실적인 몇 가지 여건만 조성된다면" 언제라도 가능하다고 보기 때문이다. 3단 계 통일론은 남북연합 단계에서 미국, 중국, 일본, 러시아와 남 북이 참여하는 동북아 다자간 안보협력체제의 실현을 제기한다. 또한 3단계 통일론은 "통일을 저해하는 남과 북의 법규를 정비"라는 다소 모호한 표현을 통해 국가보안법 개폐와 조선노동당 규약 개정을 우회적으로 언급하고 있다.

둘째, 3단계 통일론은 2단계에서 연방제 단계를 상정하고 있다. 연방제의 필요성에 대해 남북의 "경제·사회 발전 단계의 차이와 반세기 이상 이질화"와 북체제의 특수성, 상당 기간의 대북 지원이 있어야 한다는 판단에서다. 이 지점에서 3단계 통일 방안과 북의 낮은 단계의 연방제안의 공통점이 발견된다. 북의 낮은 단계 연방제 또한 두 개의 정부가 내치권, 외교권, 군사권을 그대로 인정하고 있기 때문이다. 과정이던 최종 목표이던 연방제 단계를 설정하고 있다는 것 자체가 북의 통일 방안과 교감의 폭을 형성한다.

셋째, 3단계 통일론은 3단계에서 완전통일 단계를 설정하고 있다. 3단계 통일론은 남북 지역정부가 연방제 아래에서 "통일적이고 균형적인 발전을 이룩하고 사회·문화적인 동질성"의 확보를 전제로 하여 완전통일 단계에 들어설 것을 상정한다. 이 지점에서 3단계 통일론은 북의 고려민주연방제안과 가장 큰 차이를 보인다. 그 차이는 고려민주연방제안이 완성된 연방제라면 3단계 통일론은 체제 통합에 그 목표를 두고 있기 때문이다.

김대중의 3단계 통일론 요약

• 통일원칙
 자주, 평화, 민주
 첫째, 자주의 원칙은 통일을 포함한 민족의 모든 문제를 외세에 의존하지 않고 민족 자결의 정신에 입각해 해결하자는 것이다.
 둘째, 평화의 원칙은 통일을 위시한 민족의 모든 문제를 다룸에 있어 폭력에 의하지 않고 협상을 통해 평화적으로 해결하자는 것이다.
 셋째, 민주의 원칙은 통일의 전 과정을 민주적 절차에 따라 민족적 합의를 도출한 위에 진행시키자는 것이다.

• 통일원칙의 사상적 기조
 자주, 평화, 민주의 3대 원칙은 김대중의 통일 사상에 뿌리를 두고 있다. '열린 민족주의(Open Nationalism)' '적극적 평화주의(Positive Peace)' '전 지구적 민주주의(Global Democracy)'가 그것이다.
 첫째, 김대중에게 있어 민족주의는 통일의 이념적 기반이자 추진력을 제공해주는 동인이요, 지향점이다.
 둘째, 김대중의 '적극적 평화주의'는 단순히 전쟁을 반대하는 소극적 자세에 머무르지 않고 적극적인 평화 개념에 입각하여 '평화 창조'를 추구한다.
 셋째, '전 지구적 민주주의'는 일국적 측면을 넘어서 국제적 측면을 강조하며 아시아적 민주주의의 포용성이 서구적 민주주의의 한계를 극복하는 데 긍정적인 영향을 줄 것이다.

• 통일의 3단계

3단계 통일론은 전쟁이나 폭력에 의한 통일을 배격한다. 통일은 점진적으로 진행되는 과정이기에 '통일의 첫걸음을 가능한 한 빨리 내딛되 통일의 진행은 찬찬히 해나가자'고 주장하고 있다.

① 제1단계는 남북연합(남북공화국연합 단계)이다.

1민족 2국가 2체제 2독립정부로 남북의 독립국가가 서로 다른 체제를 유지한 채 국가연합을 형성한다. 남북은 기존의 모든 주권을 그대로 보유한다. 이 단계는 약 10년 정도 지속되어 민족동질성 회복에 전력을 다할 것이다. 남북연합의 주된 임무는 평화공존, 평화교류, 평화통일의 3대 행동강령을 실현하는 데 있다.

② 제2단계는 연방제(남북연방 단계)다.

1민족 1국가 1체제 1연방정부 2지역 자치정부로 구성된다. 하나의 체제 하에 외교, 국방 그리고 주요 내정을 중앙정부가 관장하고, 그 밖의 내정은 2개의 지역자치정부가 담당한다. 통일헌법에 따라 연방대통령을 선출하고 연방의회를 구성한다. 연방제 진입은 이북이 복수 정당제와 자유선거제 도입, 시장경제 체제의 수용, 남북 군비통제, 민족동질성을 확보할 때다. 연방제 하에서 남북은 유엔에 연방의 이름으로 단일회원국이 되며, 세계 각국과의 국교를 단일화한다.

③ 제3단계는 완전통일 단계다.

제3단계는 1민족 1국가 1정부로 구성된다. 오늘날 세계적인 추세가 지방 분권화, 지방 자치화를 향해 나아가고 있음을 고려할 때, 연방으로부터 중앙집권적 체제로 나갈 것인지 아니면 여러 개로 세분화된 연방제로 갈 것인지는 그때에 가서 국민 의사에 따라 결정한다.

- 통일국가의 미래상

첫째, 통일국가의 정치체제는 국민의 자유와 권리 그리고 인권이 보장되는 민주주의에 기초를 둘 것이다.
둘째, 통일국가의 경제체제는 시장경제체제가 될 것이다.
셋째, 통일국가는 정의로운 복지사회를 구현함으로써 진정한 인간 존중의 사회를 실현하게 될 것이다.
넷째, 통일국가는 도덕적 차원에서도 선진국가가 되어 명실공이 세계 평화와 인류 공영에 이바지하게 될 것이다.
다섯째, 통일국가는 주변 국가로부터 업신여김을 받지 않을뿐더러 그들에게 위협도 주지 않을 정도의 자위력을 토대로 세계 평화에 이바지하는 국가가 될 것이다.

아태평화재단, 《김대중의 3단계 통일론》, 한울, 2000년, 23~53쪽

북측의 낮은 단계 연방제안

이북의 통일론은 '하나의 조선 노선'에 기초한 조국통일 3대 헌장이다. 이북의 통일론을 집약하고 있는 조국통일 3대 헌장이란 7.4공동성명에서 천명된 '조국통일 3대 원칙' '고려민주연방공화국 창립방안' '조국통일을 위한 전민족대단결 10대 강령'이다. 북이 6.15공동선언에서 천명한 낮은 단계 연방제 또한 조국통일 3대 헌장에 기초하고 있다.

조국통일 3대 헌장

북은 조국통일 3대 헌장을 김일성 주석의 조국통일 유훈으로 규정한다. 북에 의하면 조국통일 3대 헌장이라는 용어는 김정일 위원장이 처음 사용했다. 1996년 11월 24일 판문점 인민군 대표부 현지 지도에서 김정일 위원장은 조국통일 3대 헌장이라는 용어를 처음 썼다고 한다. 그 뒤 조국통일 3대 헌장이라는 용어는 1997년 1월 1일 공동사설에서 사용되면서 대외적으로 알려지기 시작했다.

조국통일 3대 헌장에 대한 북의 입장은 김정일 위원장이 1997년 8월 4일 발표한 〈위대한 수령 김일성 동지의 조국통일 유훈을 철저히 관철하자〉라는 글에서도 잘 나타난다.

> "조국통일 3대 헌장은 통일을 염원하는 우리 민족 모두가 받들고 나아가야 할 강령적 지침이다. 조국통일을 위한 투쟁에서 정세의 변화에 따라 구체적인 방법은 달라질 수 있어도 조국통일의 근본원칙과 입장에서는 변화가 있을 수 없다. 우리는 앞으로 정세가 어떻게 변하고 환경이 어떻게 달라지든 조국통일 3대 헌장에 기초하여 조국통일 위업을 실현하여야 한다."
>
> 김남식, 《21세기 우리 민족 이야기》, 통일뉴스, 2004년, 137쪽

이처럼 북은 "조국통일 위업을 실현"할 때까지 조국통일 3대 헌장을 일관되게 견지할 것임을 천명한다. 그리고 이 같은 의지를 과시하기 위해 북은 2001년 8월 15일 '조국통일 3대 헌장 기념탑'을 건립하였다.[16]

고려민주연방공화국 창립방안

고려민주연방제안은 7.4공동성명에서 천명된 자주, 평화통일, 민족대단결의 원칙에 기초한다. 북은 조선노동당 6차 대회에서 고려민주연방제안을 천명하면서 당 규약을 개정했다. 개정된 당 규약에서 북은 "전국적 범위에서 민족해방과 인민민주주의혁명"의 완수를 분명히 하였다. 이는 고려민주연방제안이 민족해방인민민주주의혁명론과 밀접하게 결부되어 있음을 의미한다. 북이 주장하는 고려민주연방제안은 크게 세 가지로 구성된다. 그 세 가지는 '자주적 통일을 위한 선결 조건' '연방정부 형태 및 운영원칙' '연방정부 10대 시정방침'이다.

고려민주연방제안의 특징은 완성된 높은 단계의 연방제라는 사실이다. 이는 1960~1970년대 주장한 과도적 연방제안과 비교하여 가장 큰 차이점이다. 또 다른 특징은 지역정부보다는 연방정부(통일정부)의 권한과 역할에 초점을 맞추고 있다는 점이다. 고려민주연방제안은 10대 시정방침을 통해 연방정부의 기본 정책 방향을 제시하고 있다. 10대 시정방침은 자주성의 견지로부터 대외정책에 이르기까지 국가정책의 전반 분야에 대한 기본 방침을 담고 있다.

고려민주연방공화국 창립방안 요약

- 통일원칙
  자주, 평화통일, 민족대단결

- 선결조건
  - 군사파쇼 청산과 사회민주화: 국가보안법 폐지, 폭압기구 해체, 정치활동 자유 보장, 민주인사 석방
  - 긴장 상태의 해소와 전쟁 위험의 제거: 주한미군 철수와 북미간 평화협정 체결
  - 미국의 두 개 조선 책동 저지와 내정간섭 포기

- 연방정부 형태와 운영원칙
  고려민주연방제안은 "북과 남이 서로 상대방에 존재하는 사상과 제도를 그대로 인정하고 용납하는 기초 위에서 북과 남이 동등하게 참가하는 민족통일정부를 내오고 그 밑에서 북과 남이 같은 권한과 의무를 지니고 각 지역자치제를 실시"하는 것을 전제로 다음과 같은 연방정부의 형태와 운영원칙을 제시한다.
  - 최고연방회의: 남과 북의 같은 수의 대표들과 적당한 수의 해외동포 대표들로 구성한다.
  - 연방상설위원회: 남과 북의 지역정부를 지도하며 연방국가의 전반적인 사업을 관할한다.
  - 연방정부: 남과 북의 사회제도와 행정조직, 각당, 각파, 각계각층의 의사를 존중하고 어느 한쪽이 다른 쪽에 자기 의사를 강요하지 않아야 한다.
  - 지역정부: 남북의 지역정부는 연방정부의 지도 아래 전 민족의 이익에 부합되는 범위에서 독자적인 정책을 실시해야 한다.
  - 연방국가의 국호: 세계에 널리 알려지고 민주주의를 지향하는 남북 공통의 정치이념을 반영하여 고려민주연방국으로 하는 것이 좋다.

– 연방국가는 대외적으로 중립국가가 되어야 한다.

• 연방정부의 10대 시정 방침

첫째, 고려민주연방공화국은 국가 활동의 모든 분야에서 자주성을 확고히 견지하며 자주적인 정책을 실시하여야 한다.

둘째, 고려민주연방공화국은 나라의 전 지역과 사회의 모든 분야에 걸쳐 민주주의를 실시하며 민족의 대단결을 도모하여야 한다.

셋째, 고려연방공화국은 북과 남 사이의 경제적 합작과 교류를 실시하며 민족경제의 자립적 발전을 보장하여야 한다.

넷째, 고려민주연방공화국은 과학, 문화, 교육 분야에서 북과 남 사이의 교류와 협조를 실현하며 나라의 과학기술과 민족문화예술, 민족교육을 통일적으로 발전시켜야 한다.

다섯째, 고려연방공화국은 북과 남 사이에 끊어졌던 교통과 체신을 연결하며 전국적 범위에서 교통, 체신 수단의 자유로운 이용을 보장하여야 한다.

여섯째, 고려민주연방공화국은 노동자, 농민을 비롯한 근로대중과 전체 인민들의 생활안정을 도모하며 그들의 복리를 계통적으로 증진시켜야 한다.

일곱째, 고려민주연방공화국은 북과 남 사이의 군사적 대치 상태를 해소하고 민족연합군을 조직하며 외래 침략으로부터 민족을 보위하여야 한다.

여덟째, 고려민주연방공화국은 해외에 있는 모든 조선동포들의 민족적 권익과 이익을 옹호하고 보호하여야 한다.

아홉째, 고려민주연방공화국은 북과 남이 통일 이전에 다른 나라들과 맺은 대외관계를 올바르게 처리하여야 통일국가 안에서 전 민족적 이익과 두 지역의 이익이 다 같이 적절히 보장될 수 있으며 연방국가가 세계 여러 나라들과 공정한 입장에서 친선관계를 발전시켜 나갈 수 있다.

열째, 고려민주연방공화국은 전 민족을 대표하는 통일국가로서 세계 모든 나라들과 우호관계를 발전시키며 평화애호적인 대외정책을 실시하여야 한다.

심지연, 《남북한 통일 방안의 전개와 수렴》, 돌베개, 2001년, 358~374쪽

낮은 단계 연방제안

북의 낮은 단계 연방제안은 1991년 1월 1일 김일성 주석의 신년사에서 언급되기 시작했다. 1991년 김일성 주석의 신년사 일부를 살펴보기로 하자.

> "우리는 고려민주연방공화국 창립방안에 대한 민족적 합의를 보다 쉽게 이루기 위하여 잠정적으로는 연방공화국의 지역자치정부에 더 많은 권한을 부여하며 장차로는 중앙정부의 기능을 더욱 더 높여나가는 방향에서 연방제 통일을 점차적으로 완성하는 문제도 협의할 용의가 있습니다.
> 우리는 유엔에 들어가는 문제도 연방제 통일이 실현된 다음 단일한 국호를 가지고 가입하는 것이 가장 좋다고 인정하지만 하나의 의석으로 가입하는 조건에서라면 그 전에라도 북과 남이 유엔에 들어가는 것을 반대하지 않을 것입니다."
>
> 김일성 주석 1991년 신년사 일부

김일성 주석의 신년사를 시작으로 북은 1991년 상반기 동안

다양한 경로를 통해 느슨한 연방제안에 대해 언급했다. 그 해 3월 손성필 소련주재 대사가 로가초프 외무부차관을 만난 자리에서 연방정부가 남북 정부의 활동과 관심사항을 조정하고 지역정부가 국방, 외교, 입법, 경제업무를 수행하는 연방제안을 언급하였다. 4월 8일 정준기 대외문화연락위원장이 일본을 방문하여 비슷한 취지의 발언을 한 데 이어 5월 3일 최고인민회의 윤기복 통일정책위원장 또한 이에 대해 언급했다. 윤기복 위원장은 국제의원연맹IPU 평양 총회에 참석한 남측 대표단에게 "북과 남의 제도를 그대로 두고 연방통일국가를 세우자. 그러나 잠정적으로 지역자치에 더 많은 권한, 즉 외교권, 군사권, 내치권"을 부여할 수 있다고 밝혔다.

이 시기 북이 느슨한 연방제안을 표명하게 된 직접적인 이유는 한국의 유엔 가입이 현실화되었기 때문이다. 이에 대해 한시해 조평통 부위원장은 《뉴욕타임스》와 회견에서 느슨한 연방제를 실현하여 남북이 "유엔에 단일가입 신청서를 제출"하자고 주장했다(1991년 6월 2일).

이러한 북측의 제안에 대해 노태우 정권은 모르쇠로 일관했다. 남측 당국의 무반응에 대해 북은 "남조선 당국자들이 기어이 유엔에 단독으로 가입하겠다고 하는 조건에서 이것을 그대로 방임해 둔다면 유엔 무대에서 전 조선 민족의 이익과 관련된 중대한 문제들이 편견적으로 논의될 수 있고 그로부터 엄중한 후과가 초래될 수 있다"고 발표하면서(1991년 5월 27일) 유엔 가입을 천명했다.

이렇게 느슨한 연방제는 실현되지 못했고 사람들의 기억 속에서 잊혀갔다. 사람들의 기억 저편으로 잊혀갔던 느슨한 연방제안이 다시 회자되기 시작한 것은 6.15공동선언이 발표되면서다. 북은 6.15공동선언 이후 낮은 단계 연방제안에 대한 구상을 밝히기 시작했다.

> "잠정적으로는 연방공화국의 지역자치정부에 더 많은 권한을 부여하며 장차로는 중앙정부의 기능을 더욱 더 높여 나가는 방향에서 연방제통일을 점차적으로 완성할 데 대한 방안도 천명하시였습니다. 위대한 수령님께서는 천명하신 이 방안은 결국 낮은 형태의 연방제안 입니다."
> 안경호 조평통 서기국장(2000년 10월 6일)

북의 낮은 단계 연방제안은 "잠정적으로는 연방공화국의 지역자치정부에 더 많은 권한을 부여하며 장차로는 중앙정부의 기능을 더욱 더 높여나가는 방향에서" 제출된 고려민주연방제안의 낮은 단계인 것이다.

낮은 단계 연방제안의 구체적 형태

북의 낮은 단계 연방제안은 고려민주연방제안에 현실성을 부여한 결과다. 이는 곧바로 고려민주연방제안으로 이행하기 어렵다는 현실 인식을 반영한 것이다. 북이 낮은 단계 연방제안을 제기한 것은 정권 교체로 집권한 화해협력적인 남측 정권을 상대로 통일을 실현하겠다는 의도로 풀이된다. 다시 말해 이남에서 고려민주연방제안을 실현할 수 있는 자주적인 정권이 수립되지 않는 조건에서 통일을 하루빨리 이루겠다는 현실 타개책인 셈이다.

이런 견지에서 북은 1990년대 초반부터 민족단합과 공조를 전면에 내세웠다. 이 같은 북의 변화는 남북 정부가 외교, 국방은 물론 내치권까지 행사하는 민족통일기구의 수립으로 이어진다.

"이번 역사적인 평양 상봉시에 제시된 낮은 단계의 연방제는 북과 남에 존재하는 두 개 정부가 정치, 군사, 외교권을 비롯한 현재의 기능과 권한을 거의 그대로 가지게 하고 그 우에 민족통일기구를 내오는 방식으로 북남관계를 민족공동의 이익에 맞게 통일적으로 조정해나가는 것을 기본 내용으로 하고 있다."

《노동신문》, 2000년 12월 15일

북이 말하는 낮은 단계 연방제안의 구체적인 형태는 민족통일기구다. 민족통일기구에 대한 북의 견해는 체계적으로 발표된 바 없다. 다만 2001년 금강산에서 열린 6.15민족통일대토론회에서 안경호 조평통 서기국장의 인터뷰 발언은 민족통일기구의 성격과 기능에 대해 시사점을 던진다.

"민족통일기구는 국가기구다. 남쪽의 연합제와 북쪽 연방제의 공통점에 바탕을 두고 진행해나가는 것이다. 이 기초에는 1국가, 1민족, 2제도, 2정부에 기초를 둔 연합연방제가 있다. 이런 근본기초에 대한 합의는 역사적 의미가 있다. 쌍방이 통일 방안에 대해 합의할 가능성이 있다는 것이다. 민족통일기

구분	남 측		북 측	
명칭	민족공동체통일방안	김대중의 3단계 통일론	고려민주연방공화국 창립방안	낮은 단계 연방제
원칙	자주, 평화, 민주	자주, 평화, 민주	자주, 평화통일, 민족대단결	자주, 평화통일, 민족대단결
단계	화해·협력 단계→남북연합 단계→통일국가 완성 단계	남북연합→연방통일→완전통일	3대 선결조건 실현→고려민주연방공화국 창립	높은 단계 연방제 (고려민주연방공화국 창립방안) 지향
1단계	〈화해협력 단계〉 -두 개의 정치적 실체 인정 -교류·협력 확대로 정치적 신뢰 구축과 평화 정착	〈남북연합 단계〉 -남북연합정상회의와 남북연합회의를 구성하여 분단 상황의 평화적 관리 -군비통제와 평화공존 체제의 확립 -모든 분야의 교류·협력 증진을 통한 상호공동 이익의 제고 -민족 동질성 회복	〈선결조건〉 -군사파쇼청산과 사회민주화 -긴장 상태 해소와 전쟁위험 해소 -미국의 두 개 조선 책동 저지, 내정간섭 포기	〈근본 문제 해결〉 -국가보안법 폐지 -합동군사연습 중단 -NLL 문제 해결 -대북 투자장벽 제거 -국제 수출통제체제 해체 등
2단계	〈남북연합 단계〉 -경제·사회 공동체를 형성 발전시켜 정치 통합을 위한 여건을 마련 -남북정상회담과 남북각료회의 상설화	〈연방통일 단계〉 -외교, 군사, 주요 내정의 권한을 지닌 연방정부와 일반적 내정에 대한 지역자치정부	〈연방정부의 형태〉 -최고연방회의 -연방상설위원회 -연방정부 -지역정부 -연방국가의 국호는 '고려' -연방국가는 대외적 중립국가 선포	〈민족통일기구 설치〉 -과도기적 성격의 민족통일기구 설치 -국가기구로서 통일정부를 지향 -남북 정부가 각기 정치권, 외교권, 군사권을 독자적으로 운영
3단계	〈통일국가 완성단계〉 -자유, 복지, 인간존엄성이 보장되는 민족공동체 건설	〈완전통일 실현〉 -민주주의, 시장경제, 사회복지, 도덕적 선진국, 평화주의	〈10대 시정방침〉	

[표 10] 남북의 통일 방안 비교

구는 대외적으로 하나의 국가로 기능을 수행하는 것이다."

《한겨레》, 2001년 6월 18일

이 발언에 기초해볼 때, 민족통일기구는 남북 정부가 내치권, 외교권, 군사권을 그대로 행사하는 가운데 연방정부를 지향하는 국가기구로 제안되고 있다. 그리고 민족통일기구 산하에는 각료회담과 각급 분과회담, 여기에 국회회담이 배치되고 민간통일운동기구[17]가 참가하는 형태인 것으로 보인다.

안경호 서기국장은 민족통일기구의 세부 형태에 대해 남북 "쌍방이 우리 실정에 맞게 창발적으로 연구해야" 할 과제라고 지적한다(《한겨레》, 2001년 6월 18일). 이 같은 발언에 기초해볼 때, 북이 말하는 민족통일기구의 세부 내용은 남북이 협상을 통해 마련해야 할 과제인 셈이다.

27 연합제안과 낮은 단계 연방제안의 공통점을 찾아서

통일의 지름길은 연합제안과 낮은 단계 연방제안의 공통점을 확대하는 것에 있다. 그런데 문제는 두 방안이 공통점보다는 차이점이 많다는 것이다. 이 때문에 통일의 관건은 두 방안의 공통점을 최대화하고 차이점을 최소화하는 것이다.

두 방안의 공통점을 확인하기에 앞서 짚어봐야 할 문제가 있다. 그것은 6.15공동선언에 명시된 남측의 연합제안이 과연 어떤 연합제안을 의미하는가다. 김대중 전 대통령은 재임 시절 자신의 통일 방안을 공식 천명하지 않았다. 대신 김영삼 정권이 천명한 민족공동체통일방안을 정부의 공식 입장이라고 표명하였다(《통일백서》, 2001년판). 이 때문에 6.15공동선언에 명시된 남측 연합제안의 실체를 둘러싸고 논란이 발생하였다.

결론부터 말하면 6.15공동선언에 명시된 남측의 연합제안은 김대중의 3단계 통일론에 등장하는 1단계인 남북연합이다. 그 이유는 남측의 연합제안과 북측의 낮은 단계 연방제안이 공통점을 확인하려면 최소한의 조건이 필요하기 때문이다. 그것은 분단체제를 해체하기 위한 방안과 북측이 주장하는 연방제안에 대해 개방적이어야 한다는 조건이다.

이 같은 조건에 비추어볼 때, 민족공동체통일방안은 내용적으로 빈곤하고 태도에서는 경직되어 있다. 민족공동체통일방안에는 평화체제 구축에 대한 내용과 방법이 없다. 겨우 1996년 4월에 가서야 김영삼 정권은 2+2 방식의 평화협정 체결을 주장하였다. 또한 국가보안법에 대해서는 흔들림 없이 고수하겠다는 입장이다. 이런 태도는 민족화해와 통일에 필요한 최소한의 조치에 대한 냉소이고 부정이다. 과연 김영삼 정권의 민족공동체통일방안을 계승한 세력이 집권할 경우 6.15공동선언에 따라 통일을 실현할 수 있겠는가.

이에 비해 김대중의 3단계 통일론은 남북연합 단계에서 남북 또는 남, 북, 미, 중이 참가하는 평화협정 체결을 주장한다. 여기에 국가보안법 개폐와 조선노동당의 규약 개정을 연계하여 제기한다. 이 같은 인식에서 3단계 통일론의 남북연합 단계는 낮은 단계 연방제안과 교감의 폭을 형성한다. 또한 3단계 통일론은 2단계에서 남북연방 단계를 설정하여 낮은 단계 연방제와 교감할 수 있는 공간을 마련하고 있다. 이런 이유에서 김대중의 3단계 통일론은 김영삼 정권의 그것에 비해 동적이며 개방적이다.

두 방안의 공통점

그러면 남측의 연합제안과 북측의 낮은 단계 연방제안의 공통점은 무엇인가. 먼저 남측 당국이 말하는 "남측의 연합제안과 북측의 낮은 단계의 연방제안이 서로 공통점이 있다고 인정"한 내용이 무엇인지 살펴보기로 하자.

> "첫째, 두 가지 방안 다 통일의 형태를 말하는 게 아니라 통일 전前 단계, 준비 과정의 형태를 말하고 있다. 즉, 통일의 모습이 아니라 통일과 통합을 준비해나가는 접근방법을 의미한다.
> 둘째, 2체제 2정부를 유지하면서 두 정부간에 협력 체제를 필요로 하고 있다는 것이다. 즉 남북 정부가 정치·군사·외교권을 각각 갖고 협력기구를 운영해나간다는 점에서 공통점이 있다.
> 셋째, 먼저 교류·협력과 정치, 군사, 경제, 사회 등 각 분야별 대화를 통해 통일의 기반을 넓혀나간다는 측면에서 단계적·점진적 접근방식을 특징으로 하고 있다.
> 넷째, 남북 양측이 전제조건을 붙이지 않고 있다. '낮은 단계 연방제'는 과거 북측이 연방제 진입조건으로 주장했던 국가보안법 폐지, 주한미군 철수 등의 전제조건이 없다는 것을 분명히 밝히고 있다."
>
> 《통일백서》, 2001년, 46쪽

통일부가 말하는 6.15공동선언 2항의 공통점을 요약하면 이렇다. '통일의 전 단계'를 의미하는 6.15공동선언 2항은 '남북

정부가 정치·군사·외교권'을 행사하며 교류협력을 통해 단계적·점진적인 방법으로 통일의 기반을 넓혀나간다는 것이다. 이런 해석과 함께 통일부가 주목하는 대목은 "국가보안법 폐지, 주한미군 철수 등의 전제조건이 없다는 것"이다.

그런데 6.15공동선언 2항에서 통일부가 대수롭지 않게 빼먹은(아니면 애써 무시한) 중요한 대목이 있다. 그것은 바로 남북이 서로의 통일 방안에 공통점이 있다고 인정하고 "앞으로 이 방향에서 통일을 지향시켜 나가기로 하였다"는 대목이다. 만약 이 대목이 없었다면 6.15공동선언 2항은 생명력을 잃었을 것이다. 왜냐하면 이 대목으로 말미암아 남북은 서로의 차이점을 뛰어넘어 통일 지향의 목표를 세울 수 있기 때문이다.

공통점 1-통일지향 의지를 확인하다

6.15공동선언 2항에 명기된 공통점은 무엇보다 두 방안 모두 통일을 지향한다는 점이다. 지난 시기 이북은 이남의 연합제안에 대해 영구분단론이라고 일축했다. 북은 남북연합이 "북과 남의 두 개 국가의 존재를 합법화하는 것이며 동서독 방식이나 구라파 공동체와 같은 남의 방식을 그대로 모방한 것으로서 우리나라의 실정에 부합될 수 없다"고 주장했다.

또한 북은 총선거를 통해 단일한 제도의 통일정부를 수립하는 것에 대해 "대의정치의 원리를 기계적으로 적용한 것이고, 통일 문제 해결을 무한정 끌고 영원히 분열되어 살자는 의도를 반영한 것이며, 나아가 승공통일의 야망이 숨어 있는 것"으로 보았다.

그런데 이북 당국이 6.15공동선언에서 "남측의 연합제안이 북측의 낮은 단계 연방제안과 공통점이 있다고 인정"한 것은 분명한 태도 변화다. 북측의 이런 태도 변화는 시급히 통일하겠다는 의사가 반영된 것으로 풀이된다.

남측 당국의 경우 북측의 연방제안에 대해 대남 적화통일 방안으로 평가절하해왔다. 우리 사회의 일각에는 여전히 이 같은 인식이 존재하고 있다. 이회창 한나라당 전 총재가 《조선일보》와 인터뷰(2000년 12월 9일)에서 "북한의 낮은 단계의 연방제는 높은 단계의 연방제로 가기 위한 준비과정이다. 정부가 낮은 단계의 연방제에 끌려 북한의 함정에 빠지지 말기를 촉구한다"고 한 발언은 그것의 한 단면을 보여준다.

그러나 이남의 시민사회나 연구자 가운데 다수는 통일 과정에서 연합제뿐 아니라 연방제 또한 수렴해야 한다고 주장한다. 이처럼 남북은 6.15공동선언을 통해서 서로의 공통점에 기초한 통일 실현에 한발 가까이 다가서고 있다.

공통점 2-과도적 · 점진적인 통일에 합의하다

남측의 연합제안과 북측의 낮은 단계 연방제안은 과도적이고 점진적인 통일 과정을 설정하고 있다. 이는 분단의 장기화에 따른 이질성의 해소 과정이 필요하다는 현실 인식에 따른 것이다. 또한 이것은 더 늦기 전에 하루빨리 통일해야 한다는 긴박함의 표현이기도 하다.

남측의 경우 노태우 정부 이래 남북연합을 통한 단계적인 통일 방안을 제출하고 있다. 따라서 6.15공동선언 2항에 명시된 남측의 연합제안은 완성형이 아닌 과도적인 것이다. 북측의 경우도 김일성 주석이 느슨한 연방제안을 언급한 이래 점진적인 접근법에 기초한 통일 방안을 제출하고 있다. 북측의 낮은 단계 연방제안은 그 개념에서부터 과도적이고 점진적인 통일 방안임을 표방한다. 이처럼 남북은 과도적이고 점진적인 과정을 통한 통일 방안을 채택했고 남북정상은 6.15공동선언 2항에서 이것을 공식적으로 확인하였다.

공통점 3-체제 통합이 후차적인 문제임을 인정하다

과도적이고 점진적인 통일 방안의 합의는 체제 통합이 후차적인 문제임을 인정한 것이다. 지난 시기 남북의 통일 방안은 상대방을 복속시키는 것에 목표를 두고 있었다. 특히 한국전쟁이라는 극단적인 대결 과정을 거치면서 남북 당국은 서로 수용할 수 없는 전제조건을 제시해왔다. 남의 북진통일론과 북의 민주기지론은 상호 적대성에 기초한 대표적인 통일 방안(노선)이라 할 수 있다. 그러나 6.15공동선언을 통해 남북은 체제 통합을 후차적인 문제로 돌리고 통일 지향의 목표를 전면에 내세우고 있다.

물론 이 합의만으로 쌍방이 상대방의 체제 변화에 대한 기대를 포기했다고 단정할 수는 없다. 그럼에도 남북이 서로의 통일 방안에 "공통점이 있다고 인정하고 앞으로 이 방향에서 통일을 지향시켜나가기로 하였다"는 합의는 남과 북이 체제 공존을 전제로 했기에 가능했다.

두 방안의 차이점

남측의 연합제안과 북측의 낮은 단계 연방제안은 공통점보다는 더 큰 차이점을 갖고 있다. 먼저 근본 차이는 두 방안이 지향하는 통일의 성격에 있다. 남측의 연합제안은 북의 사회주의 체제의 붕괴를 전제로 한 흡수통일론이다. 연합제안은 흡수통일에 기초한 1국가 1체제 1정부를 추구한다. 반면 낮은 단계 연방제안은 1민족 1국가 2체제 2정부의 통일 방안이다. 남측이 흡수통일(또는 체제 통합)을 추구하는 반면 북측은 민족자주에 기초한 완성된 연방제 통일을 목표로 한다.

다음으로 두 방안은 평화체제 구축에 대해 차이를 보인다. 이남 당국이 주장하는 평화체제 구축은 남북의 평화협정 체결을 통해서다. 이에 비해 이북의 주장은 북미간 평화협정 체결과 남북 사이의 불가침선언 약속을 강조한다. 이 같은 차이는 주한미군의 철수 여부를 두고서도 나타난다. 이남 당국은 주한미군의 주둔을 강조하는 반면 북은 주한미군의 지위 변경(대북 적대정책의 폐기)을 전제로 일정 기간 주둔을 허용할 수 있다는 입장이다.

또한 남북은 국가보안법을 비롯하여 상호 적대적인 장치를 해체하기 위한 문제에서도 엇갈린 태도를 보인다. 이남 당국(김대중

구 분		남측의 연합제	북측의 낮은 단계 연방제
공통점	통일지향 의지 확인	내치권, 외교권, 국방권을 남북 정부가 독자적으로 운영	내치권, 외교권, 국방권 남북 정부가 독자적으로 운영
	과도적·점진적 통일단계 설정		
	체제 통합은 후차적인 문제		
차이점	통일원칙	자주, 평화, 민주	자주, 평화통일, 민족대단결
	지향하는 통일국가 형태	1민족 1국가 1체제 1정부	1민족 1국가 2체제 2정부
	통일의 성격	체제 통합(흡수통일)	자본주의와 사회주의가 공존하는 연방통일
	평화협정 문제	**최선안** 남북이 평화협정 체결, 미·중 지지와 유엔 승인 **차선안** 남, 북, 미, 중이 체결	북미간 평화협정 체결 남북간 불가침선언
	주한미군 문제	-방위의 주역할 한국, 보조적 역할 주한미군으로 재조정, 주한미군의 단계적 감축 -평화체제 수립 후에도 동북아 계속 주둔	대북 적대정책의 폐기와 주한미군의 지위 변경을 전제로 일정 기간 주둔 허용
	국가보안법 문제 (근본 문제)	국가보안법 개폐와 조선노동당 규약 전문 개정 연계	〈근본 문제 해결 주장〉 **정치 분야**-국가보안법 폐지 금수산기념궁전 등 참관지 제한 조치 해제 **군사 분야**-합동군사연습 중단, NLL 문제 해결 **경제 분야**-대북 투자장벽 제거, 국제 수출통제체제 해체

[표 11] 연합제와 낮은 단계 연방제의 공통점과 차이점
※ 남측의 연합제안은 '김대중의 3단계 통일론' 제1단계 남북연합이다.

정부)은 국가보안법의 개폐와 조선노동당 규약 전문 개정을 연계하였다. 반면 북은 국가보안법 폐지와 김일성 주석의 시신이 안치된 금수산기념궁전 등 참관지 제한 조치의 해제를 주장한다.

이러한 차이점에 대해 북은 "쌍방 사이에 풀어야 할 가장 근본적이고 원천적인 문제"라고 주장한다. 북은 2005년 9월 13~16일까지 평양에서 개최된 제16차 장관급회담에서 "북남관계를 획기적으로 발전시키기 위해" 근본 문제를 제기하기 시작했다. 북이 말하는 근본 문제란 '국가보안법의 폐지' '김일성 주석의 시신이 안치된 금수산 기념궁전을 비롯한 참관지 제한조치 해제' '한미합동군사훈련 중단' '대북 투자장벽 제거' '국제 수출통제체제 해제' '북방한계선NLL 문제 해결' 등이다. 북은 이 같은 근본 문제의 제기에 앞서 그 선행조치로 2005년 서울에서 개최된 8.15민족대축전에 참가한 대표단이 국립현충원을 참배했다.

문제는 통일기구의 수립이다

2000년 남북정상회담 이후 북은 낮은 단계 연방제를 구체화하기 위한 일련의 구상을 발표하였다. 북의 발표는 2000년 10월에서 2001년 2월 사이에 이루어졌다. 2000년 10월 6일 안경호 조평통 서기국장의 발언을 시작으로 하여 〈역사적인 북남공동선언 발표 이후 6개월 간을 총화함〉(《노동신문》, 2000년 12월 15일자 논설)과 〈조국통일에 관한 조선노동당의 정책〉(평양방송, 2001년 2월

11일)으로 이어졌다. 이런 흐름 속에서 주목할 만한 것은 2001년 2월 13일 범민련 임시공동의장단회의 기조보고다.

> "올해 우리 범민련은 남북(북남)공동선언에 밝혀진 대로 연방연합 방식의 통일을 지향해나가기 위한 운동을 더욱 활발히 벌여야 할 것입니다. 연방연합 방식의 통일이야말로 두 제도의 공존에 기초하여 나라의 통일 문제를 평화적으로 가장 빨리 실현할 수 있는 유일하게 옳은 길입니다."
>
> 범민련, 2001년 2월 특별 임시공동의장단회의 기조보고 가운데

이렇게 '연방연합 방식'이라는 개념이 등장할 즈음 부시 정권이 출범하면서(2001년 1월 20일) 남북관계는 주춤거리기 시작했다. 그리고 6.15공동선언 2항과 관련된 이북의 발표도 중단되었다.

6.15공동선언 직후 북이 주장한 민족통일기구의 성격을 살펴보면 "민족통일기구는 국가기구"임을 분명히 하고 있다. 안경호 조평통 서기국장의 말에 따르면 "남쪽의 연합제와 북쪽 연방제의 공통점에 바탕"을 둔 민족통일기구는 "대외적으로 하나의 국가로 기능을 수행"하는 지위를 갖는다. 다시 말해 민족통일기구는 "1국가 1민족 2제도 2정부에 기초를 둔 연합연방제라는 것"이다(《한겨레》, 2001년 6월 18일).

그러면 남측의 입장은 어떨까. 유감스럽게도 이남 당국은 6.15공동선언 이후 남북관계 발전에 부응할 만한 통일 방안을 내놓지 못하고 있다.[18] 다만 노태우 정권의 한민족공동체통일방안은 남북연합 단계에서 최고의사결정기구로 남북정상회의

를 두고 각기 10명 안팎의 장관급으로 구성되는 남북각료회의
(쌍방 총리가 의장을 맡음)를 주장한다. 또한 남북평의회의 경우 "양
측의 국회의원 중에서 같은 수를 뽑아 총 100명 내외로 구성하
자는" 안이다. 이밖에도 "남북각료회의와 남북평의회의 업무를
지원"하기 위해 남북공동사무처를 설치하자고 주장한다. 이 같
은 주장을 토대로 추측해볼 때, 남측의 연합기구는 남북정상회
담, 남북각료회의, 남북평의회, 그리고 업무 지원을 위한 공동
사무처로 구성된다.

이처럼 남북이 구상하는 남북공동기구는 성격의 차이를 보인
다. 이 때문에 2차 정상회담이 개최될 경우 공동기구의 수립 문
제는 최대 쟁점으로 부각될 가능성이 크다. 2차 정상회담에서
북은 근본문제 해결을 전제조건으로 민족통일기구 수립에 초점
을 맞출 것이다. 반면 남은 비핵화와 경제협력을 전제로 정상회
담과 장관급회담, 국회회담 등 각급 회담의 정례화에 주안점을
둘 것이다.

이렇게 볼 때, 2차 정상회담의 최대 쟁점은 민족통일기구의
수립이냐, 아니면 연합기구의 구성이냐를 두고 형성될 수밖에
없다. 이 과정에서 북은 근본 문제의 해결과 통일국가를 상징하
는 국호와 국기, 국가國歌의 제정에 주목할 것이고 남은 이에 대
해 소극적인 태도를 보일 것이다. 결국 이 쟁점은 남북관계를
교류협력 차원의 연합단계로 묶어 둘 것인가, 아니면 민족통일
기구를 구성하여 통일국가 단계로 진입할 것인가의 문제다.

쉬어가는 페이지

"우리나라 력대 국호들의 의미는 모두 같다"

홍영식 기자(《통일신보》) (《민족21》, 2003년 11월호)

사회과학원 력사연구소 실장인 30대의 공명성(34) 박사는 최근 력사학계에 새별처럼 떠오른 전도 유망한 새세대 과학자다. 대학 생활 5년, 연구사 생활 13년, 이것이 그의 경력이다.

그는《조선고대사연구》《조선력사사전》《조선력사상식》《조선대백과사전》등 국보적 가치를 가지는 도서 집필에 참여하였고 30여 건의 론문들을 발표했다. 33살에《조선력대국호연구》라는 박사론문을 발표하여 학계의 파문을 일으킨 것도 몇 달 전 일이다.(중략)

공명성 박사의 말.

"아마 가장 짧은 명칭 속에 가장 깊은 뜻이 담긴 말을 찾는다고 하면 그 대표적인 것의 하나가 국호일 것입니다. 국호에는 나라와 민족의 존엄과 영예가 집약적으로 반영되여 있습니다. 해당 나라 사람들의 시원과 념원, 신앙 그리고 세대를 이어오며 개척해 온 슬기와 재능의 력사가 담겨 있지요. 이로부터 국호를 외곡하거나 말살하는 것은 결국 그 민족 자체를 말살하는 것이나 다름없습니다."

그에 의하면 지난 시기 음흉한 목적을 추구하는 일본을 비롯한 일부 반동사가들에 의해 우리나라 력대 국호들이 외곡 해석

되여왔다고 한다. 그들은 고구려라는 말이 몽골어나 퉁구스어로 해석된다느니, 백제라는 말이 만주어로 풀이된다느니, 발해라는 말이 녀진어의 '말갈'과 같다느니 하면서 국호에 대한 언어해석학적인 방법으로 우리 민족의 혈연적 단일성을 흐려놓고 민족사의 유구성을 말살하려 했다.

단순히 학술적인 문제이기 전에 반만년 력사를 가진 슬기로운 우리 민족의 명예와 존엄과 관련한 문제였기에 공명성은 아직은 학계에서 숙제로 남아 있던 이 초미의 과제 해결을 스스로의 공민적 의무로 받아들였다.

역대 국호 의미는 '태양이 솟는 밝고 선명한 나라'

아직은 높뛰는 애국열 하나로 미지의 탐구세계에 도전한 그였다. 허나 그 과정은 결코 쉽지 않았다. 더우기 연구의 나날은 온 나라가 허리띠를 조이는 '고난의 행군' 시기이기도 했다. 련이어 덮쳐드는 시련의 파도 속에서도 연구사업만은 순간도 멈추지 않았다.

그 기간 《고대사회》《삼국사기》《고려사》를 비롯하여 그가 읽은 책만 해도 370여 권. 하나의 문헌자료 조사를 위해 수백 리를 다녀오기도 했다. 수년 간에 걸친 정력적인 연구 끝에 공명성 실장은 마침내 비과학적인 력사 외곡의 껍데기를 벗겨내고 그 속에 숨겨진 보석 같은 진리를 찾아내는 데 성공할 수 있었다. 력대 국호들에 담겨진 진정한 력사적 의미와 유래들을 과학적으로 새롭게 밝혀냈던 것이다.

공명성 실장으로부터 론문 내용에 대한 해설을 듣던 기자는 놀라움과 흥분을 금할 수 없었다. 연구 결과에 따르면 지금껏 존재해 온 우리나라 력대 국호들이 모두 같은 의미를 가진다는 사실에서였다. 그의 말이 흥미 있었다.

"5000년을 헤아리는 우리 민족 력사에는 수많은 나라가 흥망성쇠했고 또 나라마다 자기의 고유한 이름을 가지고 있었습니다. 노예 소유자 국가들이였던 조선(고조선), 부여, 구려, 진국과 봉건국가들인 고구려, 백제, 신라, 가야, 발해, 고려, 조선(리조)이 바로 그것입니다. 이번 연구 과정에 이 많은 나라들이 비록 건국 시기와 이름은 서로 다르지만 그 이름들에 담겨진 력사적 의미는 한 가지, 즉 '동방의 해 뜨는 나라' '태양이 솟고 밝고 선명한 나라'라는 공통된 뜻을 담고 있다는 것을 새롭게 밝혔습니다."

그의 연구에서 특징적인 것은 국호의 의미를 순수 언어해석학적인 방법(한자의 뜻으로만 해석하는)이 아니라 해당 나라 사람들의 시원(혈연적 계보), 건국 과정, 신앙과 념원, 고유 조선어 등에 대한 해석을 통해 립체적으로 분석 종합한 것.

우리 민족사에 처음으로 등장한 국호 '조선'의 의미와 유래에 대한 공명성 박사의 말을 들어보자.

"지금까지 국호 '조선'에 대해 각이한 해석들이 있었습니다. 대표적 실례로 한문식으로 해석한 '동쪽에 해 뜨는 땅에서 살았기 때문에 조선이라고 한다'입니다. 《신증동국여지승람》과 《국조보감》《조선고이》《기자조선》에 이렇게 되여 있지요. 그러나 이러한 해석들이 정확한 것으로 될 수 없는 것은 그것을 안받침

할 만한 력사적 근거를 제시하지 못하고 순수 한자 뜻이나 '조선'과 비슷한 음가를 가진 말을 결부시켜 해석하려 한 데 기본 원인이 있었지요. 국호 조선의 의미는 단군에 의한 고조선의 건국과 밀접한 련관 속에서 고찰해야 합니다. 단군은 우리 민족의 건국 시조입니다. 력사적으로 볼 때 국호는 새 왕조가 서거나 정권이 교체되는 것과 함께 새로 명명되는 것이 통례이며 거기에는 정권을 쥔 세력의 정치리념이 반영되게 됩니다."

이러한 력사적 사실들에 기초하여 조선이란 국호가 고조선의 아사달(평양의 강동 : 아사달이란 뜻은 밝게 빛나는 아침, 광명을 가져다주는 동방의 아침을 의미)과 건국 시조인 단군(태양의 후손, 하늘이 낸 임금이란 뜻)의 군주 칭호, '박달'이라는 종족명과 깊은 련관을 가지고 있으며 그 의미는 '태양이 솟는 동방의 나라'라는 것을 밝혔다.

학계에 던진 파문

이와 같은 방법론으로 공명성 실장은 고조선 이후 국호들의 의미로 새로 정리했다. 그에 의하면,

- 부여 : 태양(하늘)과 불을 절대적인 것으로 숭배하면서 단군 조선족의 후손임을 나타내기 위해 부여 사람들이 정한 국호로서 태양, 불이라는 뜻.
- 진국 : 태양이 솟는 동족이란 뜻. '진'은 고유 조선어로 동쪽을 나타내는 말이고 고대 조선 사람의 후손들로서 '태양'과 '해 솟는 동쪽'을 숭배한 진국 주민들의 신앙 관념이 반영된 것.

고구려 : 태양, 선손이라는 뜻으로 '고'와 비슷하고 성스러우며 크다는 뜻의 '구려'라는 말의 결합으로서 '태양이 솟는 신비한 나라' '천손이 다스리는 신적인 나라'라는 뜻.

백제 : 고유 조선어로 '박달' '밝은 산' 이란 뜻.

신라 : 하늘(태양)을 숭배하던 고조선 유민들이 세운 나라로서 '새 날이 밝는 곳' '태양이 솟는 벌' '새벌' 이란 뜻.

발해 : 고유 조선어로 '밝은 해(태양)가 비치는 나라' '밝은 태양이 솟는 나라'라는 뜻.

고려 : 고구려를 계승한 나라로서 고구려와 같이 태양(하늘), 신성하다, 거룩하다는 뜻.

결국 렬거된 국호들의 의미를 하나로 통합하면 '태양이 솟는 밝고 선명한 나라' '동방의 해 뜨는 나라'로 된다. 그의 이 론문이 학계에 던진 파문은 컸다. 지금껏 조선이란 이름의 뜻이 '해 솟는 맑은 아침의 나라'라는 데 대해서는 누구나 다 아는 상식으로 되고 있었다. 그러나 고조선으로부터 리조 시기까지의 모든 국호들이 모두 그와 꼭 같은 의미를 가지고 있다는 데 대해 과학적으로 해명한 것은 그에 의해서 처음인 것이다.

우리 민족이 여러 나라로 갈라져 존재해 왔지만 단군을 원시조로 하여 하나의 피줄과 언어, 력사와 문화를 가지고 대대로 한 강토에서 살아 온 하나의 겨레임을 국호 연구를 통해 새롭게 확증했던 것이다.(이하 생략)

| 참 | 고 | 문 | 헌 |

곽동의, 《조국통일론》, 이웃, 1993년.
국토통일원, 〈통일 정책 해설자료: 한민족공동체통일방안〉, 1989년.
김남식, 《21세기 우리 민족 이야기》, 통일뉴스, 2004년.
노중선, 《민족과 통일》, 사계절, 1985년.
──, 《남북한 통일 정책과 통일운동 50년》, 사계절, 1996년.
민경우, 《민경우가 쓴 통일운동사》, 통일뉴스, 2006년.
신정현 외, 《국가연합 사례와 남북한 통일 과정》, 한울, 2004년.
심지연, 《남북한 통일 방안의 전개와 수렴》, 돌베개, 2001년.
아태평화재단, 《김대중의 3단계 통일론》, 아태평화출판사, 1995년.
──, 《아·태 통일수첩》, 1994년.
윤지훈 외, 〈한반도 통일의 현실적 방안과 로드맵에 대한 연구〉, 2006. 12, 민주노동당 정책위.
이교관, 《김대중 정부의 위험한 거래》, 한송, 2002년.
통일노력 60년 발간위원회, 《하늘길 땅길 바닷길 열어 통일로》, 다해, 2005년.
통일문제연구소 엮음, 《자료로 보는 분단과 통일의 역사》, 민족통일, 1990년.
통일부, 《통일백서》, 1994년.
──, 《통일백서》, 2001년.
──, 《통일백서》, 2003년.
──, 《통일백서》, 2005년.
한국민권연구소, 《하나의 민족 하나의 조국》, 2004년.
한익수, 〈김대중 대통령의 통일론과 통일 정책〉(1998. 1. 22), 통일학연구소.
한호석, 《평양회담과 연방제 통일의 길》, 민, 2000년.

| 주 | 석 |

15) 남측 당국이 국가보안법 폐지와 연관하여 개정을 요구하는 조선노동당 규약 전문의 관련 부분은 이렇다. "조선노동당은 남조선에서 미 제국주의 침략 군대를 몰아내고 식민지 통치를 청산하며 그리고 일본 군국주의의 재침 기도를 좌절시키기 위한 투쟁을 전개하고 남조선 인민들의 사회민주화와 생존권 투쟁을 적극 지원하고 조국을 자주적·평화적으로 민족대단결의 원칙에 기초하여 통일을 이룩하고 나라와 민족의 통일적 발전을 이룩하기 위해 투쟁한다."

16) 2001년 8월 15일 완공된 조국통일 3대 헌장 기념탑은 평양시 낙랑구역 통일거리에 위치하고 있다. 3대 헌장 기념탑은 높이 30미터, 폭 61.5미터로 남북을 상징하는 여성 두 명이 한반도 지도를 높이 들고 있는 모습을 형상화하였다. 탑신에는 60킬로그램이 넘는 화강석 2500개가 붙어 있고 탑신 내부에는 남북해외에서 보낸 기념석재(옥돌) 740여 개가 부착되어 있다.

17) 6.15공동선언실천 민족공동위원회는 2005년 3월 4일 금강산에서 출범한 남북해외의 민간통일운동기구다. 민족공동위원회 산하에는 남측, 북측, 해외위원회가 있으며, 6.15와 8.15민족공동행사 등을 주관하고 있다.

18) 노무현 정부의 통일정책은 대북화해협력정책으로 명명되었다. 두말할 필요 없이 대북화해협력정책은 김대중 정부의 대북포용정책에 기초한 것이다. 노무현 대통령이 대북화해협력정책에 기초하여 통일 방안을 구체적으로 언급한 것은 2005년 4월 13일 독일 프랑크푸르트 동포간담회에서다. 당시 노무현 대통령은 '평화구조 정착 → 교류협력 강화 → 국가연합 → 통일'을 뼈대로 하는 4단계 통일 방안을 제시했다. 이 방안은 과정이 세분화되었을 뿐 '김대중의 3단계 통일론'과 같은 맥락에서 제출된 것이다.

■ 통일, 우리 민족의 마지막 블루오션

28 타산지석의 통일 교훈을 찾아서
29 베트남의 통일 경험
30 독일의 통일 경험
31 예멘의 통일 경험
32 베트남, 독일, 예멘의 통일 교훈

제8장
가장 늦은 통일을 가장 멋진 통일로

28 타산지석의 통일 교훈을 찾아서

타산지석他山之石이라는 말이 있다. 타산지석, 본디 이 말은 다른 산의 나쁜 돌이라도 자기 산의 옥돌을 갈고 닦는 데 쓸 수 있다는 뜻이다. 즉, 본이 되지 않는 남의 말이나 행동이라도 자신의 수양에는 도움이 될 수 있음을 비유하고 있다. 이 말처럼 베트남, 독일, 예멘의 통일 경험은 우리 민족에게 타산지석의 교훈이다. 다시 말해 베트남, 독일, 예멘의 통일 경험은 가장 늦은 한반도의 통일을 가장 멋진 통일로 실현하기 위한 요건과 방도가 무엇인지를 시사하고 있다.

전후 분단국가의 등장

2차 대전이 종결되면서 지구상에는 분단국가들이 등장했다. 미국과 소련의 개입으로 한반도가 분단된 것을 비롯하여 베트남과 예멘 또한 외세의 개입으로 분단되었다. 베트남의 경우 프랑스와 일본의 식민 지배를 차례로 거친 다음 재차 프랑스와 미국이 개입한 결과 분단되었다. 예멘의 분단은 보다 오랜 시간과 복잡한 과정을 거쳤다. 예멘은 15세기 오스만 터키의 지배 아래 놓인 이래 19세기 후반, 영국이 아덴 항을 점령하면서 분단의 길로 접어들었다.

독일은 2차 대전을 일으킨 전범국의 책임을 지고 분단된 경우다. 독일은 얄타회담과 포츠담선언에 따라 미국, 영국, 프랑스, 소련에 의해 분할 점령된 후 냉전체제가 고착되면서 동서독으로 분단되고 말았다. 독일과 이웃한 오스트리아 또한 전범국의 책임을 지고 4개국에 의해 분할 점령되는 운명을 맞았다. 그럼에도 오스트리아가 분단되지 않은 이유는 오스트리아 국민들이 분열되지 않고 단일정부를 수립했기 때문이다. 1955년 4개국에 의한 분할 관리체제가 끝나자 오스트리아는 단일정부를 수립하고 영세중립국을 선언하면서 단일국가로 거듭날 수 있었다.

이처럼 한반도와 베트남, 예멘과 독일은 분단국가라는 공통점을 지니고 있다. 그러나 네 나라의 분단 원인은 동일하지 않다. 한반도와 베트남, 예멘의 분단이 외세의 침략과 개입의 결과라면 독일의 분단은 2차 대전을 야기한 전범국의 책임 때문이었다. 이런 이유로 독일의 동서 분단은 미소 냉전체제에 편입될 수밖에 없었고 냉전의 해체와 함께 서독이 동독을 흡수통일하게 된다.

한반도와 베트남, 예멘과 독일의 분단은 영토와 국민의 반분이라는 공통성을 지닌다. 특히 베트남, 독일, 예멘의 통일은 무력통일과 흡수통일로 진행되면서 가장 바람직한 통일의 요건이 무엇인가를 역설적으로 보여주고 있다. 말 그대로 베트남, 독일, 예멘의 통일경험은 우리 민족에게 타산지석의 통일교훈을 남기고 있는 셈이다.

29 베트남의 통일 경험

베트남의 정식명칭은 베트남사회주의공화국Socialist Republic of Vietnam이고 수도는 하노이Hanoi다. 베트남은 인도차이나 반도에 위치하고 있는데 북으로는 중국과 인접해있고 서로는 라오스, 캄보디아와 국경을 맞대고 있다. 그리고 서남쪽에는 타이만이, 남동쪽에는 남중국해와 통킹만이 위치하고 있다. 베트남은 55개 민족으로 구성되어 있으며 이 중 베트남족族이 대다수를 차지한다. 베트남족은 북부 송코이강 삼각주로부터 중부 베트남 해안고원지대와 남부 메콩강 삼각주에 이르기까지 전국 각지에 분포한다.

프랑스의 식민 지배와 민족해방운동

베트남의 근현대사는 식민 통치와 전쟁으로 얼룩졌다. 베트남 민중에게 식민 지배의 그림자가 드리워지기 시작한 것은 1858년의 일이다. 당시 베트남에 영향력을 행사하고 있던 청나라가 쇠락하자 프랑스는 인도차이나 반도를 침략하기 시작했다. 프랑스는 다낭 침공을 시작으로 1884년 청나라와의 전쟁에서 승리하면서 베트남을 완전히 장악하였다.

프랑스는 베트남을 시작으로 인도차이나 반도에 대한 침략을 가속화하여 1900년 라오스와 캄보디아를 차례로 점령했다. 그리고 베트남, 캄보디아, 라오스를 통합하여 인도차이나연방이라는 괴뢰국을 수립한다. 인도차이나연방을 수립한 프랑스는 원활한 식민 통치를 위해 매판 세력과 토착봉건 세력을 매수하고 총독에서 성省, 시市, 현縣에 이르는 직접통치를 시행했다.

그러나 지배가 있는 곳에 저항이 따르기 마련이다. 프랑스의 식민 지배에 맞선 베트남 민중들의 독립투쟁이 촉발되기 시작했다. 초기 베트남의 항불 독립운동은 세 갈래의 양상이었다. 첫 번째는 근대화된 일본의 자본주의와 중국의 민족주의운동을 모방하려 했던 흐름이다. 이 흐름은 판 보이 처우Phan Boi Chau와 그 추종자들이 전개한 독립운동이다. 두 번째는 서구 부르주아 의회제도와 자유평등을 추구한 운동이다. 이 운동은 판 쭈 찐 Phan Cho Trinh과 르엉 반 칸Luong Van Can이 중심이 되어 전개하였다. 세 번째는 호앙 호아 탐Hoang Hoa Tham이 중심이 되어 전개한 농민들의 항불 게릴라전이다. 이상과 같은 초기 독립운동은 프랑스 식민 통치에 타협적인 부르주아 민족주의 노선이었거나 봉건사상에 기초한 항불 게릴라전이라는 한계를 안고 있었다.

이 같은 한계 때문에 초기 항불 독립운동은 좌절을 맛봐야 했다. 좌절된 초기 독립운동의 한계는 새세대 청년들의 민족해방투쟁에 의해 극복되어갔다. 1925년 호치민은 베트남 청년혁명동지회를 결성하고 민족해방투쟁에 포문을 열었다. 이들은 베트남 전역에 각급 노동조합을 결성하고 1928~1929년에 걸쳐 각종 파업투쟁을 전개했다. 또한 이들은 프랑스의 토지약탈과 과중한 조세징수, 강제노역에 반대하고 공유지 분배를 요구하는 농민항쟁을 일으켰다.

이 같은 항불 투쟁의 성과로 이들은 1930년 2월 베트남공산당을 창립한다. 창립과 함께 베트남공산당은 노동조건의 향상, 민중의 생계보장, 지주들의 가혹한 수탈에 반대하는 투쟁을 일으켰다. 또한 베트남공산당은 전국 각지에 소비에트 창설을 전개해나갔다.

이렇게 베트남공산당이 세력을 확장하자 불안을 느낀 프랑스는 무자비한 백색테러로 공산당의 와해를 기도했다. 이리하여 1930년대 초반 베트남 민족해방투쟁은 시련기를 맞았다. 이런 상황에서 하나의 전기가 된 것은 1935년 7월 코민테른[19]이 채택한 반파시즘노선이다. 코민테른의 결정에 따라 베트남공산당은 1936년 7월 중앙집행위원회를 개최하여 인도차이나 반제인민전선의 창립을 제창했다.

한편 1939년 9월 2차 대전이 발발하면서 프랑스는 위기상황에 내몰린다. 1940년 6월 프랑스는 히틀러의 독일군에게 점령되었고 일본은 이때를 놓치지 않고 인도차이나 반도를 침공했다. 그 결과 베트남을 비롯한 인도차이나 반도는 일제의 식민지배체제에 편입되고 말았다.

일제의 식민 통치가 시작되자 호치민은 1941년 베트남독립동맹, 즉 베트민Viet Minh, 越盟을 결성한다(1941년 5월). 베트민은 "모든 계급의 혁명 세력을 총집결하여 프랑스의 식민주의자 및 일본의 파시스트들과 투쟁하는 것"을 목표로 내세웠다. 베트민의 결성으로 베트남 민족해방투쟁은 활기를 띤다.

일제의 패망이 임박해오는 1945년 3월 이후 각지에서 전개된 폭동과 게릴라전으로 베트남에는 이원화된 권력 구조가 등장했다. 당시 베트남에는 쩐 쫑 낌Tran Trong Kim이라는 친일괴뢰정부가 존재했지만 베트민에 의해 해방구와 혁명기지가 등장하여 일제의 식민 지배체제는 밑으로부터 무력화되고 있었다.

결국 연합국의 공세와 식민지 민중의 투쟁에 굴복한 일제는 무조건적인 항복 선언을 하지 않을 수 없었다(1945년 8월 15일). 1945년 8월 16일 베트남 공산당에 의해 소집된 인민의회는 당시 임시정부였던 민족해방중앙위원회 의장으로 호치민을 선출했다. 그리고 그 해 9월 2일, 호치민은 100만 명의 군중이 모인 하노이의 바 딘Ba Dinh 광장에서 베트남민주공화국의 탄생을 대내외에 선포했다.

제1차 베트남전쟁

호치민의 베트남민주공화국은 북부 베트남지역을 석권했다. 이러한 상황에서 연합국은 북위 16도선을 경계로 베트남을 분할 점령한다. 16도선 이북은 장제스將介石의 중국이, 이남은 영국이 일본군을 무장 해제시켰다.

중국군과 영국군이 베트남을 분할 점령하자 이번에는 프랑스가 전승국의 일원임을 내세워 군대를 파견했다. 베트남의 재식민지화를 위한 야욕에서 비롯된 프랑스의 군대 파견은 9년 간에 걸친 1차 베트남전쟁(1946~1954년)의 시작이었다. 프랑스군은 1946년 11월 20일 북부 하이퐁 랑선과 중부 다낭을 시작으로 북위 16도선 이북지역을 침략하기 시작했다. 초기에 프랑스군은 파죽지세의 기세로 북베트남의 내륙과 평야지대를 차례로 점령해갔다.

이처럼 1차 베트남전쟁은 1953년 초까지 압도적인 물량공세 속에서 프랑스에게 유리하게 전개되었다. 그러나 1953년 중반을 고비로 차츰 전세는 역전된다. 1953년 베트남공산당의 당세는 급격히 확대되었고 베트남 공산정부가 그 해 11월 해방구에서 단행한 토지개혁은 인민들의 열렬한 지지를 이끌어냈다.

인민들의 지지 속에 베트남 공산정부는 전세를 단박에 역전시켜 놓았다. 전세가 역전되자 프랑스는 협상과 공세라는 양동작전을 구사했다. 1953년 5월 프랑스는 베트남 공산정부에게 협상을 제안하는 한편 총공세를 펼쳤다. 베트남 공산정부는 이에 맞서 동계작전(1953년)과 춘계작전(1954년)을 단행했다. 당시 베트남군은 유리한 지형지물을 십분 활용한 진지전과 게릴라전을 전개하여 프랑스군을 궁지로 몰아넣었다.

베트남군의 반격 속에 이제 전세는 돌이킬 수가 없었다. 이런 상황에서 전쟁을 결정짓는 판갈이 싸움이 시작되었다. 1954년 5월 7일 시작된 디엔 비엔 푸 전투는 1차 베트남전쟁을 결정지은 결정판이었다. 55일 간 지속된 이 전투에는 베트남군 20만 명과 프랑스군 11만 2000명이 투입되었다. 전투 결과 프랑스군 5000여 명이 전사하고 사령관 카스트리에 장군을 비롯한 1만여 명이 포로로 붙잡혔다.

이 전투의 패배로 프랑스는 베트남민주공화국과 제네바협정을 체결하지 않을 수 없었다(1954년 7월 20일). 프랑스와 베트남민주공화국이 체결한 제네바협정은 "첫째, 북위 17도의 군사분계선은 잠정적인 것으로 정치적·영토적 경계가 아니다. 둘째, 국제위원회의 감시 아래 1956년 7월 베트남 총선거를 실시하고 정치 문제를 해결한다. 정치 문제의 해결은 베트남의 독립과 통일, 영토보존을 원칙으로 하고 베트남 주민의 기본적인 자유를 보장한다. 셋째, 회의 참가국은 캄보디아, 라오스, 베트남의 주권, 독립, 통일, 영토보존을 존중하고 3개국의 국내 문제에 간섭하지 않는다"는 내용이었다.

9년 간에 걸친 1차 베트남전쟁은 이렇게 마감되었다. 그러나 전쟁의 결과는 참혹했다. 전쟁으로 인한 쌍방의 인명피해는 500만 명에 달했고 엄청난 경제적인 손실을 입었다. 프랑스가 전쟁에 쏟아 부은 전비만 해도 2조 6880억 프랑에 달했고 미국이 지원한 전비는 26억 달러였다.

그런데 문제는 이 같은 희생에도 불구하고 베트남에 평화가 깃들지 않았다는 사실이다. 전쟁의 결과는 평화가 아니라 분단 고착이었고 또 다른 전쟁의 잉태였다. 분단의 고착과 또 다른 전쟁의 시작은 미국이 제네바협정을 지지하겠다던 애초의 약속을 파기하고 베트남 문제에 개입하면서 비롯되었다.

하루아침에 태도를 돌변한 미국은 "제네바협정은 공산주의의 큰 전진을 허용하는 것으로, 자유세계에서 심각한 타격"이라고 주장했다. 이 같은 발표와 함께 미국은 인도차이나 반도에서 사회주의의 확산을 방지한다는 명목 아래 베트남에 개입하기 시작했다.

베트남 문제의 개입 선언과 함께 미국은 남베트남의 바오 다이 정권을 축출한다. 그리고 베트남공화국의 수립을 지원하고 (1955년 10월 26일), 그 수장자리에 고 딘 디엠을 앉혔다. 베트남공화국의 수립은 베트남의 분단고착과 또 다른 전쟁을 예고하는 신호탄이었다. 베트남공화국의 대통령으로 취임한 고 딘 디엠은 제네바협정에 명시된 총선거를 거부하여 남북 베트남 사이에는 새로운 대결이 싹트기 시작했다.

구 분	남베트남 (베트남공화국)	북베트남 (베트남민주공화국)
인 구	1790만 명(1971년)	2134만 명(1971년)
면 적	17만 1000km²	15만 9000km²
수 도	사이공Saigon	하노이Hanoi
GNP/GDP	30억 달러(1971년) 1인당GNP : 168달러	30억 달러(1971년) 1인당GNP : 141달러

[표 12] 남북 베트남 개황
(김병오, 《민족통일과 남북연합》, 북피아, 2001년, 39쪽 도표 재구성)

제2차 베트남전쟁

1차 베트남전쟁의 마감과 함께 남북 베트남은 각기 체제 정비에 들어갔다. 북베트남은 농지개혁을 단행하고 1차 5개년 경제개발계획을 통해 중화학공업의 육성에 박차를 가했다. 이렇게 북베트남은 사회개혁과 경제발전에 매진하였다.

반면 남베트남의 고 딘 디엠 정권은 부패와 무능으로 일관했다. 미국의 막대한 지원(20억 달러)에도 고 딘 디엠 정권 아래(1955~1963년)에서 남베트남의 정치불안과 사회혼란은 가중되었다. 당시 남베트남에는 10만 명의 마약중독자와 50만 명의 매춘부, 100만 명이 넘는 고아들로 넘쳐났다. 마치 고 딘 디엠 정권은 혼란과 부패 위에 떠있는 섬 같았다.

이런 가운데 남베트남 공산주의자들은 베트남민족해방전선 NLF을 결성하고(1960년 12월 20일) 게릴라전을 수행하기 위해 남베트남해방군(베트콩, Vietcong)을 조직했다. NLF의 결성 이후 남베트남에서는 학생과 종교인이 중심이 된 반정부시위가 이어졌고 농촌에서는 농민들의 투쟁이 거세게 타올랐다. 이 같은 투쟁을 통해 NLF는 남베트남의 농촌마을 3분의 2를 장악할 수 있었다.

남베트남의 상황이 날로 악화되자 미국은 1963년 11월 고 딘 디엠 정권을 제거했다. 그럼에도 안정이 깃들기는커녕 정치불안과 사회혼란은 가중되었다. 고 딘 디엠이 물러난 이후 1965년 5월까지 1년 반 동안 무려 14차례에 걸친 쿠데타가 발생했다.

이에 위기를 느낀 미국은 급기야 통킹만 사건[20]을 조작하게 된다(1964년 8월 2일). 미국은 통킹만 사건을 빌미로 베트콩을 공격했고 이렇게 2차 베트남전쟁(1954~1975년)이 본격적으로 시작됐다. 1965년 2월 미국은 북베트남을 폭격했고 이제 전쟁은 남베트남 내전에서 미국과 베트남 민중들과의 전면전으로 확대되었다. 또한 미국은 베트남전쟁을 북베트남과 국제전으로 조장하기 위해 한국, 호주, 뉴질랜드, 필리핀 등 다국적군을 참전시켰다. 이리하여 2차 베트남전쟁은 미군 50만 명, 남베트남 정부군 60만 명, 다국적군 7만 명이 참전한 대규모 전쟁으로 확대되었다.

다국적군을 앞세운 미국의 공세에 맞서 남북 베트남 혁명 세력은 완강하게 저항했다. 여기에 전쟁이 지속될수록 국내외 여론은 미국편이 아닌 베트남 민중들의 편으로 돌아섰다. 이렇게 반전 여론이 날로 고조된 결과, 베트남전쟁은 미국이 빠져나오기 힘든 수렁이 되고 말았다. 전쟁의 수렁에 빠진 미국 대통령

존슨에게 퇴임말고는 다른 출로가 보이지 않았다. 결국 존슨이 물러나고 뒤를 이어 닉슨이 대통령으로 취임하면서 미국의 대베트남정책은 수정되기 시작했다.

베트남전쟁이라는 뜨거운 감자에 대한 닉슨의 처방은 '베트남전쟁의 베트남화'였다. 이 처방에 따라 닉슨 정부는 베트남에서 미군 철수를 단행했다. 그리고 미국은 베트남전에서 발을 빼기 위해 1969년 5월 10일 파리에서 정전협상을 시작한다. 정전협상에는 미국과 베트남공화국(남베트남), 베트남민주공화국(북베트남)과 베트남남부공화임시혁명정부(NLF 주도)가 참석했다. 정전협상에서 미국은 남베트남 지역에 두 개의 정부가 존재한다는 사실을 인정하지 않을 수 없었다.

협상은 4년 동안 지속된 끝에 1973년 1월 27일 '베트남에서의 전쟁종식과 평화회복에 관한 협정(파리협정)'을 체결했다. 파리협정의 체결은 8년 5개월 간 지속된 2차 베트남전쟁의 일단락을 의미했다. 파리협정의 체결과 함께 미국은 베트남 주둔 군대를 완전 철수시켰다.

이렇게 미국이 베트남에서 발을 빼자 베트남공화국(남베트남)의 패망은 시간문제였다. 북베트남과 베트콩은 베트남공화국(남베트남)에게 전쟁 도발과 통일 지연을 규탄하면서 대대적인 공세를 펼쳤다. 이 같은 공세 속에서 사이공이 함락되었고 (1975년 4월 30일) 남베트남 대통령 두 옹 반은 무조건적인 항복을 선언하였다.

이렇게 2차 베트남전쟁은 북베트남과 베트콩의 승리로 마감되었다. 북베트남과 베트콩의 승리는 전쟁에 의한 무력통일을 의미했고 이는 곧 전쟁 이후 베트남의 통일이 북베트남 주도로 진행될 것임을 의미했다. 전쟁이 종료된 뒤 북베트남은 남베트남과의 통일을 위한 논의에 착수했다. 북베트남은 파리협정에 따라 남베트남 지역민의 자결권을 인정하고 남베트남 문제 해결을 위해 민족화합협의회를 구성했다.

이 같은 과정을 통해 1975년 11월 남북 베트남 대표가 참가한 민족통일정치협상회의에서 베트남의 통일이 결정되었다. 그리고 1976년 4월 남북총선거가 실시되어 제6기 최고인민회의가 구성된다. 최고인민회의가 구성된 후 베트남은 마침내 7월 2일 베트남사회주의공화국을 선포하고 통일을 이룩하였다.

통일의 빛과 그림자

베트남의 통일은 자본주의에 대한 공산주의의 승리가 아니라 제국주의 침략에 맞선 민족해방투쟁의 승리를 의미했다. 1, 2차 베트남전쟁에서 베트남 민중들이 승리할 수 있었던 배경에는 확고한 도덕적·정치적 우위가 작용했기 때문이다. 북베트남은 사회주의 개혁을 통해 정치안정과 경제발전을 꾀한 반면 미국의 지원으로 명맥을 유지했던 남베트남 정부는 부패와 무능으로 일관했다. 이런 상황에서 남베트남 민중들의 투쟁은 세계 최강국인 미국을 물리치고 승리를 이끌어낸 결정적인 동력이었다.

그럼에도 베트남의 통일은 그 빛이 찬란했던 만큼 그림자 또한 길고도 어두웠다. 전쟁을 통한 베트남의 통일은 수많은 인명 피해와 산업시설의 파괴를 동반했다. 1차 베트남전쟁에서만 460만 명에 이르는 사망자와 550만 명의 부상자, 13만 명의 난민이 발생했다. 미국과 치른 2차 베트남전쟁에서는 190만 명의 사망자와 450만 명의 부상자, 700만 명의 난민이 양산되었다. 미군의 피해 또한 적지 않았다. 전쟁에서 미군 5만 8000명이 사망하고 13만 명이 부상당했다. 미국이 베트남전쟁에 쏟아 부은 전비만 해도 1700억 달러(2007년 달러로 환산할 경우 6620억 달러)에 달했다.

피해는 그뿐이 아니었다. 전쟁에 사용된 고엽제를 비롯한 생화학무기로 인해 전후 수많은 기형아가 태어났다. 또한 전쟁에서 파괴된 국토와 산업시설은 두고두고 통일 베트남의 경제발전에 부담으로 작용하였다.

30 독일의 통일 경험

독일의 공식명칭은 독일연방공화국Federal Republic of Germany이고 수도는 베를린Berlin이다. 유럽의 중심부에 위치한 독일은 북쪽으로는 발트해와 덴마크, 북해에 인접해있고, 서쪽으로는 네덜란드, 벨기에, 룩셈부르크, 프랑스와 마주하고 있다. 알프스산맥이 가로놓여 있는 남쪽으로는 스위스, 오스트리아와 국경을 이루며, 동쪽으로는 체코, 폴란드와 인접해있다. 독일의 지형은 남부의 평탄지와 중부의 구릉성산지인 중앙고지, 북부의 북독일평원으로 이루어져 있다.

독일의 동서 분단

독일의 분단은 연합국의 전후처리 과정에서 빚어진 2차 대전의 산물이다. 독일의 동서 분단은 얄타협정과 포츠담선언의 결정에 따라 이루어졌다. 독일 패망이 임박하자 연합국(미, 영, 소)은 얄타회담을 개최하고(1945년 2월 12일), '전후 독일에 관한 점령, 관리 및 배상 문제에 관한 비밀협정'을 체결했다. 그리고 3개월이 지난 1945년 5월 8일 독일은 연합군에게 무조건 항복을 선언한다. 이때로부터 다시 3개월이 흐른 1945년 8월 2일 연합국은 포츠담선언을 발표하고 독일에 대한 분할 점령을 확정했다.

이리하여 독일은 미국, 영국, 프랑스, 소련에 의해 분할 점령되는 운명을 맞았다. 4개국에 분할 점령된 그 해 7월, 미국과 영국은 런던의정서와 얄타협정에 따라 동부독일의 작센주와 튜링겐주, 메클렌부르크주를 소련에게 이양하는 대신 소련이 점령하고 있던 서베를린을 넘겨받았다.

4개국의 분할 관리체제 아래 가장 강하게 독일 분단을 주장한 나라는 프랑스였다. 이런 가운데 미국과 소련이 전후처리 문제를 두고 대립하면서 독일의 동서 분단은 점차 현실화되었다. 미국은 1947년 3월 트루먼독트린[21]을 발표한 데 이어 마샬플랜[22]을 공개했다. 이렇게 서유럽에서 미국 중심의 자본주의 질서가 구축되자 소련은 코민포름Cominform[23]을 결성하여 동구 사회주의권의 결속을 강화했다.

이런 과정을 통해 미소간에는 돌이킬 수 없는 대결체제가 형성되었다. 동서 대결체제가 구축되자 누구보다 독일의 영구 분단을 바랬던 프랑스가 자국의 점령지역을 미국과 영국의 점령지역에 통합하면서 서독이 출현하였다. 이렇게 서방 진영의 지원 아래 1949년 8월 독일연방공화국(서독, BDR)이 수립되었다. 그리고 두 달이 지난 그 해 10월 소련의 점령지역에서 독일민주공화국(동독, DDR)이 수립되면서 동서 분단이 확정되었다.

동서독으로 분단된 독일의 분단선은 서유럽과 동유럽의 대치선이기도 했다. 다시 말해 독일의 분단은 동서냉전의 최전선이었던 것이다. 이 때문에 서독은 북대서양조약기구NATO와 서유럽동맹WEU에 가입했고 동독은 바르샤바조약기구WTO에 가입하여 냉전의 첨병노릇을 하였다.

구 분	서 독 (독일연방공화국)	동 독 (독일민주공화국)
인 구	6325만 명(1990년)	1611만 명(1990년)
면 적	24만 8890km²	10만 8084km²
수 도	본Bohn	베를린Berlin
GNP/GDP	1조 1955억 달러(1989년) 1인당GNP : 1만 9283달러	993억 달러(1989년) 1인당GNP : 5840달러

[표 13] 동서독 개황(김병오, 《민족통일과 남북연합》, 45쪽 도표 재구성)

동서독의 통일정책

서독의 통일정책

서독의 대외 정책은 옛 독일(1937년 기준)의 영토 위에 단일 게르만국가를 건설하는 것이었다. 아데나워 총리는 이 같은 정책 기조에 입각하여 소련과 동독에 우위를 점하기 위해 미국을 비롯한 서방국가들과의 유대를 강화하는 데 역점을 두었다.

아데나워 총리의 대동독정책은 1955년 외무부장관 할슈타인에 의해 공포된 할슈타인 원칙이다. 할슈타인 원칙은 한마디로 말해 동독을 승인하는 나라와는 외교관계를 단절한다는 동독불인정정책이다. 이 때문에 할슈타인 원칙에 입각한 아데나워의 통일정책은 동독과의 대결을 동반할 수밖에 없었다. 그 결과 1961년 동독 정부가 베를린 장벽을 세웠고 동서독의 대결은 한층 격화되었다.

아데나워의 뒤를 이어 1963년 집권한 에르하르트는 동유럽과의 관계 개선을 조심스럽게 추진했다. 에르하르트 총리의 대외정책 기조는 친미 노선에 기초한 서독의 안보능력 강화, 동유럽과의 관계 개선, 경제협력을 통한 동독의 고립화였다. 이에 따라 에르하르트는 미국과의 교섭을 통해 핵무장을 추진했다. 그러나 두 차례나 세계대전을 일으킨 전범국의 후예들에게 미국이 핵무장을 용인할 리 만무했다. 이렇게 핵무장이 여의치 않자 에르하르트는 동서유럽의 불가침조약 체결과 비핵지대 설치를 제안하게 된다.

서독의 대동독정책은 1966년 키징거 총리의 취임과 함께 변화를 예고했다. 키징거 총리는 루마니아, 유고슬로비아와 외교관계를 수립하고, 할슈타인 원칙의 폐기를 추진했다. 요약하자면 키징거 총리의 대외정책은 실리적이고 적극적인 외교관계에 기초한 통일과 군사안보정책의 구사였다.

키징거 총리에 의해 예고된 서독의 대외정책 변화는 빌리 브란트가 이끄는 사민당이 집권하면서 본격화되었다(1969년 10월 21일). 브란트 총리는 취임 직후 대소 사절단을 파견한 데 이어 1969년 10월 28일 동방정책을 선언한다. 이날 빌리 브란트 총리는 시정연설에서 "서독 정부는 동독을 국제법상 주권국가로 인정할 수 없다. 독일 땅에 비록 두 개의 국가가 존재한다 하더라도 그들은 서로 외국이 아니며 동서독관계는 단지 특수한 관계일 뿐"이라고 주장했다.

브란트 총리가 동방정책을 발표하자 동독의 집권당인 사회주의통일당SED은 그 해 12월 12일 개최된 중앙위원회에서 동서독의 영구 결별에 기초한 분리정책을 천명했다. 이날 사회주의통일당은 동서독이 외교관계를 맺고 유엔에 분리가입하는 한편, 상호 대사관을 설치할 것을 주장했다. 그러나 서독은 동독을 국제법상의 주권국가로 인정하지 않았고 동방정책에 기초하여 실리적인 정책을 펼쳐나갔다.

브란트 정부는 동방정책에 입각하여 소련과 불가침조약을 체결(1970년 8월 12일)한 데 이어 폴란드와 독폴조약을 체결했다(1970년 12월 7일). 이 같은 동구권과의 관계 개선에 기초하여 브란트 정부는 동독과의 관계 개선을 추진했다. 그리고 마침내 1972년 11월 동독과 기본조약을 체결한다. 서독은 동서독기본조약을 시작으로 1974~1980년 사이 동독과 17개에 이르는 조약을 체결했다. 그 결과 동서독은 병존이 아닌 공존하는 관계로 발전하였다.

빌리 브란트에 의해 제기된 서독의 동방정책은 그 후 헬무트 슈미트 총리시대(1974~1982년)와 헬무트 콜 총리시대(1982~1999년) 로 이어졌다. 이렇게 일관된 서독정부의 동방정책은 독일통일의 가장 큰 동력이었다.

동독의 통일정책

1949년 10월 7일 독일민주공화국이 출범하자 서방국가들은 동독을 국가로 인정하지 않았다. 이 때문에 동독의 대외관계는 공산권 국가들에 한정되었고 소련의 지원에 절대적으로 의존할 수밖에 없었다.

동독의 통일정책은 프롤레타리아 국제주의에 기초하였다. 프롤레타리아 국제주의에 입각하여 동독은 옛 독일(1937년 12월 31일 기준)을 자신들이 계승한다고 자임했다. 이런 견지에서 전 독일인에 대한 대표권이 자신들에게 있다고 주장하면서 자유선거를 위해 '전 독일 통일에 관한 선거법'을 제정하자고 주장했다. 그러나 동독이 내세운 전 독일 대표성은 1952년 5월 26일 미국, 영국, 프랑스가 서독을 주권국가로 승인하면서 여지없이 거부되었다. 서방국가들이 전 독일 대표성은 서독에 있다고 손을 들어주자 이번에는 소련이 동독을 주권국가로 승인하였다(1954년 3월 25일).

객관적으로 동독의 입지는 서독에 비해 열세였다. 서독에 비해 열세에 놓인 동독은 서독을 향해 1민족 2국가론을 내세웠다. 1953년 9월 사회주의통일당SED 서기장 울브레히트는 "독일 내에는 사실상의 두 국가가 존재"한다고 주장했다. 이 발언을 시작으로 동독은 옛 독일제국의 영토에는 두 개의 독립적이고 평등한 국가가 존재함으로 서로를 인정할 것을 촉구했다. 서독은 동독의 2국가론에 대해 "독일제국은 사라지지 않으며 독일연방공화국 정부만이 모든 독일인에 대해 유일한 합법적인 정부"라고 반박했다.

그 뒤 1민족 2국가론은 사회주의 통일관에 입각한 국가연합안으로 체계화되었다. 1956년 12월 울브레히트는 독일 문제의 국제법적인 해결 방안은 2국가론에 기초한 국가연합안이라고 역설했다. 그리고 동독 수상 오토 그로테블은 1957년 7월 27일 2국가론에 기초한 국가연합안을 선포한다. 또한 동독은 국가연합안에 기초하여 1963년 1월 25일 두 국가체제와 현재의 분단선을 국경선으로 인정하고 동서독의 통행자유 보장을 위한 협상을 서독에게 제안하였다.

2국가론에 기초한 동독의 국가연합안은 1966년과 1967년을 경과하면서 더욱 확고해졌다. 동독은 1966년 12월 31일 국가연합을 위한 10개항을 선언한다. 그리고 1967년 사회주의통일당은 국가연합에 앞서 서독이 사회주의로 전환해야 한다고 주장했다. 사회주의 통일관에 입각한 동독의 2국가론은 1968년 4월 9일 개정된 사회주의헌법에 그대로 반영되었다. 동독은 개정헌법 제8조에 "민주주의와 사회주의에 기반한 통일을 성취하기 위해 두 개의 독일국가는 노력한다"고 명시했다.

1960년대까지 지속된 동독의 1민족 2국가론은 서독의 브란트총리가 동방정책을 추진하자 2민족 2국가론으로 변모하였다. 브란트가 '하나의 민족'에 의한 독일통일을 주장하자 동독은 2민족 2국가론으로 맞섰다. 울브레히트는 1970년 1월 19일 동베를린에서 가진 기자회견에서 "아직도 단일민족이라는 것은 하나의 픽션"이라고 브란트의 동방정책을 비꼬았다. 나아가 그는 "동독이 사회주의적인 독일인의 국민국가인 데 반해 서독은 자본주의적인 나토국가"라고 역설했다.

이렇게 시작된 동독의 2민족 2국가론은 울브레히트가 물러나고(1971년 5월) 호네커가 당 서기장으로 취임해서도 지속되었다. 호네커는 1971년 사회주의통일당 8차 대회에서 "사회주의적 독일민족으로 생성된 사회주의 국가인 동독과 옛 시민적 민족이 존재하는 독점자본주의 국가인 서독과의 사이에는 결코 어떠한 특별한 독일 내적인 관계가 있을 수 없으며 또 있지도 않다"고 주장했다. 이는 곧 동독에는 '사회주의적 민족Sozialistische Nation'이, 서독에는 '자본주의적 민족Kapitalische Nation'이 존재한다는 논리였다.

이 같은 발로에서 동독은 서독과 일반통행협정(1972년 5월)과 기본조약(1972년 12월)을 체결하였다. 동독의 이런 속내는 동서독 기본조약 체결 직후 "이제 해결되지 않는 독일 문제는 더 이상 존재하지 않는다"고 강조한 발언에서도 확인할 수 있다.

말 그대로 동독의 2민족 2국가론은 영구분열정책에 다름 아닙니다. 동독의 2민족 2국가론은 결국 1974년 10월 7일 개정된 헌법에서 통일조항을 아예 삭제하는 것으로 나타났다. 그 후로도 동독의 2민족 2국가론은 변함없이 지속되었고 그것의 결론은 동독이 서독에 흡수통합되는 것으로 나타났다.

독일의 통일 과정

1960년대부터 서독은 경제적 우위를 바탕으로 동독의 문을 두드리기 시작했다. 서독의 대동독정책은 동독에 막대한 영향력을 행사하던 소련과의 관계 개선을 전제로 하고 있었다. 1963년 동서독은 베를린간 통과사중협정을 체결하고 교류협력에 물꼬를 트면서 통일을 향한 장정을 시작했다.

독일통일의 역사에서 1970년은 각별한 의미를 지닌다. 왜냐하면 그 해 동서독의 정상이 처음으로 회담을 가졌기 때문이다. 1970년 3월 19일 에어푸르트에서 동독의 스토프 총리와 서독의 브란트 총리가 정상회담을 가졌다. 당시 회담에서 스토프는 "동독과 서독은 두 개의 주권국가로 결합될 수 없다"라는 통일불가론을 펼쳤다. 이 같은 인식에서 스토프는 동서독의 경계선을 국경선으로 확정짓고 동서독이 별개의 주권국가임을 인정하자고 주장했다. 이때의 회담은 이렇다 할 합의 없이 끝났지만 동서독이 통일로 나아가는 데 상징적 의미를 남겼다.

정상회담 후 동서독은 1972년 12월 동서독기본조약을 체결한다. 동서독기본조약은 정상회담 2회, 장·차관급 회담 70회, 실장·국장급 회담 200회 등 2년 간 총 272회의 회담 결과였다. 동서독기본조약의 체결 이후 동독과 서독은 유엔에 동시가입하였다. 이런 변화에 대해 서독은 동독을 별개의 주권국가로 인정하지 않은 반면, 동독은 동서독이 두 개의 국가로 승인되었다고 평가하였다.

그럼에도 기본조약의 체결은 동서독의 교류협력을 전면화시켰다. 조약 체결 이후 서독은 경제·사회·문화 분야에서 과감한 교류협력을 추진하였다. 서독의 적극적인 교류협력 사업의 제기에 대해 동독은 국가 이미지 제고와 경제적인 이익을 얻기 위해 이를 마다하지 않았다. 서독 내무성 통계에 따르면 동서독기본조약이 체결된 1972년 11월부터 1981년 12월까지 동독을 방문한 서독인은 2710만 명으로 이는 한 달 평균 24만 6000명 꼴이었다. 1987년에는 무려 550여만 명에 달하는 서독인이 동독을 방문했고, 500만 명의 동독인 또한 서독을 방문했다.

사회·문화 분야의 교류 사업은 더욱 활발했다. 1961년부터 동독 주민들이 서독 TV방송을 시청하기 시작했고, 동서독간에는 전화와 편지가 일상화되었다. 1987년 한 해에만 3000만 회 이상의 전화통화가 이루어졌고 7000만 통의 편지와 2400만 개의 소포가 서독에서 동독으로 배달되었다. 이 기간 동독에서 서독으로 배달된 편지는 1억 통에 달했다.

또한 서적 교환, 오페라단과 교향악단의 상호방문, 기자교류와 학술교류, 도시들간의 자매결연이 활발하게 이뤄졌다. 여기에 경제투자도 시작되어 서독 정부가 보증하는 차관이 동독에 투자되었다. 이 시기 서독은 동독의 반체제 정치범 3만 3755명의 몸값을 지불하고 송환했고 25만 명에 이르는 이산가족이 재결합을 실현하였다.

서독 주도로 교류협력 사업이 활기를 띠는 가운데 정상회담 또한 지속되었다. 1970년 브란트와 스토프가 첫 회담을 시작한 이래 슈미트와 호네커, 콜과 호네커로 이어지면서 정상회담이 지속되었다. 이렇게 진행된 정상회담은 1987년 9월 호네커가 서독을 방문하면서 절정에 달했다.

독일의 통일은 동서독간의 교류협력 사업과 함께 소련의 붕괴라는 정세 변화가 있었기에 가능했다. 동서독의 분단은 냉전체제의 산물로, 냉전체제의 해체는 독일 분단체제의 해체를 의미했다. 특히 정치·군사적으로 자주성을 결여한 동독체제는 소련이 붕괴하자 더 이상 존립할 수가 없었다. 탈냉전이라는 정세 변화 속에서 서독은 소련과의 협상을 통해 경제지원을 대가로 동독 주둔 소련군을 철수시켰다.

이런 가운데 1990년 2월 13일 오타회담에서 동서독은 전승 4개국의 승인 아래 통일에 합의하였다. 그리고 1990년 3월 8일 동독에서 총선거가 실시되었다. 선거 결과 사회주의의 폐기와 조기 흡수통합을 표방한 독일연합이 400석 가운데 192석을 얻어 제1당으로 부상했다. 그리고 제2당은 통일신중론을 펼친 사회민주당에게 돌아갔고 공산당(사회주의통일당)의 후신인 민주사회당은 참패하였다.

  그리고 1990년 5월 18일 동서독은 '통화, 경제, 사회통합의 창설에 관한 국가조약'을 체결한다. 이 조약은 동독 정부의 경제권이 서독 정부에 귀속되는 것을 의미했다. 이후 네 차례에 걸친 '동서독과 전승 4개국간의 회담'에서 독일 문제의 최종 해결에 관한 조약이 조인되었다. 이 조약의 체결로 독일은 명실상부한 통일국가로 거듭날 수 있었다.

통일의 그림자, 오시와 베시

  1990년 10월 2일 밤 11시 55분 통일독일의 수도 베를린에서 황·적·흑색의 독일국기가 게양되었다. 이어 통일을 알리는 자유의 종이 울리자 바이체커 대통령은 감격어린 목소리로 "우리는 오늘 하나의 독일을 성취하였다"고 선언했다. 독일의 통일은 서독이 동독을 흡수통합한 결과였다. 동독 주민들은 서독으로 흡수통합을 자원했고 이를 투표를 통해 표출했다. 그럼에도 독일의 통일에 후과가 없지 않았다.

  서독은 막대한 통일 비용을 지출하여 인플레와 부채에 허덕여야 했다. 서독이 부담한 통일 비용은 10년 간 최소 2조 마르크에 달했다. 이렇게 막대한 예산이 투입되면서 서독의 재정은 바닥을 드러냈다. 그 결과 금리가 인상되고 투자가 위축되었다. 이로 인해 급증한 국가채무는 금리부담을 가중시켰고 국민경제의 위축을 가져왔다. 독일 정부는 이를 타개하기 위해 세금과 공과금을 인상했고 이는 저소득층에게 부담으로 돌아갔다. 이리하여 빈부격차는 심화되었고 투자위축과 물가상승이 지속되어 경제성장이 둔화되었다.

동서독의 정치 통합은 서독 정부가 동독의 군대·행정·사법 기관을 흡수하는 형태로 이루어졌다. 서독은 동독 군대를 해체하고 50세 이상의 군인과 대령 이상의 지휘관을 비롯한 8만 5000여 명의 군인을 직위 해제시켰다. 동독의 공무원 또한 서독 정부의 임용기준에 입각하여 고위직 간부와 기간요원을 해고시켰다. 동독지역에서의 이 같은 대량해고는 결국 지방자치단체의 인력 부족과 실업자의 양산으로 나타났다.

경제통합의 경우 국유화된 동독의 재산을 사유화하는 과정에서 여러 가지 문제가 나타났다. 서독 정부는 동독의 국유재산을 관리 매각하기 위해 신탁관리청을 신설하고 경제 통합에 나섰다. 그러나 신탁관리청은 관료들의 경직성과 역할의 불명확성으로 많은 시행착오를 범하였다. 신탁관리청이 내세운 사유화 원칙은 흑자 기업의 우선 민영화와 경영악화 기업의 퇴출이었다. 그러나 문제는 이도저도 아닌 대부분의 기업에 대해서는 부양책이 없었다는 점이다. 그 결과 많은 기업들이 도산했고 동독에서 수많은 실업자가 발생했다.

이리하여 통일 1년 만에 동독 인구 1000만 명 가운데 170만 명이 일자리를 잃었고 200여만 명이 단축 조업자로 전락했다. 또한 동독의 물가는 급등한 반면 사회복지는 그것을 따라가지 못했다. 이렇게 드리워진 통일 그림자 때문에 동독인은 서독인을 향해 '뻔뻔한 베시'라고 욕했고 서독인은 동독인을 향해 '공짜로 빵을 먹으려는 오시'라고 헐뜯었다.

31 예멘의 통일 경험

아라비아 반도 남단에 위치한 예멘의 정식명칭은 예멘공화국Republic of Yemen이고 수도는 사나Sana'a다. 예멘의 북쪽으로는 사우디아라비아, 동쪽으로는 오만, 서쪽으로는 홍해가 위치하고 있고 아덴은 그 남쪽 관문에 해당한다. 예멘의 남쪽에는 아덴만이 있어 인도양과 연결된다. 아덴만의 건너편에는 아프리카 대륙의 지부티와 에티오피아가 위치하고 있다. 이런 지정학적인 이유로 예멘은 일찍이 지중해와 인도양을 연결하는 동서교역의 요충지였다.

예멘의 남북 분단

예멘의 분단 비극은 아덴 항에서 싹트기 시작했다. 아덴 항은 홍해와 지중해를 잇는 요충지다. 이런 지정학적인 이유로 19세기 들어 아덴 항은 서구 열강들의 치열한 각축장이 되었다. 아덴 항은 포르투갈과 오스만 터키, 영국의 침략을 차례로 받았다. 그 후 아덴 항을 놓고 각축을 벌이던 영국과 오스만 터키가 1873년 협정을 맺고 예멘을 분할하는 데 합의했다. 이 협정에 따라 북예멘은 오스만 터키가, 남예멘은 영국의 지배 아래 놓이게 되었다.

그 후 1차 세계대전에서 오스만 터키가 패배하고 1918년 북예멘이 독립하였다. 이때부터 북예멘에는 보수적 종교 왕조체제인 이맘시대(1918~1962년)가 개막되었다. 이맘시대의 통일정책은 남예멘에서 영국을 축출하고 예멘을 통일하는 것이었다. 이 방침에 따라 이맘왕조는 남예멘의 민족운동을 지원하는 동시에 남예멘에 대한 통치권을 주장했다.

그리고 40여 년이 지난 1962년 9월 26일 이맘 아흐마드가 사망하자 친소 공화파인 살랄이 쿠데타를 일으켜 예멘아랍공화국을 수립했다. 살랄에 의해 수립된 예멘아랍공화국은 이맘시대가 마감되고 공화정시대가 개막되었음을 의미했다. 이렇게 시작된 북예멘의 공화정시대는 이후 7년(1962~1969년)에 걸친 내전의 소용돌이에 휘말려야 했다. 이 과정에서 쿠데타의 주역인 살랄이 축출되고 이르야니가 집권하면서(1967년) 친소 세력이 퇴조하고 보수적인 부족 종교 세력과 사우디아라비아의 입김이 강화되었다. 그리하여 북예멘은 점차 이슬람 교리에 충실한 자본주의를 채택하게 되었다.

북예멘에 비해 남예멘의 독립은 49년이나 늦은 1967년에 실현된다. 영국으로부터 독립한 남예멘 앞에는 통일의 과제가 기다리고 있었다. 독립 당시 북예멘은 내전 중이었고 남예멘 또한 당파 싸움으로 조용한 날이 없었다. 이런 상황에서 남예멘의 민족해방전선NLF이 북예멘 내전에 개입했고 남북 사이의 불신의 골이 깊어져갔다. 당시 남예멘의 대통령은 민족해방전선의 지도자인 샤아비였다. 샤아비는 경제 불황에 대한 실용주의자와 이상주의자들 사이의 논쟁을 통해서 집권했다. 이 논쟁에서 사회주의를 지향한 이상주의 세력이 승리했고 그 지도자인 샤아비가 남예멘의 정권을 장악했던 것이다.

샤아비는 집권과 함께 국유화와 공동소유에 입각한 경제정책을 단행했다. 독립 초기 남예멘의 사회주의정책은 이슬람문화와 충돌했으나 1970년대 들어 '신앙과의 화해'를 통해 조화를 꾀해나갔다. 이슬람 유일의 사회주의 국가였던 남예멘의 대외정책은 이슬람 교리에 입각한 공동체와 평등에 기초한 대외관계의 개선이었다. 샤아비 정권은 초기 사회주의정책의 성과에 기초하여 1970년 국호를 남예멘인민공화국에서 예멘인민민주주의공화국으로 바꿨다. 남예멘이 국호를 바꾼 것은 예멘의 유일한 합법정부임을 자임하기 위해서였다. 이런 연장선에서 남예멘민족해방전선은 북예멘 좌파 세력에 대한 영향력의 강화를

구 분	북예멘 (예멘아랍공화국)	남예멘 (예멘인민민주주의공화국)
인 구	950만 명(1986년)	248만 명(1986년)
면 적	19만 4000km²	32만 3000km²
수 도	사나Sana'a	아덴Aden
GNP	1인당GNP : 680달러 (1988년)	1인당GNP : 420달러 (1988년)

[표 14] 남북 예멘 개황(김병오, 《민족통일과 남북연합》, 56쪽 도표 재구성)

꾀하였다.

이처럼 남북 예멘은 서로 다른 체제를 채택했고 서로가 내부 정쟁에 개입하면서 갈등과 불신을 키우고 있었다. 결국 이렇게 커진 불신과 갈등의 골은 남북 사이의 무력충돌로 비화되었고 이는 예멘통일에 가장 큰 장애물이었다.

남북 예멘의 통일 과정

예멘의 통일 논의는 서로 다른 체제와 뿌리 깊은 갈등으로 합의와 파기라는 악순환을 반복했다. 북예멘은 이슬람 근본주의에 입각한 자본주의 방식의 통일을 지향한 반면 남예멘은 사회주의 통일을 추구했다. 이 때문에 남북 예멘의 통일 논의는 무력충돌→아랍연맹 중재→정상회담과 합의→쌍방 또는 일방의 정변(테러) 발생→상호 내정간섭→무력충돌로 이어지는 과정을 되풀이했다. 그럼에도 남북 예멘 모두 이슬람 전통에 기초한 민족동질성과 민족해방투쟁을 공유한 경험을 갖고 있었다. 이런 동질성이 있었기에 거듭된 무력충돌에도 남북 예멘은 대화와 합의를 지속할 수 있었다.

남북 예멘이 통일대화에 나선 것은 1970년대 들어서다. 1970년 남예멘이 국호를 예멘인민민주주의공화국으로 개칭하자 사우디아라비아의 지원을 등에 업은 북예멘은 남예멘을 침공하였다. 1972년 9월 북예멘의 침공으로 남북 예멘 사이에는 국경분쟁이 일어났다. 그런데 역설적이게도 이때의 무력충돌은 통일 논의의 시발점이 되었다. 무력충돌이 발생하자 아랍연맹은 남북 예멘의 대화를 중재했고 이를 계기로 이집트의 카이로에서 첫 정상회담을 개최했다(1972년 10월 28일).

카이로회담에서 남북 예멘의 정상은 무력충돌의 중단과 함께 통일을 약속했다. 양 정상은 예멘의 통일을 위해 1년 이내에 쌍방의 법과 제도를 통합하기 위한 동수의 위원회와 8개 분과위원회를 구성키로 합의했다. 그리고 카이로회담으로부터 한 달 뒤, 남북 정상은 트리폴리에서 두 번째 회담을 갖는다. 이 회담에서 남북 예멘 정상은 통일예멘의 국명과 국기, 수도 등을 합의했다.

이때 합의된 주요내용을 살펴보면 통일예멘의 국교는 이슬람교로 하며, 샤리아Sharia[24]를 법의 원천으로 하고, 3권 분립에 기초한 국가이념은 공화, 민족, 민주주의로 한다는 내용이다. 남북 예멘 정상은 이 같은 합의를 구체화하기 위해 8개 분과위원회를 구성하기로 했다.

그러나 호사다마라고 했던가. 트리폴리회담으로 예멘의 통일이 성큼 다가오자 이를 반대하는 주장들이 쏟아져나왔다. 북예멘의 이슬람 보수주의자들과 남예멘의 급진적인 스탈린주의자들은 통일을 반대하고 나섰다. 이렇게 되자 트리폴리회담의 합의는 이행되지 못했고 남북 예멘은 요인 테러와 정변, 상호개입이라는 혼란을 겪어야 했다. 결국 예멘의 통일대화는 북예멘 대통령 알 함디의 피살(1972년 10월)과 2차 국경분쟁(1979년 2월)으로 파탄나고 말았다.

대화국면이 파탄나자 이를 다시 반전시킨 것은 아랍연맹의 중재였다. 아랍연맹의 중재에 힘입어 남북 예멘은 쿠웨이트에서 정상회담을 개최하고(1979년 3월 28일), 분쟁 해결의 유일한 방안은 통일뿐이라는 사실에 뜻을 같이했다. 그리고 남북 예멘 정상은 이 같은 합의에 따라 통일헌법위원회를 설치했다.

쿠웨이트회담은 남북 예멘의 통일대화에 하나의 전기가 되었다. 쿠웨이트회담을 시작으로 남북 예멘은 여러 차례에 걸친 정상회담을 개최한다. 이 과정에서 남북 예멘은 1981년 통일헌법의 초안을 작성하는 성과를 남겼다. 그러나 계속된 남예멘의 정치불안과 북예멘의 이슬람 교리 중심의 통일정책 강요, 상호 내정간섭 등으로 통일 논의는 여러 차례 위기를 맞았다. 하지만 1986년 1월 남예멘 정변 과정에서 1만 2000명의 병사를 이끌고 북예멘 국경지대로 도주한 남예멘 최고인민회의 의장 무하마드의 처리 문제에 대해 북예멘 살레Salih 대통령이 불개입방침을 천명하면서 남북관계는 급속도로 가까워졌다.

이런 가운데 소련의 개혁개방과 사회주의권의 몰락은 남예멘의 고립과 경제난을 가중시켰다. 남예멘은 소련에 많은 부분을 의지하고 있는 위성국가와 진배없었다. 당시 북예멘의 경제력과 군사력은 남예멘을 압도하였다. 1989년을 기준으로 북예멘은 GNP 79위, 1인당 GNP 81위, 군사비 64위, 병력 수 64위였다. 반면 남예멘은 GNP 124위, 1인당 GNP 101위, 군사비 78위, 병력 수 55위였다.

남예멘이 수세에 놓인 상황에서 국경 부근에 매장된 석유개발의 유혹은 통일 논의를 활성화시킨 촉매제였다. 당시 예멘의 석유 매장량은 북예멘 10억 배럴, 남예멘 35억 배럴, 국경 부근 50억 배럴이었다. 이리하여 남예멘의 체제 위기와 국경지역 유전개발이라는 현실의 이익이 맞물리면서 이제 통일 논의의 주도권은 북예멘으로 넘어갔다.

북예멘이 우위를 점한 가운데 1988년 4월 16일 남북 예멘의 정상은 타이즈에서 회담을 개최했다. 타이즈회담에서 남북 예멘은 복수정당제와 사유재산권을 인정하고 남북간의 권력 분할에 기초한 통일 밑그림에 합의했다. 여기에 예멘의 통일을 재촉한 것은 소련의 붕괴였다. 소련은 1989년 들어 남예멘에 대한 원조를 감축하고 개혁 개방을 촉구했다. 이렇게 소련이라는 방패막이가 사라지자 남예멘은 북예멘과의 경제협력이 더욱 절실해졌다. 그리하여 1989년 11월 29일 북예멘 살레 대통령이 남예멘의 아덴을 방문하여 정상회담을 개최하면서 예멘의 통일은 급진전되었다.

아덴회담에서 남북 예멘 정상은 통일헌법 초안에 조인했다. 이때 조인된 통일헌법 초안의 주요내용을 살펴보면 통일예멘은 30개월 간의 잠정기간을 가지며 이 기간 동안 5인의 대통령위원회가 예멘을 집단지도한다는 것이다. 이것 말고도 통일헌법의 초안에는 정당과 노조의 활동 보장, 남녀투표권의 인정과 함께 수도를 사나로 하는 것을 명시하고 있었다.

아덴회담에 따라 남북 예멘은 1990년 4월 '예멘공화국 선포 및 과도기 조직에 관한 합의서'에 서명했다. 이 합의서에 기초하여 남북 예멘은 1990년 5월 26일자로 통일을 선포하고 30개월 간의 과도기를 거쳐 단일국가를 수립키로 했다. 북예멘 주도 아래 통일이 합의되자 북예멘의 이슬람 보수주의자들과 남예멘의 스탈린주의자들은 통일반대운동을 벌이기 시작했다. 이렇게 통일반대운동이 일어나자 남북 예멘 정부는 일정을 앞당겨 1990년 5월 22일 아덴에서 예멘의 통일을 선포하였다.

통일 그리고 흡수통일

예멘의 통일은 평화적으로 이루어졌다. 서독이 동독을 흡수통합한 것과 달리 예멘의 통일은 일방적인 흡수통일이 아니었다. 그럼에도 예멘의 통일 또한 북예멘의 우위가 제도적으로 보장된 불평등한 것이었다. 북예멘의 우위가 보장된 불평등한 장치는 결국 예멘의 내전을 촉발시킨 뇌관이었다.

통일예멘의 과도정부는 국가연합과 비슷한 형태였다. 그러나 실상은 체제 통합의 성격이 강했다. 남북 예멘은 대등한 통일을 표방하면서도 실제로는 불균등한 과도정부를 구성했다. 이렇게 불균등한 과도정부가 수립된 주된 이유는 소련에 의존하고 있던 남예멘이 냉전체제의 해체와 함께 궁여지책으로 통일에 응했기 때문이다.

남북 예멘은 통일 후 30개월의 과도기를 갖고 이 기간이 지나면 총선거로 1체제 1정부를 수립하기로 했다. 이에 따라 통일예멘은 최고통치기구로 5인의 대통령평의회를 설치했는데 문제는 최고통치기구인 5인의 대통령평의회에서 의장을 포함한 3명이 북예멘 출신이고 나머지 2명이 남예멘 출신이었다는 점이다. 과도기 의회의 경우 북측이 159명, 남측이 111명으로 북예멘의 우위가 보장되었다. 이는 내각과 군부에서도 마찬가지였다. 내각의 경우 북예멘 출신이 21명, 남예멘 출신이 18명이었다. 군지휘부의 경우 북예멘 출신 2명과 남예멘 출신 1명이었다.

이 같은 과도정부의 불균등한 구성은 남북 예멘의 불신을 키운 씨앗이었다. 결국 잠복된 불신은 총선거로 폭발하고 만다. 과도정부 아래 제2당이었던 남예멘사회당은 내심 총선보다는 과도체제의 유지를 바라고 있었다. 그러나 살레 대통령은 야속하게도 남예멘사회당의 바람을 저버리고 1993년 4월 27일 총선거를 실시했다.

총선 결과, 121석을 차지한 북예멘 총국민의회당이 제1당이 되고 북예멘의 이슬람 보수정당인 알 이슬라당이 제2당으로 부상했다. 반면 과도정부 아래 제2당이었던 남예멘사회당은 제3당으로 전락하여 입지가 좁아졌다. 총선으로 입지를 확대한 총국민의회당 당수 살레 대통령은 남예멘사회당 대신 알 이슬라당을 연정 파트너로 선택했다.

이렇게 되자 남예멘사회당 당수 알 바이드는 1993년 7월 부통령 업무를 거부하고 남예멘의 옛 수도인 아덴으로 돌아갔다. 남북 예멘의 불안정한 동거는 이렇게 끝났고 내전의 소용돌이에 휘말렸다. 그런데 문제는 과도정부 아래에서도 남북 예멘이 독자적으로 군대를 통솔하고 있었다는 사실이다. 이는 곧 남북 예멘 사이에 작은 마찰이 언제든지 무력충돌로 번질 수 있음을 의미하였다.

결국 1994년 4월 27일 살레 대통령과 바이드 부통령 사이에 켜켜이 쌓인 불신은 내전으로 비화되었다. 그런데 여기서 주의 깊게 살펴봐야 할 점은 남북 예멘의 내전이 민중들까지 참가한 총력전이 아니었다는 사실이다. 다시 말해 이때의 내전은 살레 대통령과 바이드 부통령 사이의 정쟁의 성격이 짙었다(바이드는 내전과 함께 남예멘의 독립을 선언하고 대통령에 취임했다).

70일 간 지속된 내전은 7월 7일 북예멘의 승리로 끝났다. 그러나 내전으로 5000여 명이 사망하고 합의 통일의 실험은 실패하고 말았다. 내전에서 승리한 북예멘은 남예멘을 빠르게 흡수 통합해갔다. 이렇게 예멘의 통일은 조급하게 추진된 불균등한 통일의 말로가 어떠한가를 똑똑하게 보여주었다. 예멘의 조급한 통일은 남북 당국자의 정치기반 확대와 국경지대 유전개발이라는 눈앞의 이익에 급급한 결과이기도 했다. 이 같은 조급함으로 통일예멘의 과도정부는 관료들의 형식적인 통합만 갖추었을 뿐 내적인 융화는 꾀하지 못했다. 대신 과도정부의 불균등한 통일은 위화감만 키운 꼴이었다.

또한 예멘의 조급한 통일은 사회문화적인 이질화를 해소하지 못한 채 이루어졌다. 북예멘은 전통적인 이슬람 사회였고 남예멘은 서구문화에 익숙한 사회였다. 그러나 남북 예멘은 이런 차이를 조정하고 융화하는 과정은 생략한 채 기계적인 통합만 서둘러 많은 부작용을 초래하였다. 예멘의 통일에서 빼놓을 수 없는 또 하나의 문제는 민중들의 폭넓은 참여가 보장되지 않았다는 점이다. 그 결과 남북 예멘의 통일은 내전에 의한 흡수통일로 귀결되었다.

이런 이유들로 인해 예멘의 통일은 또 다른 분열을 잉태했고 그 결과는 내전을 통한 흡수통합이었다.

33 베트남, 독일, 예멘의 통일 교훈

이상으로 베트남, 독일, 예멘의 분단과 통일 과정을 간략하게 살펴보았다. 이들 세 나라의 통일은 분단의 원인과 배경이 다른 것처럼 그 과정과 방법도 달랐다. 베트남의 통일은 전쟁을 통한 무력통일이었고 독일의 통일은 서독이 동독을 통합한 흡수통일이었다. 예멘의 통일은 과도기의 불균등한 권력 분배를 거친 다음 내전을 통해 흡수통일로 귀착되었다.

이처럼 베트남, 독일, 예멘의 통일은 서로 다른 방법과 과정을 거쳐 이루어졌다. 그렇다면 이들 세 나라의 통일 경험은 한반도 통일에 어떤 교훈을 남기고 있는가?

그 첫 번째는 평화적으로 통일해야 한다는 교훈이다. 베트남의 통일은 전쟁을 통해 이루어짐으로써 많은 문제를 야기하였다. 1, 2차 베트남전쟁으로 베트남은 수많은 인명피해와 국토의 황폐화라는 끔찍한 후과를 안아야 했다. 또한 베트남은 전쟁으로 통일에 대한 구체적인 전망과 계획을 수립하지 못한 채 통일을 이룩하였다. 그 결과 전쟁 이후 남북 베트남은 기계적인 체제 통합을 추구하였고 이로 인한 후과는 두고두고 사회적인 부담으로 작용하였다.

두 번째는 점진적이고 단계적인 과정을 거쳐 통일해야 한다는 교훈이다. 베트남, 독일, 예멘의 통일 경험은 점진적이고 단계적인 과정의 중요성을 일깨워주고 있다. 베트남과 독일은 과도 단계를 거치지 않고 급격하게 통일했고 상호 이질화를 극복하기 위한 과도기를 생략함으로써 통일 이후 많은 문제들이 양산되었다.

예멘의 경우 30개월이라는 짧은 과도기를 거친 다음 체제 통합을 실현하였으나 동질성 회복에는 실패했다. 왜냐하면 통일예멘의 과도기는 너무 짧았고 그 내용 또한 형식적이었기 때문이다. 통일예멘의 과도정부는 통일의 징검다리이기보다는 갈등과 반목을 키운 각축장이었다. 이 같은 사례에 비춰볼 때, 한반도의 통일을 혼란과 혼선을 최소화하고 동질성을 극대화하는 방향에서 실현하려면 점진적이고 단계적인 과정은 반드시 상정되어야 할 필요조건인 것이다.

세 번째는 전 민족적인 합의와 참여 속에 통일이 실현되어야 한다는 교훈이다. 예멘의 통일은 전 민족적인 참여와 합의를 바탕으로 통일해야 함을 새삼스럽게 일깨워준다. 예멘이 합의통일을 이룬 뒤 내전을 거쳐 흡수통일로 귀착하게 된 배경에는 예멘 민중의 참여가 극히 제한적이었고 부족했기 때문이다. 예멘의 통일 합의는 코앞의 이익에 눈이 먼 쌍방 당국자간의 이해타산의 결과물이기도 했다. 이 때문에 예멘의 통일 논의는 쌍방 당국자들의 권력분배를 위한 협상테이블로 변질되었고 그 결과는 내전을 통한 흡수통일이었다. 따라서 한반도의 통일이 가장 모범적이고 이상적으로 실현되려면 전 민족적인 지지와 참여가 뒷받침되어야 할 것이다.

쉬어가는 페이지

베트남의 고엽제 피해자들

김태영(〈베트남전쟁, 그 후 17년〉 감독)(월간 《말》, 1993년 1월호)

외다리 두크, 식물인간 베트

외다리로 경쾌하게 뛰어다니는 두크(11)는 이곳에서 가장 나이가 많았고 그 애와 장난을 치는 일곱 살짜리 남아의 얼굴은 너무나 밝았다. 이 아이는 양다리의 무릎 아래 부분이 전혀 없었다. 그렇게 태어난 것이다. 그런데도 날쌔게 뛰어다니는 그 아이의 모습⋯⋯.

똑같은 기형인 세 살 남짓한 아이는 어느새 우리에게 뽈뽈뽈 기어와서 신기한 듯이 올려다본다. 서지는 못한 채⋯⋯. 이 아이도 크면 저 아이들처럼 뛰어다닐 수 있을까? 모든 아이들은 팔다리가 없거나 있어도 기형이다. 그들은 남은 발만으로 빨간 헬리콥터 장난감을 집어 들기도 하고 색연필을 발가락에 끼워 들고는 그림을 그리려 한다. 그 옆의 팔이 굽어진 아이도 간신히 색연필을 손가락에 끼고 끼어든다. 이 아이들은 무엇을 그리려 하는가? 무엇을 그리고 싶을까? 굽은 손과 발가락으로 그림을 그리려는 아이들의 종이에는 단지 삐뚤삐뚤한 선만이 그려질 뿐이었다.

3층으로 가는 계단을 외다리로 뛰어오르다 쓰러진 두크는 아파서 얼굴이 일그러지며 드러누우면서도 비명소리를 내지 않는다. 카메라 앞에서 용감한 어린이로 보이고 싶어서였을까? 휠체어를 이용하여 자기 방의 오르간 앞에 앉은 두크는 열심히 아는 곡들을 치기 시작했다. 오르간 바로 옆에는 두 팔이 없이 오른쪽 어깨에 한 손가락만 달랑 달려 있는 아이가 그 손가락을 입에 문 채 귀를 기울이고 있었다. 몇 곡이 바뀌고 우리에게 가요 '사의 찬가'로도 잘 알려진 '다뉴브 강의 잔물결'이 흐르기 시작하자 나는 그 방에서 잠시 벗어났다. 눈물이 흘러 아이들을 바로 쳐다볼 수가 없었기 때문이다.

　두크Duc와 베트Viet는 베트남어로 '라이티키'(괴물처럼 이상한 애), 즉 몸이 붙은 기형아로 태어났다. 두크가 형이다. 태어날 당시 머리는 양쪽으로, 팔은 4개, 다리는 2개로 태어나 세계 매스컴에서 고엽제 피해로 인한 2세들 기형의 산 증거로 주목을 받았다.

　이들은 1986년까지 몸이 붙은 채로 자라다가 1987년부터 수면, 식사, 학습 등을 전혀 할 수 없게 되자 두크가 수술을 해달라고 요구했다. 1988년 일본 적십자사의 의약품 원조로 베트남 의사 2명이 분리수술을 성공적으로 마쳤다. 그 결과 두크는 정상적인 생활이 가능하게 됐으나 베트는 수뇌염증이 생겨 신경과 감각이 사리지면서 식물인간이 되었다.(중략)

유리병에 담긴 200구의 아이들

인터뷰를 끝내고 본관 건물 4층 암병동으로 옮겨갔다. 암병동에 수용된 100여 명의 여성 환자들에게는 병원측이 병명을 알려주지 않았다고 한다. 그들의 희망을 꺾지 않을 요량으로……. 그러나 그녀들은 가족들이 보고 있는 앞에서 서서히 죽어가고 있다. 20년 전, 베트남전쟁에서 퍼부어진 탄환들이 느리게 그들의 몸 안으로 박혀들듯이.

앙상한 겨울나무처럼 뼈만 남은 다리들이 환자복 밖으로 삐쭉 나와 있고 움푹 파인 눈으로 허공을 응시한 채 가끔 마른침을 힘겹게 삼키는 그녀들. 수십 명이 함께 수용된 병실인데도 천장의 선풍기 돌아가는 소리 외에는 한마디의 살아 있는 대화도 들려오질 않는다. 복도에는 남편들이 군데군데 지키고 있었다. 병실 복도와 문 하나를 사이에 두고 마치 삶과 죽음의 공간이 분리된 것처럼 느껴진다. 죽음은 그렇게 가까이 있었다.

끝으로 우리는 제1전시실의 유리병에 담긴 죽은 태아들을 영상에 담았다. 이들은 운 좋게 살아남은 놀이방의 아이들과는 달리 태어난 지 몇 시간 후 혹은 며칠 뒤에 죽은 기형아들로 1965년 이래 1년에 수백 명씩 이 병원에서 죽어나갔다고 한다. 이 병원에서만 수백 명이라니? 베트남에서 최고 좋은 병원에서만 수백 명씩이라면 산악지역이나, 정글지역, 기타 지역에서는? 남베트남 전역에서는? 상상할 수가 없었다.

약 200개가량의 표본이 전시된 이곳이 하도 끔찍스러워 베트남 스텝들은 밖에 서 있고 우리 조감독 한 명도 끝내 들어오지 않았다. 몸이 붙은 기형아들이 많이 있었고 팔다리가 없거나 기이하게 생긴 기형아들의 표본 연도를 확인하는 동안 독한 포르말린 냄새가 스며들었다.(중략)

"나는 미국의 독약을 맞았다"

중년의 남자가 맨발로 마당에 나와서 우리를 안내한 지방위원의 얘기를 듣더니만 곧장 행동으로 보여준다.

"나는 미국의 독약, 화학물질을 맞았다. 화학물질은 이렇게 나의 머리에 떨어졌고 유독성 화학물질에 맞아서 저와 같은 아들을 낳았다. 이 후유증은 미국인에 의해 빚어진 것이다."

그의 이름은 퀸 남Quinh Nham. 현재 51세로 전쟁 당시 농민으로 이 지방 유격대원이었다고 한다. 그가 분노한 얼굴로 가리킨 한편에는 그의 아들(20)이 목발을 짚고 서 있었다. 아들은 1973년에 출생해 잘 자라다가 서서히 한쪽 다리가 마르고 수축하기 시작하여 불구가 되었다. 청년에게 한마디 해보라고 하였지만 웃음만 지을 뿐 말이 없다. 주위에서도 북돋았지만 역시 묵묵부답이다. 우리는 부자와 함께 기념사진을 찍고 돌아 나왔다.

우리의 차 앞에 서너 살 남짓한 사내아이를 안은 베레모의 남자가 기다리다가 우리를 보더니 얘기를 시작했다. 통역은 그가 전쟁 당시 군인이었고, 작전 중에 고엽제를 맞아서 이후 태어난 아기가 비정상으로 자라다가 죽었고, 지금 그가 안고 있는 아이도 비정상이라고 하였다. 우리는 취재팀 소식을 듣고 스스로 달려온 그를 기꺼이 촬영하기로 했다. 그는 49세고 이름은 팜 반히Pham Van Hy다.

"나는 이 아이의 아버지다. 내 아들은 태어난 후 잘 자라다가 3개월 무렵부터 이상하게 되었다. 병원에서 2년 동안 치료를 해봤지만 소용이 없었다. 이 애의 형도 이와 똑같은 증상으로 죽었다. 이 아이는 네 살이지만 말도 못하고 스스로 설 수도 없다. 두 다리도 다 신경마비이고 양팔도 마찬가지다."

얘기를 하며 땅바닥에 아이를 세워봤지만 아이는 전혀 서지 못했다. 손가락 전체를 입에 문 채 인형처럼 아버지가 움직여주는 대로 사지를 움직일 뿐이다.

"1960년 나는 입대하였고 1967년 9번 도로에서 작전을 전개하던 어느날 혼자서 연락임무를 나가게 되었다. 그런데 갑자기 2대의 F-5 비행기의 호위를 받는 C-123형 비행기 6대가 내가 서있는 일대를 낮게 날면서 독약을 퍼부었다. 나는 그 물질을 몽땅 뒤집어썼다. 몸 전체에 비를 맞은 것처럼 나의 모자와 옷은 다 젖었고 유독성 화학물질이라고 생각한 나는 재빨리 그 부근에 있는 개울물에 정신없이 뛰어들었다. 2~3시간이 지난 후 기어 나와 기절했는데 부근에 있던 주민들이 지나다 발견해 목숨을 건졌다. 바로 그 때문에 지금 나의 아들은 신경병에 걸려 있다."(생략)

| 참 | 고 | 문 | 헌 |

김병오, 《민족통일과 남북연합》, 여강, 2001년.

김수남, 《분단국 통일의 필요조건과 충분조건》, 봉명, 2006년.

김용욱, 《한민족통일과 분단국 통합론》, 전예원, 2003년.

다음(www.daum.net), 백과사전(베트남, 독일, 예멘 : 2006. 12. 28 검색).

문두식, 《21세기 남북한 통일 방안의 모색》, 매봉, 2004년.

박찬수, 〈예멘 국민들, 통일로 무엇을 얻었나〉, 《말》, 1994년 8월호.

베트남공산당사연구회 지음, 김종욱 옮김, 《베트남공산당사》, 소나무, 1989년.

전국연합 자주통일위원회, 《연방제의 이해》, 1995년.

정지웅, 〈독일통일과 예멘통일 비교 연구〉, 서울대 석사논문, 1993년.

———, 〈분단통일국과 한반도 통일 : 힘(power)과 통합이론 관점에서〉, 서울대 박사논문, 1997년.

〈한겨레 기획기사-분단과 대립을 넘어〉, 《한겨레신문》, 2000. 1. 1.~3. 13.

| 주 | 석 |

19) 제3인터내셔널을 말하는 코민테른Comintern은 공산주의 인터내셔널Communist International의 약칭이다. 코민테른은 1차 세계대전으로 제2인터내셔널이 와해된 후 레닌의 지도 아래 각국 노동운동 내의 좌파 세력과 식민지 국가의 공산주의 세력이 모여 1919년 모스크바에서 창립되었다.

20) 미국의 전면적인 베트남전쟁 개입의 빌미가 된 통킹만 사건은 1964년 8월 2일과 4일 북베트남측이 통킹만에 주둔 중이던 미군 구축함을 두 차례에 걸쳐 공격했다고 발표하면서 알려졌다. 이 사건을 빌미로 미국의 존슨 대통령은 북폭을 결정했고 미 의회는 베트남전에 대한 전면개입을 승인했다. 그러나 뒷날 이 사건은 미 국가안보국NSA 소속 감청요원들에 의해 조작된 자작극이라는 사실이 밝혀졌다.

21) 트루먼독트린Truman Doctrine은 1947년 3월 트루먼 대통령이 발표한 미국의 대외정책 원칙이다. 냉전시대의 개막을 알린 트루먼독트린에 기초하여 미국은 마샬플랜을 추진하고 북대서양조약기구를 구성했다.

22) 마샬플랜(유럽부흥계획)은 2차 대전 이후 서유럽 국가들에 대한 미국의 원조계획이다. 마샬플랜은 서유럽 국가들의 경제성장을 통해 공산주의의 확대를 저지하는 것에 목적을 두고 있었다. 이 계획에 힘입어 서유럽 국가들은 대미 무역의존도를 줄이고 구주경제협력기구OEEC를 구성할 수 있었다.

23) 코민포름Cominform은 1947년 설립되어 1956년 해체된 국제공산당 정보기관이다. 2차 대전 후 미국이 트루먼독트린과 마셜플랜으로 반소·반공산주의 공세를 강화하자 이에 대한 대응책으로 소련은 1947년 9월 폴란드의 바르샤바에서 코민포름을 창설했다.

24) 샤리아Shariah는 이슬람의 법체계를 말한다. 샤리아는 알라 신의 말 그 자체인 코란Koran을 바탕으로 성립된다.

찾아보기

가

갈루치 ······················ 94
강석주 ······················ 94
개성공단 ···················· 33
건국동맹 ···················· 50
건국준비위원회 ············ 50
경의선 ······················ 31
경제협력위원회 ·········· 111
고난의 행군 ················ 20
고농축우라늄 ············ 309
고려민주연방공화국 창립방안
   ····················· 84, 144
공화국 연방제 ············ 351
과도적 연방제안 ········· 135
곽동의 ···················· 110
광주항쟁 ···················· 84
교차승인 ············· 84, 301
국가보안법 ················· 21
국가연합 ·················· 344
국회회담 ·················· 366
군사분계선 ··············· 290
군사정전위원회 ········· 155

근본 문제 ················· 375
김구 ························ 59
김규식 ······················ 59
김대중 ······················ 96
김대중의 3단계 통일론 ··· 351
김영남 ···················· 203
김영삼 ······················ 94
김영주 ······················ 81
김일성 ······················ 57
김정일 ···················· 104

나

남로당 ······················ 55
남북고위급회담 ············ 92
남북관계 발전에 관한 법률 196
남북교류협력법 ·········· 195
남북노동자통일대회 ····· 108
남북농민통일대회 ········ 108
남북불가침선언 ·········· 194
남북연합 ·················· 347
남북영화제 ················· 91

남북요인회담 ·················· 57
남북적십자회담 ··············· 82
남북정상회담 ················· 100
남북제정당사회단체연석회의 57
남북조절위원회 ··············· 82
남북체육회담 ·········· 86, 214
남북통일축구대회 ············ 91
남북학생회담 ··················· 75
남북합의서 ······················ 93
남일 ································ 68
낮은 단계 연방제안 ········· 29
노무현 ··························· 111
노태우 ···························· 87
느슨한 연방제안 ············ 151
닉슨독트린 ····················· 79

다

다자안보협력체 ············ 316
단일국가 ······················ 343
단일국호 ······················ 211
단일기 ·························· 200
대구 유니버시아드대회 ··· 109
대한민국 ························ 68
독수리 훈련Foal Eagle ··· 268
독일연방공화국 ············ 403

동방정책 ······················ 407
동서독기본조약 ············ 408
동해선 ··························· 31

마

마샬플랜 ······················ 404
맥아더 ···························· 61
멸공통일론 ····················· 79
모스크바 3상회의 ··········· 52
문동환 ·························· 110
문익환 ···························· 88
미소공동위원회 ·············· 48
미소대립론 ····················· 28
민자통 ···························· 74
민족경제 ······················ 211
민족공동체통일방안 ····· 347
민족공조 ······················ 208
민족대단결 5대 방침 ···· 159
민족주의 ················ 25, 209
민족통일기구 ··············· 364
민족통일연맹 ················· 74
민족통일전국학생연맹 ··· 75
민족해방인민민주주의혁명론
    137
민족화합민주통일 방안 ··· 85

민족화해협력범국민협의회 107
민족화해협의회 160
민주기지노선 118
민주노총 107
민주주의민족전선 60
민주주의민족통일전선 56

바

바르샤바조약기구 405
박정희 81
반공법 77
반제반봉건민주주의혁명론 118
방코델타아시아은행BDA ... 311
백낙청 110
범민련 78
범민련 해체론 97
범민족대회 78
범민족대회추천본부 97
베트남공산당 393
베트남민족해방전선 398
베트남사회주의공화국 ... 391
베트민 394
변영태 66
부산 아시아경기대회 109
부시 165

북남고위급정치군사회담 179
북대서양조약기구 405
북미공동성명 94
북방정책 92
북방한계선 314
북방한계선NLL 375
북조선 임시인민위원회 ... 126
북진통일론 70
북한 바로알기운동 87
분단체제론 227
불가침조약 166, 303
비무장지대 290

사

서해교전 22
선건설 79
선군정치 158
스트라이크부대 268
시베리아횡단철도 32
신속기동군체제 263
신자유주의 25
신탁통치 52

아

아시아횡단철도TAR ········ 32
안경호 ················ 110, 364
얄타회담 ················ 237
양안兩岸 문제 ············ 285
여순사건 ················· 56
여운형 ·················· 50
연대항쟁 ················· 98
연방국가 ················ 343
연방연합 방식 ············ 376
연합제안 ················· 29
연합토지관리계획LPP ····· 260
영세중립국 ·············· 389
예멘공화국 ·············· 417
온겨레손잡기운동본부 ··· 107
올브라이트 ·············· 165
우리 민족끼리 ············ 29
운명공동체 ··············· 26
유엔 한국임시위원단UNTOK 54
유엔군 사령부 ············ 321
윤기복 ················· 151
을지 포커스렌즈 훈련UFL 268
이북동정론 ··············· 17
이북붕괴론 ··············· 20
이승만 ·················· 53
이후락 ·················· 81

인계철선trip-wire ·········· 262
인민위원회 ·············· 125
일국양제 ················ 285
임동원 ················· 102
임수경 ·················· 88

자

자동송환원칙 ············ 295
자원송환원칙 ············ 295
자주평화통일민족회의 ····· 97
작전계획 '5027-98' ········ 164
작전통제권 ·············· 264
잠정협정 ················ 155
장관급회담 ·············· 111
장준하 ·················· 83
적대적 공생관계 ·········· 232
전국민주노동조합총연맹 ··· 99
전국연합 ················· 97
전대협 ················· 149
전략적 유연성 ············ 253
전민족대단결 10대 강령 ··· 153
정부정당단체연합회의 ···· 102
정상회담 ················· 95
정전협정 ················· 63
제네바정치회담 ··········· 66

제네바합의서 ……………… 96
제주 평화축전 …………… 109
제헌국회 ………………… 60
조국통일 3대 원칙 ……… 184
조국통일 3대 헌장 ……… 206
조국통일 5대 강령 ……… 139
조국통일 5대 방침 ……… 149
조국통일민주주의전선 …… 60
조국평화통일위원회 ……… 88
조명록 …………………… 164
조미공동코뮈니케 ………… 164
조봉암 …………………… 72
조선노동당 ……………… 60
조선노동조합전국평의회의(전평)
………………………… 55
조선민주주의인민공화국 … 60
조선유전설명회 …………… 33
조선인민공화국 ………… 50
조선직업총동맹 ………… 99
조소호상 원조조약 ……… 243
조일평양선언 …………… 287
조중호상 원조조약 ……… 243
좌우대립론 ……………… 28
주체사상 ………………… 81
중국횡단철도TCR ………… 31
중립국감독위원회 ……… 155
중립화조국통일총연맹 …… 74

지역혁명노선 …………… 136
진보당 …………………… 71

차

체육회담 ………………… 213
최고위급회담 …………… 203

카

카이로회담 ……………… 237
카터 ……………………… 95
켈리 ……………………… 165
코민테른 ………………… 393
코민포름 ………………… 404
클린턴 …………………… 165
테헤란회담 ……………… 237

타

통일당위론 ……………… 19
통일선봉대 ……………… 90
통일송년음악회 …………… 91
통일연대 ………………… 107
통일회의론 ……………… 16

통킹만 사건 ·················· 399
투 코리아 정책 ············· 188
트루먼독트린 ·········· 61, 404
팀스피리트 훈련 ············ 92

한민족공동체통일방안 88, 348
한총련 ························ 107
할슈타인 원칙 ············· 406
해외주둔미군재배치계획GPR 252
핵확산금지조약 ············· 94
허담 ·························· 340
호치민 ······················· 394
후통일론 ····················· 79
휴전선 ······················· 226
흡수통일 ···················· 195
흡수통일론 ················· 335

파

페리보고서 ················· 102
평시작전권 ················· 266
평택미군기지 ··············· 263
평화통일안 ················· 132
평화협정 ···················· 299
포츠담선언 ················· 389
플루토늄 ···················· 309

기타

1차 베트남전쟁 ············ 395
2차 베트남전쟁 ············ 399
2.13합의 ···················· 312
2.7구국투쟁 ················· 55
3대 경협사업 ·············· 212
3대 헌장기념탑 ············ 108
3자연대운동 ··············· 185
3자회담 ················ 145, 310
3.15부정선거 ················ 73
38선 ························· 226
4월혁명 ······················ 72
4자회담 ················· 83, 156

하

하지 ··························· 51
한국기독교교회협의회 ····· 86
한국노총 ···················· 107
한국전쟁 ····················· 63
한미국방장관회담 ········· 317
한미상호방위조약 134, 242, 253
한미연합전시증원훈련RSOI 268
한미주둔군지위협정SOFA 256

4.3민중항쟁 ·················· 55	6.23선언 ···················· 82
4.8합의서 ··················· 202	7.29선거 ···················· 73
5.10선거저지투쟁 ··········· 55	7.4공동성명 ················ 78
5.16쿠데타 ·················· 75	8.15민족대축전 ·········· 106
6월항쟁 ······················ 78	9.19공동성명 ············· 310
6자회담 ····················· 310	9.19성명 ··················· 166
6.15공동선언 ········· 83, 100	CVID ························ 310
6.15공동위원회 ·········· 110	IAEA ························· 93
6.15민족통일대축전 ······ 106	SOFA ······················· 242
6.15시대 ···················· 29	

**진실이 살아 숨쉬는 세상을 위하여
촘스키가 보내는 충격의 메시지!!**

Noam Chomsky

촘스키,
누가
무엇으로
세상을
지배하는가

노암 촘스키 지음 | 강주헌 옮김 | 9,800원

왜곡된 선전에 세뇌당하지 않을 지적인 자기방어법

세상을 다시 보게 하는 화제의 베스트셀러!

거대한 지배권력에 맞서 진실을 외쳐온 양심 노암 촘스키, 그가 두 시간의 거침없는 대화를 통해 미국의 세계 지배 음모, 지배권력의 속성, 지식인과 여론 조작, 세계 경제를 움직이는 매커니즘 등을 속속들이 파헤친다. 당신이 이 책을 읽고 세상 돌아가는 이치를 조금이나마 깨달으면 전율을 느낄 것이다.

시대의창 전화 02)335-6121
팩스 02)325-5607

더 나은 세상을 위해 우리는 무엇을 할 수 있는가?

Noam Chomsky
The Common Good

전2권 | 각 권 10,000원

**정치·경제·언론권력의 추악한 범죄행위를 고발하는
촘스키와의 대화**

미국이 세계 각국을 상대로 저지른 범죄에 대해선 예외 없이 관대한 반면, 북한의 핵개발 등에 대해선 증오심에서 기인한 전쟁불사를 서슴지 않겠다고 외치는 미국의 보수우익들-. 우리 시대의 대표적인 좌파 지식인 촘스키가, 구조화된 거짓말로 진실을 은폐하고 있는 수구보수세력들의 범죄행위를 낱낱이 까발린다!'

데이비드 바사미언이 인터뷰하고 김용민 화백이 삽화를 그리고 강주헌이 옮기다

시대의창

독자를 먼저 생각하는 정직한 출판

시대의창이 **'좋은 원고'**와 **'참신한 기획'**을 찾습니다

쓰는 사람도 무엇을 쓰는지 모르고 쓰는,
그런 '차원 높은(?)' 원고 말고
여기저기서 한 줌씩 뜯어다가 오려 붙인,
그런 '누더기' 말고

마음의 창을 열고 읽으면
낡은 생각이 오래 묵은 껍질을 벗고 새롭게 열리는,
너와 나, 마침내 우리를 더불어 기쁘게 하는

땀으로 촉촉히 젖은 그런 정직한 원고,
그리고 그런 기획을 찾습니다.

시대의창은 모든 '정직한' 것들을 받들어 모십니다.

시대의창 WINDOW OF TIMES | 분야 | 경제·경영 / 역사·문화 / 정치·사회 / 문학

서울시 마포구 동교동 113-81 (4층) (우)121-816
Tel : 335-6125   Fax : 325-5607   http://www.sidaew.co.kr